双语译林
壹力文库
182

〔美国〕F. S. 菲茨杰拉德 著
李新红 译

返老还童
——菲茨杰拉德短篇小说选

译林出版社

目　录

头和肩膀

一

一九一五年，贺拉斯·塔波克斯十三岁。那年，他参加了普林斯顿大学的入学考试，他在恺撒、西塞罗、维吉尔、色诺芬、荷马、代数、平面几何、立体几何和化学科目中全部取得优异成绩——都拿到了A。

两年后，当乔治·M.柯汉还在创作《在那里》时，贺拉斯已经在大学二年级学生中遥遥领先，并已撰写出论文《过时的学术形式三段论》。在蒂耶里堡战役期间，他坐在课桌边，思考着是否等过了十七岁生日再开始撰写论文集《新现实主义者对实用主义的偏爱》。

不久，报童告诉他，战争结束了。他很高兴，因为这意味着彼得兄弟出版社要推出斯宾诺莎的《论理解力的提高》的新版本。战争自有其美好的一面，因为它使年轻人自立自强。然而，贺拉斯觉得，他永远都无法原谅校长，因为校长允许一个铜管乐队在他的窗户下面吹吹打打地闹腾了一夜，来庆祝战争的暂时结束，使他在撰写论文《德国理想主义》时忽略了三个至关重要的句子。

第二年，他去耶鲁大学攻读文学硕士学位。

那时他十七岁，瘦高个，灰色眼睛，近视，他说出的只言片语显示出一种完全超然于世外的气度。

"我永远都觉得仿佛不是在和他本人讲话，"迪林杰教授对一个志趣相投的同事说，"他让我觉得我似乎是在和他的代理人讲话，总觉得他会说：'噢，我请示一下我自己，看看该怎么办。'"

另外，贺拉斯·塔波克斯一副漠然失神的样子，仿佛屠夫面前的一堆牛肉或衣帽店里的一顶帽子。人来了，把他抓在手里，随便摆弄、撕扯，然后再像对待一根爱尔兰鞋带一样把他摊到礼拜六下午的廉价货柜上。

用文学语言来描述的话，我该说，这都是因为在很久以前的那个殖民时代，勇敢的先祖们来到康涅狄格这个不毛之地，彼此询问对方："现在，我们该在这儿建点什么呢？"最勇敢的那位先祖说："建座城吧，剧场经理可以在这里安排演出音乐喜剧！"至于后来他们又是如何在那里创建了耶鲁大学，上演音乐喜剧，便是人尽皆知的故事了。无论如何，有一年的十二月，《霍姆·詹姆斯》在舒伯特剧院上演了，玛西亚·梅朵在第一幕唱了一首歌，歌名叫《愚蠢的胖子》，并且在最后一幕跳了一支赫赫有名的舞。她浑身颤动、摇曳生姿，学生们都请求她再演一场。

玛西亚十九岁，她没有长翅膀，不过观众一致赞同她没有翅膀也很好。她天生金发碧眼，肤色红润，在赤日炎炎的正午，素面朝天地走在大街上。除此之外，她与大多数女人并无两样。

是查理·穆恩向她许下诺言，如果她去看望一下杰出的天才贺拉斯·塔波克斯，他就送她五千根波迈香烟。查理是谢菲尔德大学的四年级学生，他和贺拉斯是嫡亲的表兄弟。他们两人志趣相投、惺惺相惜。

那天晚上，贺拉斯特别忙。法国人劳里埃不能理解新现实主义的重要性，这令他闷闷不乐。事实上，对于书房外响起的低沉而清晰的敲门声，他唯一的反应就是思考这样一个问题：如果根本不想理会，任凭他怎么敲，也是枉然。他觉得自己越来越接近实用主义了。然而就在那一刻，尽管他自己还不曾意识到，他的确正在以某种令人吃惊的速度走向某种截然不同的人生。

敲门声响了起来——过了三秒钟——敲门声又响了起来。

"进来。"贺拉斯不假思索地说。

他听见门开了，然后又关上了，然而，他坐在火炉前的大圈椅里埋头看书，没有抬头。

"放在另一个房间的床上。"他心不在焉地说。

"把什么放在另一个房间的床上？"

玛西亚·梅朵不得不开口说话，她说起话来像唱歌，而她的音色清脆，犹如竖琴的伴奏曲。

“洗好的衣服。”

“我可做不到。”

贺拉斯不耐烦地在圈椅里动了动身子。

“为什么？”

“呃，因为我没有拿你的衣服呀。”

“哼！”他烦躁地回答，“那就去拿吧。”

贺拉斯面前的火炉正对着另一张安乐椅。晚上，他习惯换到这张椅子上坐着，一来改变一下坐姿，二来活络活络身体。他把一张椅子叫作伯克利，把另一张叫作休姆。他突然听到一阵窸窸窣窣的声音，一个半透明的身影轻盈地落在了休姆上。他抬头看了一眼。

“哦，”玛西亚说道，她的脸上荡漾着甜蜜的微笑，她在第二幕念台词时就是这个表情（“哦，那么，公爵喜欢我跳舞啰！”），“哦，欧玛尔·海亚姆，我来到你身旁，在荒野中唱歌。”

贺拉斯迷惑地看着她。有那么一刻，他竟怀疑坐在那里的她只是他想象中的幽灵。女人不会进男人的房间，更不会坐到男人的休姆椅子上。女人为你送来洗好的衣服，坐在有轨电车上你为她让的座位上。以后，等你年龄大了，想成个家的时候，她就会嫁给你。

这个坐在休姆椅子上的女人显然是真实存在的。她那薄如蝉翼的棕色裙子泛着涟漪，犹如从休姆的皮质扶手内溢出的一团气泡！如果再多看几眼，他的目光就会穿透她的身体看到她身后的休姆椅子。那样的话，房间里就又只剩下他孤零零的一个人了。他举起拳头在眼前晃了晃。他真得再去练练吊环了。

“看在上帝的分上，别那么不近人情！”气泡愉快地提出抗议，“我觉得你好像希望我从你这私人空间里消失似的。然后，除了在你眼中留下一道影子，我就什么都没有了。”

贺拉斯咳了一声。咳嗽是他的两个习惯性动作之一。听他说话，你会忘记他本人的存在，仿佛在听一盘某个去世已久的歌手录制的唱片。

“你想要什么？”他问。

“想要我的信，”玛西亚带着幽怨的语气夸张地说，“一八八一年，你从我祖父那里买走了我的那些信。”

贺拉斯想了想。

“我没有你的信，”他淡淡地说，“我只有十七岁。一八七九年三月三日我父亲才出生。你显然找错人了。”

“你只有十七岁吗？”玛西亚怀疑地重复了他的话。

“只有十七岁。”

“我认识一个女孩，”玛西亚回忆道，“她十六岁时加入了一个过时的话剧团。她太自恋了，每次谈到自己的年龄时，总要在‘十六岁’前加上‘只有’两个字。我们就送她一个绰号叫‘只有杰西’。她一直都是这个样子——糟透了。‘只有’是个坏习惯，欧玛尔——听起来像是某种托词。”

“我不叫欧玛尔。”

“我知道，”玛西亚点头表示赞同，“你叫贺拉斯。我就叫你欧玛尔，因为你给我的感觉像是一个剩下的烟头。”

“我没有你的信。是否见过你祖父也值得怀疑。事实上，要说一八八一年你就来到了这个世上，这听起来也太不靠谱了。”

玛西亚疑惑地看着他。

“我——一八八一年？哦，千真万确！当弗洛罗多拉六重唱组合还在修道院里的时候，我就已经是个二线演员了。索尔·史密斯夫人演朱丽叶的时候，我是第一个扮演她的保姆的演员。呃，欧玛尔，在一八一二年的战争期间，我就已经在餐厅当歌手了。”

贺拉斯灵光一闪，恍然大悟，他咧着嘴笑起来。

“是查理·穆恩让你来的吧？”

玛西亚感到不可思议地看着他。

“查理·穆恩是谁？”

“小个子——大鼻孔——大耳朵。”

她伸着脖子闻了闻。

“我没有观察朋友们的鼻孔的习惯。”

“那么，是查理了？”

玛西亚咬了咬嘴唇，打了个哈欠。

“呃，咱们换个话题吧，欧玛尔。不然的话，我马上就要在椅子上打呼噜了。”

“没错，”贺拉斯一本正经地答道，“休姆总是让人昏昏欲睡。”

“这个人是你的朋友吗？——他要死了吗？”

突然，贺拉斯·塔波克斯无精打采地站了起来，双手插在衣袋里，开始在房间里踱起步子。这是他的另一个习惯性动作。

“我不喜欢这样，”他说道，似乎在自言自语，“一点都不喜欢。我并不是不喜欢你来我这儿——我不介意。你是个非常可爱的人，但是我不喜欢查理·穆恩把你派来。我是个试验品吗？任凭什么人都可以在我身上做实验吗？是我的智商让人觉得好笑吗？我看起来像漫画杂志上的波士顿小屁孩吗？那个乳臭未干的蠢货穆恩，整天没完没了地炫耀他那只有一个礼拜的巴黎见闻，他有什么权利——”

“不是这样的，”玛西亚毅然打断了他的话，“你是个温柔可爱的男孩子。过来，亲亲我。”

贺拉斯立即在她面前停下脚步。

“为什么要我吻你？”他咄咄逼人地问道，“难道你整天都在到处和人接吻吗？”

“哦，没错，”玛西亚平静地承认，“这就是生活的全部意义。整天都在到处和人接吻。”

“那么，”贺拉斯语气坚决地说，“我必须告诉你，你的想法荒唐透顶！首先，接吻并非生活的全部；其次，我不会吻你。接吻可能会变成一种习惯，一种无法戒除的习惯。今年，我的习惯是躺在床上睡懒觉，一直睡到七点半。”

玛西亚善解人意地点点头。

“你过得开心吗？”她问。

“你所说的开心指的是什么？”

“你瞧瞧，”玛西亚严厉地说，“我喜欢你，欧玛尔，不过，希望你说话的时候先想清楚自己要说什么。我感觉你似乎有满肚子的话，可是每次你只要吐出来几个字，就会让你满盘皆输。我问你过得开心吗？”

贺拉斯摇摇头。

“也许，以后会的。”他答道，“你知道，我是个棋子，是个试验品。我不是说我从来没有感到过厌倦——有时候，我的确厌倦过。不过——哎，我说不清楚！可是，你和查理·穆恩所谓的开心，和我认为的却不太一样。”

“请解释一下。”

贺拉斯看着她，开始讲起来，然后又改变了主意，继续踱起方步来。他想努力不去看她，可是没能做到。玛西亚朝他笑了笑。

“请解释一下。”

贺拉斯转过身来。

“如果我说了，你能答应我一个条件吗？转告查理·穆恩，说你来的时候我不在家。”

“嗯嗯。”

“那么，很好。我这就告诉你我的成长经历：我是个盘根问底的孩子。我想知道车轮为什么会转。我父亲是普林斯顿大学年轻的经济学教授。我从小到大，他都尽可能地回答我的每一个问题。我的反应让他产生了一个想法，他想在我身上做一个揠苗助长的实验。他的这种毁灭性的作为使我患上了耳病——尽管在我九岁和十二岁期间已经做了七次手术。当然，这也使我与其他男孩子拉开了距离，使我人为地变得早熟。无论如何，当我的同龄人还在费力地看《拉米斯叔叔》的时候，我已经真心迷恋上了卡图卢斯的原文著作。

“我十三岁的时候就顺利通过了大学入学考试，因为这是顺理成章的事情。教授们纷纷向我伸出援助之手。我知道自己的智商很高，而且在其他方面也没有异常，这让我感到无比自豪。我十六岁时，厌倦了自己的与众不同；我断定，我的情况一定是谁犯了严重的错误所致。然而，既然我已经走到这步田地，最后总要攻读一个文学硕士学位，也算是有个交代。我人生的主要乐趣是钻研现代哲学。我是一个安顿·劳里埃学派的现实主义者——带点伯格森主义的倾向——另外，再过两个月，我就满十八岁了。就是这些。”

“哇！”玛西亚惊叹道，“足够了！你讲起话来真是干脆利落！”

“满意了？”

“不，你还没有亲我。”

“这不在我的计划内，”贺拉斯表示异议，“请理解，我并不是故作清高、不近女色。肉体欢愉自有其存在的合理性，然而——”

“哦，见鬼去吧，别总是那么多大道理！”

“我无能为力。”

“我讨厌像机器一样的人。”

“我向你保证我——”贺拉斯说。

“哦，闭嘴！”

“我个人的理性——”

“关于你的国籍[①]，我可是一个字都没提。你是美国人，没错吧？”

“没错。”

“好，那就好了。我有个想法，我倒是想看您做点与您那高雅的计划无关的事儿。我倒想看看，您说的那个戴着巴西人的配饰[②]的什么人——就是您刚说的，您自己就是那一类人——是否也是个有七情六欲的小人物。”

贺拉斯又摇了摇头。

“我不会吻你的。”

“我的命真苦，”玛西亚哀怨地低声说，“我真是个失败的女人。我这辈子连一个戴着巴西人的配饰的人的亲吻都得不到。”她叹口气，

---

① 理性（rationality）和国籍（nationality）两个英语单词的拼写十分相近，只差一个字母，发音相近。玛西亚文化程度不高，所以误把两个单词混为一谈了。于是就有了下面这段奇怪的谈话。——译者注

② 玛西亚在这里说的巴西人的配饰（Brazilian trimmings），是对上文贺拉斯说的伯格森主义倾向（Bergsonian trimmings）的误解。因为“Brazilian”和“Bergsonian”发音相似，玛西亚文化程度不高，不知道伯格森，所以就将其误解成“巴西人”了。而“trimmings”这个词，在上文中有倾向和色彩的意义，下文中则正好可以按照该词的本义“装饰品”来理解，所以，玛西亚对贺拉斯的误解也就顺理成章了。——译者注

“不管怎样，欧玛尔，你会来看我表演吗？”

“什么表演？”

“我在《霍姆·詹姆斯》里扮演一个角色，非常邪恶！”

“是轻歌剧吗？”

“是的——是个多幕剧。里面有个角色是种水稻的巴西人。也许你会对他感兴趣。”

“我看过《波希米亚女郎》，”贺拉斯大声回答，“我很喜欢这出戏——在某种程度上。”

“那么，你会来啰？”

“呃，我——我——”

“哦，我知道了——你打算去巴西度周末。”

“才不是呢。我很高兴去。”

玛西亚拍拍手。

“你真好！我会给你寄张票——礼拜四晚上行吗？”

“呃，我——”

“好！就礼拜四晚上啦。”

她站起来走到他身边，把双手放在他的肩上。

“我喜欢你，欧玛尔。很抱歉，我原本想戏弄你。我原以为你是个冷血动物，可你是个好孩子。”

他嘲弄地看着她。

“我可比你老几千岁呢。”

“你不老，你的年龄没问题。”

他们庄严地握了握手。

“我叫玛西亚·梅朵，”她加强语气说，“记住——玛西亚·梅朵。我不会告诉查理·穆恩我见到你了。”

过了片刻，她三步并作一步地顺着楼梯朝下跑去，跑到最后一节楼梯处，她听到一个声音从上面的扶手处传来：“哎，嗨——”

她停下脚步，朝上面看了看——只见一个模糊的身影靠在扶手上。

“哎，嗨！”天才又喊了一次，“听见我说话了吗？”

“听得到，你说吧，欧玛尔。”

“希望我没有给你留下认为亲吻在本质上不合情理的印象。”

“印象？哦，你根本就没有亲我啊！别自寻烦恼了——再见。”

听到女人的声音她身旁的两扇门好奇地打开了。楼上传来一阵令人捉摸不透的咳嗽声。玛西亚提着裙子，飞快地从最后一节楼梯上跑了下去，旋即消失在康涅狄格州朦胧的夜色里。

楼上，贺拉斯在书房里来来回回地踱着步子。他时不时地朝深红色的伯克利看上一眼。伯克利静静地守候在那里，温顺而体面，坐垫上放着一本摊开的书。伯克利朝他发出召唤。然后，他发现他在地板上徘徊的脚步正移向离休姆越来越近的地方。休姆已经今非昔比，拥有了某种奇特的、无法言喻的东西。那个轻盈透亮的身影似乎还在附近逗留，假如贺拉斯坐上去，一定会觉得仿佛坐入了女人的怀里。尽管这种感觉让贺拉斯无以名状，然而，它却在他充满疑惑的脑海里萦绕不去，无论如何都显得那么真实。休姆正在向他施加着它在过去整整两百年中都从未有过的某种影响。

休姆正散发着玫瑰的芬芳。

二

礼拜四晚上，贺拉斯·塔波克斯坐在第五排靠近走廊的座位上看《霍姆·詹姆斯》。非常奇怪的是，他觉得自己很快乐。坐在他旁边的那些愤世嫉俗的学生被他惹恼了，因为他对具有哈默斯坦传统的老掉牙的笑话表示赞赏并笑个没完。然而贺拉斯没有理会，他在焦急地等待着玛西亚·梅朵的出场，等她演唱那首爵士乐风格的《愚蠢的胖子》。玛西亚终于出场了，她头戴一顶鲜花点缀的软边帽子，显得活力四射。他的心头腾起一团温暖的火花。一曲唱罢，掌声雷动。然而，他并没有和观众一起鼓掌，他觉得有点神思恍惚。

第二场演完的中场休息期间，一个领座员来到他身边，问他是不是塔波克斯先生，然后递给了他一张纸条，纸条上的字迹珠圆玉润、稚气未脱。领座员不耐烦地在走廊里徘徊时，贺拉斯疑惑地看着纸条。

亲爱的欧玛尔：

演出结束后，我总是饥饿难耐。如果你愿意在塔夫特烧烤店犒赏我一下，就把你的答案告诉那个给你送纸条的大木桩子领座员吧！

你的朋友

玛西亚·梅朵

“告诉她，”他咳了一声“——告诉她，一点问题都没有。我会在剧院前面等她。”

大木桩子领座员傲慢地笑了起来。

“我想她的意识（思）是你到后台入口来。”

“哪里——这个地方在哪里？”

“外面。向卓（左）转，顺着帚（走）廊[1]。”

“什么？”

“外面。向卓（左）转，顺着帚（走）廊。”

这个傲慢自大的家伙走了。贺拉斯身后的一个大一新生在偷偷地乐。

半个小时后，天才和天生就长着一头金色头发的玛西亚面对面地坐在塔夫特烧烤餐厅里，天才正说着奇怪的话。

“最后一幕的那种舞你不得不跳吗？”他急切地问道，“我的意思是，如果你拒绝的话，他们会解雇你吗？”

玛西亚笑了。

“那种舞跳起来很快乐，我喜欢跳。”

然后，贺拉斯说了一句失礼的话。

“我觉得你不会喜欢跳这种舞的，”他直率地说，“坐在我后面的人都在谈论你的乳房呢。”

玛西亚的脸红得像着了火似的。

“我有什么办法，”她急忙说，“对我而言，跳这种舞只是一种杂技表演。上帝呀，这种舞跳起来可不容易啊！每天晚上，我都得花

---

① 这个领座员吐字不清，让人摸不着头脑。

一个小时的时间往肩上擦扭伤膏呢。”

“表演的时候，你觉得——快乐吗？”

“啊——呵呵——当然了！我已经习惯众目睽睽下的感觉了，欧玛尔，我喜欢这种感觉。”

“哎！”贺拉斯一脸不悦地陷入了沉思。

“戴着巴西人的配饰的那个人怎么样了？”

“哎！”贺拉斯又咕哝了一声，停了一下，然后说，“这出戏在这儿演完后还会去哪儿演？”

“纽约。”

“要去多长时间？”

“要看情况。到冬天——也说不定。”

“噢！”

“到时候去看我吧，欧玛尔，难道你没有兴趣吗？这里没有你的房间好，是吗？希望我们现在是在你的房间里。”

“我觉得待在这种地方很傻。”贺拉斯一边坦白地说，一边紧张地看着四周。

“太糟糕了！我们不是相处得很好嘛？”

听到这句话，他突然显得非常忧郁。她改变了语气，伸手拍了拍他的手。

“以前有没有带女演员出去吃过晚饭？”

“没有，”贺拉斯痛苦地说，“而且以后再也不会了。我不知道今晚我为什么会来。这里到处灯火通明，到处都熙熙攘攘，我觉得我根本无法适应。我不知道和你谈些什么。”

“谈谈我吧。上一次我们谈的是你。”

“很好。”

“好吧，梅朵的确是我的姓，但是，玛西亚不是我的真名——我的真名叫维罗尼卡。我十九岁了。问——这个女孩是如何走上演艺道路的？答——她出生于新泽西州的帕塞伊克，一年前她得到了一份可以维持生计的工作，在特伦顿的马塞尔茶室推销纳比斯科饼干。她开始和特伦特音乐餐厅的一个叫罗宾森的歌手交往。一天晚上，他让她试唱了一首歌，并和他试跳了一支舞。整整一个月，我们每天晚上都让餐厅人气爆满。然后，我们就带着厚厚的一沓子推荐信去了纽约。

“两天后，我们就在蒂凡纳里斯饭店找到了工作，而且我还从宫廷剧场的一个小家伙那儿学会了希米舞。我们在蒂凡纳里斯饭店待了六个月，直到一天夜里，专栏作家彼得·博伊斯·文德尔到那儿去吃牛奶吐司。第二天上午，他在报纸上便发表了一首关于不可思议的玛西亚的诗歌。两天之内，我便收到了三个杂耍表演的邀请和一个在《午夜的欢聚》里演出的机会。我给文德尔写了一封感谢信，他把这封信也发表在了他的专栏里——他说这封信的风格和卡莱尔的风格很像，只是文风比较粗犷，并说我应该放弃跳舞而从事北美文学的创作。这又让我得到了几个杂耍表演的邀请和一个在正规表演的节目中出演纯真少女的机会。我接受了——这就是我在这里的原因，欧玛尔。”

她说完了，他们默默地坐了一会儿。她将最后一块威尔士干酪随意地放在叉子上，等着他说话。

“咱们离开这儿吧。”他突然说。

玛西亚的眼神瞬间变得凌厉起来。

“这是什么意思？我让你感到厌烦了吗？”

“不是的，但是我不喜欢这里。我不喜欢和你坐在这里。”

玛西亚不再说话，示意侍者过来。

“结账，”她一个字也不多说，“我的这份——干酪、姜汁啤酒。”

侍者算钱的时候，贺拉斯一脸茫然地看着玛西亚。

“你瞧，”他开始说话了，“我本来打算请你的，你是我的客人。”

玛西亚轻轻地叹口气，从饭桌旁站起来，走了出去。贺拉斯满脸疑惑，把钱放在桌子上，跟着她往外走，上了楼，进入大厅。在电梯前，他追上她，他们面对面站着。

“你瞧，”他重复着刚才的话，“你是我的客人。我的话冒犯你了吗？”

片刻的惊诧过后，玛西亚的眼神柔和下来。

“你是个粗鲁无理的家伙，”她缓缓地说，“难道你不知道你很粗鲁吗？”

“我也没办法。”贺拉斯说道，坦率的话语消除了她的敌意，“你知道我喜欢你。”

“你曾经说过你不喜欢和我在一起。”

“我以前是不喜欢和你在一起。”

“为什么？”

他的眼睛里仿佛有一片灰色的森林突然燃起了熊熊大火。

“因为以前不喜欢。不过，现在我已经喜欢上你。这两天我的脑子里装的全是你。”

“那么，如果你——”

“等一下，”他打断她的话，“我有话要说。是这样的：再过六个礼拜，我就满十八岁了。等我满十八岁的时候，我就去纽约看你。纽约有我们能去的地方吗？有租客不多的房子吗？”

“当然有！”玛西亚笑了，“你可以到我的公寓来。如果你不嫌弃，就睡到沙发上。”

“我不想睡沙发，”他斩钉截铁地说，“我只想和你说话。”

“哦，当然，”玛西亚又说了一遍刚才的话，“我的公寓就行。”

贺拉斯激动地把双手插进衣袋里。

“好——一言为定，我要和你单独在一起。我要和你像在我的房间里一样说话。”

“亲爱的伙计，”玛西亚笑着大声说，“那是不是意味着你想吻我？”

“是的，”贺拉斯几乎是大声叫喊着说，“如果你同意，我就吻你。”

负责开电梯的那个人用责备的眼神看着他们。玛西亚朝电梯口的栅栏门走去。

“我会给你寄明信片的。”她说。

贺拉斯的眼神已经疯狂。

“一定给我寄啊！过了一月一日，我会随时来找你。那时我就满十八岁了。”

她步入电梯时，他对着电梯的天花板莫名其妙地咳了一声，隐隐约约地带点挑战的意味，像是回应一种呼喊。接着，他快步离开了。

三

他又来了。她向躁动不安的曼哈顿观众席上投去第一瞥时，就看见他了——他坐在第一排，头稍稍向前倾，两只灰色的眼睛紧紧地盯着她。她知道，对他来说，这个偌大的剧场里就只有他们两人在一起，那排浓妆艳抹的芭蕾舞演员们的脸庞和那轰鸣呜咽的小提琴伴奏他都视而不见、充耳不闻。对他而言，那些统统可以忽略不计，如同维纳斯石像上飘落的微尘。她的心头被激起一种本能的抵触情绪。

“傻小子！”她匆匆地自言自语了一句，没有接受观众们的加演要求。

“一个礼拜才能挣到一百块，他们还希求什么呢——永不减退的激情吗？”她在后台兀自抱怨。

“玛西亚，怎么了？”

“我不喜欢坐在前排的那个家伙。”

在最后一幕，她正要表演最擅长的绝技时，忽然奇怪地感到怯场。她没有给贺拉斯寄承诺过的明信片。昨天夜里，她装作没看见他——跳完舞，她就急匆匆地离开剧院，在公寓里度过了一个不眠之夜——这个月她经常会这样——想着他那苍白而热切的面容，单薄而稚嫩的身体，无情又不谙世事的恍惚神思，这些都令她着迷。

现在他来了，她又隐隐约约地感到心情低落——仿佛被迫背上了异乎寻常的责任。

“神童！”她大声说。

“你在说什么？”站在她身边的一个黑人滑稽演员问道。

“没什么——自己说着玩儿的。”

在舞台上，她感觉好多了。这是她擅长的舞蹈——她总觉得她这样的跳法对男人的挑逗最多也不过和漂亮女孩给予男人的想象一样。她跳舞只是一种特技表演而已。

住宅区，商业区，果冻装在汤勺里，

太阳沉下去，在月光下颤抖不已。

现在，他没有看她。她看得清清楚楚。他在故意看背景上的城堡，脸上带着在塔夫特烧烤餐厅时的那副神情。她的心头燃起一团怒火——他在责怪她。

是那摇曳的身姿令我颤抖不已，
奇怪的是我的心中如何充满了这样的情感，
住宅区，商业区——

她的心头被无法抑制的反感情绪所占据，她突然可怕地意识到了观众的存在，这是她第一次登台以来从来没有过的事情。第一排那张苍白的脸是在向她暗送秋波吗？那个年轻女孩的嘴角是不是吊着一缕厌恶之情？她的那两个肩膀——那两个颤抖的肩膀——是她的肩膀吗？这真的是她的肩膀吗？她的肩膀肯定不会颤抖的！

然后——你看一眼就会明了一切。
葬礼上我需要圣维特斯跳着舞引领
在世界的尽头我会——

一支巴松管和两架大提琴喧嚣着进入尾声。她停下来，拉紧每一条肌肉，踮着脚尖摆出一个造型，她青春的面容带着后来被一个年轻女观众称为“如此奇怪的、疑惑的表情”，目光呆滞地注视着观众，没有鞠躬就匆匆离开舞台。她跑进更衣室，迅速脱下一条裙子，又钻进另一条裙子里，到外面叫了一辆出租车。

她的公寓很暖和——空间很小，里面有一排剧照和几套吉卜林和欧·亨利的书，这是她有一次从一个蓝眼睛的代理商那里买来的，偶尔看一看。有几把和公寓相匹配的椅子，但是没有一把舒服的；有一盏绘有黑鹂图案的灯，罩着粉红色的灯罩，把整个房间变成了一个令人窒息的粉红色世界。房间里也有几件令人愉悦的东西——令人愉悦的东西却无情地互相敌对，在神思恍惚的时刻越发有一种错位的感觉，一种无法忍受的滋味。而最糟糕的莫过于一幅用橡树皮镶嵌的、从伊利铁路看过去的帕塞伊克市的大型风景画——总之，这是一次为了打造一间令人振奋的屋子而进行的极度夸张的、极度吝啬的疯狂尝试。玛西亚知道这是一个败笔。

天才走进屋子，笨拙地握住了她的双手。

“这次我追上你了。”他说。

“哦！”

“我要你嫁给我。”他说。

她张开双臂投入他的怀抱，充满激情地亲吻了他的嘴唇。

“嘿！”

“我爱你。”他说。

她再次吻了他，然后轻叹一声，猛地坐到扶手椅上，半躺在那里，莫名其妙地笑起来，直笑得浑身发抖。

“哦，你这个神童！”她叫道。

“很好，如果你想这么叫就这么叫好了。我对你说过我比你老一万岁——现在依然比你老一万岁。”

她又大笑起来。

“我不喜欢别人和我对着干。”

“再也没有人和你对着干了。”

“欧玛尔，”她问道，“你为什么要和我结婚？”

天才站起身，把两只手插到衣袋里。

“因为我爱你，玛西亚·梅朵。”

然后，她不再叫他欧玛尔。

“亲爱的伙计，”她说，“你知道我还是有点爱你的。你身上有种东西——我说不出是什么——每次见到你，它都让我备受煎熬。但是，亲爱的——”她不说了。

“但是什么？”

“但是存在很多问题呀。但是你只有十八岁，而我快二十岁了。”

“胡说！”他打断她的话，“这么说吧——我已经十九岁了，你也十九岁，我们的年龄很接近——之前说的比你大一万岁就不算了。”

玛西亚大笑起来。

“但是还有一些‘但是’。你的家人——”

“我的家人！”天才恶狠狠地大声叫道，“我的家人只想把我变成一个魔鬼。”他的脸憋得通红，放出了狠话：“我的家人可以回家坐下来歇着了！”

“天哪！”玛西亚担心地叫起来，“至于吗？我认为是方法问题。”

“方法——对极了，”他强烈赞同，“所有的事情都是这样。我越来越觉得他们宁愿让我变成一具干尸——”

“是谁让你意识到了你的那种情况？”玛西亚轻声问，“是我吗？”

“是的。自从遇见了你，我就开始嫉妒在大街上见到的每一个人，因为他们都比我早知道爱情是什么。我曾经把爱情称作‘性冲动’。天哪！”

“还有‘但是’呢。”玛西亚说道。

“是什么？”

“我们怎么生活？”

“我会去挣钱。”

“你还在上大学。”

“你认为我就那么想得到文学硕士吗？”

“嘿，你想得到我[①]，是吗？”

“是的！什么？我的意思是，不是的！”

玛西亚大笑起来，轻盈地落到了他的腿上。他疯狂地抱紧她，在她的脖子上印上了一个深深的吻痕。

“你很单纯，”玛西亚开心地说，“不过，你似乎不怎么理智。”

---

① Master兼有“硕士”和“主人”两个意思，玛西亚直接把贺拉斯在上文中所说的Master of Arts篡改为Master of Me，令贺拉斯猝不及防，左右为难。因为他很难对玛西亚的话做出恰当的回应，不管他怎么回答，似乎都不妥。他如果回答“是”，就意味着他想成为玛西亚的主人；如果他回答“不是”，又意味着他不想娶玛西亚为妻。玛西亚的聪慧、机灵、可爱由此可见一斑。翻译时，译者在语言上稍微做了处理，力图体现作者在这里利用双关语而使谈话显得俏皮的语言风格。——译者注

"哦，别总提那该死的理智！"

"没办法。"玛西亚说道。

"我恨这些机器一样的人！"

"但是我们——"

"哦，别说了！"

玛西亚总不能用耳朵说话，（她的嘴巴被吻住了）所以她只好不说了。

四

二月初，贺拉斯和玛西亚结婚了。这在耶鲁和普林斯顿学术圈里引起了巨大的轰动。十四岁就在一家都市报的周日杂志专栏发表文章的贺拉斯·塔波克斯，现在放弃了自己的事业，放弃了成为美国哲学领域世界权威的机会，娶了一位合唱团的姑娘——他们认为玛西亚是合唱团的。但是和现代所有的奇谈怪事一样，这桩奇闻也只热闹了四天半便归于平静了。

他们在哈莱姆[①]租了一套公寓。经过两个礼拜的求职，贺拉斯的学术知识价值观无情地崩塌了。他在一家南美出口公司谋得了一个小职员的职位——他听人讲过出口业很有前途。玛西亚打算继续在剧团里多待几个月——无论如何她都要坚持到他站稳脚跟再说。尽管有人告诉他，几个月后，他就可以挣到双倍工资，但开始时他的月薪只有一百二十美元，因此玛西亚甚至拒绝考虑放弃她当时每个礼拜能挣到一百五十美元的工作。

"亲爱的，我们把我们自己称作'头和肩膀'吧，"她温柔地说，"肩膀可以继续抖动得久一点，一直到这颗古老的脑袋也开始抖动起来为止。"

"我不喜欢这个样子。"他闷闷不乐地反驳道。

"嗯，"她加重语气说，"你的工资还不够我们付房租呢。别以为我想出风头——我才不想呢。我只想做你的妻子。但是，要是你让

① 纽约的黑人住宅区。

我闲坐在屋子里，一边等你，一边数墙纸上的太阳花，我会变成弱智的。等你每个月能挣到三百美元的时候，我就辞职。”

尽管这话很伤自尊，贺拉斯也不得不承认，她的想法更加切合实际。

从三月到四月，日子过得和和美美。到了五月，曼哈顿的公园里、小河边，到处洋溢着的欢声笑语也见证了他们的幸福。贺拉斯没有什么爱好——他没有培养爱好的时间——然而事实证明他是个十分称职的丈夫。而且因为玛西亚对于令贺拉斯十分着迷的事情完全没有意见，因此，他们几乎没有什么磕磕碰碰的矛盾。他们有各自的分工。玛西亚实际上扮演了务实的管家的角色，而贺拉斯要么依然生活在他过去那抽象思维的世界里，要么就心满意足地生活在对妻子全心全意的崇拜中。她让他惊喜不断——她的想法鲜活而新颖，她活力四射、头脑清醒，她有永不枯竭的幽默感。

无论玛西亚在哪里展示她的表演才华，她对丈夫的聪明才智所流露出的无与伦比的自豪都会令她的九点档节目的同事们印象深刻。他们只知道贺拉斯是一个文弱而不苟言笑、看上去稚气未脱的年轻人，他每天晚上都等着接她回家。

“贺拉斯，”一天晚上，玛西亚像往常一样在十一点钟见到他时说道，“你站在街灯下时，看上去像个鬼魂。你瘦了是不是？”

他不知其可地摇摇头。

“我不知道。今天他们把我的工资涨到了一百三十五美元，还有——”

“我不在乎，”玛西亚严肃地说，“你要是再熬夜工作的话，非把自己累死不可。你看那些经济的大部头书本——”

“经济学。”贺拉斯纠正道。

“哦，每天晚上，我都睡了很久了，你还在看这些书。你又回到我们结婚前那种弯腰弓背的状态了。”

“可是，玛西亚，我必须——”

“不，你用不着那样，亲爱的。我想，现在我是老板，我可不想让我的伙计把身体累垮，把眼睛累坏。你得锻炼锻炼身体了。”

"我锻炼了。每天早上我——"

"哦，我知道！但是你的那些哑铃根本消耗不了多少热量。我的意思是真正的锻炼。你得去健身房。还记得你对我说过的，你曾经是个体操健将，有人想把你选进大学体操队去，可他们没能如愿，因为当时你正和赫伯特·斯宾塞见面？"

"以前我喜欢锻炼，"贺拉斯思虑重重地说，"可是现在锻炼太浪费时间了。"

"好吧，"玛西亚说，"我和你做个交易。你去健身房健身，我就从你那排发黄的书里面挑一本来读。"

"《佩皮斯日记》吗？哦，那本书应该很有意思，读起来很轻松。"

"对我来说，可不是这样——一点都不轻松，就像啃厚玻璃板一样。不过，你一直对我说，这本书能让我眼界大开。好吧，你每个礼拜去三次健身房，我就服一剂大剂量的塞米[①]。"

贺拉斯犹豫不决。

"呃——"

"好了，就这么定了！你为我做几个大回环，我为你学点文化知识。"

就这样，贺拉斯终于同意了，整个烈日炎炎的夏天，他每个礼拜都花三或四个晚上到斯基珀健身房去练习吊环。八月份，他向玛西亚承认，锻炼使他白天的脑力劳动更有效率。

"健全的灵魂寓于健全的体魄。"他说道。

"别信那些玩意儿，"玛西亚答道，"我吃过那些特效药，全都是垃圾。[②]你只管坚持去健身房就好了。"

九月初的一个晚上，在一间几乎空无一人的健身房里，他正在完成一个高难度的吊环扭体动作，一个若有所思的胖男人和他搭起

---

① Sammy 指的是 Samuel Pepys（塞缪尔·佩皮斯）。对玛西亚来说，读书就像喝药，很艰难，因此，她用了 take one big dose（服一剂大剂量的药）的说法。意思就是多看点塞缪尔·佩皮斯的书。

② 贺拉斯说了一句拉丁语即"Mens sana in corpore sano"（意思是健全的灵魂寓于健全的体魄），玛西亚认为贺拉斯说的是一种特效药，因此说了下面的话。小说中有好几个地方都出现了类似的情况，玛西亚总是误解贺拉斯的话，因为他们两人在文化程度上有较大的差距。

话来，他注意到这个人已经观察他几个晚上了。

“嗨，小伙子，再展示一下你昨天晚上的那个绝活儿。”

贺拉斯在吊环上咧开嘴冲他笑了笑。

“我自创的，”他说，“受到了欧几里得第四定理的启发。”

“他是哪个马戏团的？”

“他已经死了。”

“哦，他一定是在做那个绝活儿时折断了脖子。昨天晚上我坐在这里想，你肯定也会把你的脖子弄断的。”

“像这样！”贺拉斯说着，把吊环荡起来，演示了他的绝活儿。

“这不会扭伤脖子和肩膀上的筋肉吗？”

“刚开始的时候会，但是一个礼拜后，就不会了。”

“呵！”

贺拉斯悠闲地抓着吊环荡来荡去。

“有没有想过把这个作为你的职业？”胖男人问道。

“没想过。”

“要是愿意干这个绝活儿，能挣大钱，没准还能出名哩。”

“还有个绝招呢。”贺拉斯热切而欢快地说。胖男人看到这个身穿粉色针织运动衫的普罗米修斯再次公然挑衅上帝和牛顿的时候，顿时惊得目瞪口呆。

这次见面的第二天，贺拉斯下班回到家，发现玛西亚脸色苍白，正躺在沙发上等他。

“今天我晕倒了两次。”她直接说。

“什么？”

“是的。你瞧，再过四个月宝宝就出生了。医生说我两个礼拜前就不该再跳舞了。”

贺拉斯坐下来认真思考。

“我很高兴，当然，”他心事重重地说，“我的意思是我很高兴我们要有孩子了。但是这意味着我们今后得花很多钱。”

“我有两百五十美元的存款，”玛西亚满怀希望地说，“而且还有两个礼拜的薪水没有领呢。”

贺拉斯飞快地计算着。

“加上我的工资，接下来的半年时间里，我们差不多总共会有一千四百美元。”

玛西亚看起来忧心忡忡。

“总共就这么多吗？当然了，这个月我可以找个地方唱歌。三月份的时候，我就又可以去上班了。”

“当然不要你操心了！”贺拉斯粗鲁地说，“你就乖乖待在家里。现在我们来看看——除了保姆费，还要支付医生和护士的费用。我们还得再准备点钱。”

“哦，”玛西亚疲惫不堪地说，“我可不知道从哪儿弄啦。现在得靠这颗古老的脑袋，不关肩膀的事了。”

贺拉斯站起来，穿上了外套。

“你要去哪里？”

“我有办法了，”他答道，“我很快就回来。”

十分钟后，他已经走在通往斯基珀健身房的路上。他感到心平气和，又觉得十分奇妙，这种感受很纯粹，不掺杂任何滑稽的成分。要是在一年前，他会对自己的这个决定感到多么惊讶！大家又会感到多么惊讶啊！然而，当生活叩响了你的大门，你敞开大门迎接的不仅是生活本身，还会有许多东西纷至沓来。

健身房里灯光明亮，他等眼睛适应过来后，发现那个若有所思的胖男人正坐在一堆帆布垫子上抽着一根大雪茄。

“嗨，”贺拉斯开门见山地说，“昨天晚上你说我的吊环绝技可以赚钱，这话是真的吗？”

“哦，那还用说？”胖男人吃惊地说。

“嗯，我一直都在考虑这件事，我想我愿意试试。我可以晚上和礼拜六下午来表演——而且如果报酬足够高的话，我可以每天都来。”

胖男人看了看手表。

“哦，”他说，“查理·鲍尔森才是你要见的人。他要是看到你的表演，不出四天就会用你。他现在不在，不过明天晚上我会替你盯住他。”

胖男人很守信用。第二天晚上，查理·鲍尔森来了，他花了一个小时的时间，无比惊诧地观看了这位天才在空中上下翻飞、左右腾跃，画出无数条令人惊叹的抛物线。再过了一晚，他带来了两个人，他们人高马大，看上去似乎一生下来就会抽黑雪茄，一直在小声而兴致勃勃地谈论跟钱有关的事情。然后，在接下来的那个礼拜六，贺拉斯·塔波克斯在科尔曼街花园进行了首次职业亮相表演。尽管观众几乎有五千人之多，贺拉斯却一点都不觉得紧张。他从很小就开始当众朗读他的论文，深谙把自己与观众隔离的技巧。

“玛西亚，”当天晚上表演结束后，他欣喜地说，“我想我们有解决问题的办法了。鲍尔森觉得他能在竞技场剧院为我弄到一个空缺，能干上一整个冬天。竞技场剧院，你知道，是个大——”

“是的，我相信我听说过这家剧院，”玛西亚打断了他的话，“但是，我想知道你表演的这个绝活儿，不会是那种场面壮烈的自杀型表演吧？”

“小事一桩，”贺拉斯平静地说，“不过，如果你能告诉我，男人以哪种方式自杀会比为你冒险更好的话，那么没关系，我宁愿那样去死。”

玛西亚张开双臂紧紧搂住他的脖子。

“亲我，”她轻轻地说，“叫我‘心肝宝贝’。我喜欢听你叫我‘心肝宝贝’。给我一本书让我明天看。我不要再看塞姆·佩皮斯了，我想看点浅显有意思的东西。我整天无聊死了，实在想做点什么。我想写信，可是我不知道给谁写。”

“给我写，”贺拉斯说，“我会看的。”

“希望我可以，”玛西亚吸了口气，“如果我认的字够多，我会给你写一封世界上最长的情书，而且永远不会为此感到厌倦。”

然而，又过了两个月，玛西亚变得越来越疲惫。一连几个晚上，年轻的贺拉斯都是一脸焦灼、精疲力竭地站在竞技场剧院的观众面前。因此，一个年轻人替他暂时表演了两个晚上。这个人穿着浅蓝色而非白色的运动装，几乎没有人给他鼓掌。不过两天后，贺拉斯重新出场了，那些坐得离舞台较近的观众从这个年轻的杂技演员的脸上看到了一种快乐而安详的幸福表情，甚至当他在空中上气不接下气地做着各种翻转，表演他那令人赞叹的、自创的肩部动作时，也都是如此。在那次表演之后，他冲负责开电梯的人笑了笑，然后五步并作一步地冲到楼上的公寓里——踮着脚尖小心翼翼地进入安静的房间。

“玛西亚。”他轻轻地叫道。

“嗨！”她虚弱地朝他笑笑，“贺拉斯，我想让你做点事情。到书橱最上面的抽屉里找找看，有一大叠纸。那是一本书——就算是书吧——贺拉斯，那是我这三个月待在家里闲得无聊的时候写的。我希望你能把它送到那个曾把我的信刊登上报的彼得·博伊斯·文德尔那儿。他会告诉你这是不是一本好书。我写书的风格和我讲话一个样，就是和我写给他的那封信的风格一个样。只是一个故事，是我亲身经历过的很多事情。你会把它送给他吗，贺拉斯？”

“我会的，亲爱的。”

他朝床头弯下身子，把头放在枕头上，挨着她，开始轻抚她金色的头发。

“最最亲爱的玛西亚。”他温柔地说。

“不，”她喃喃地说，“请按照我喜欢的方式叫我。”

“心肝宝贝，”他充满激情地轻声耳语道，“最最、最最亲爱的心肝宝贝。”

“我们给她起个名字吧？”

贺拉斯在为孩子想名字的时候，他们便能在这种幸福、安静的满足感中休息一会儿。

“我们叫她玛西亚·休姆·塔波克斯吧。”他终于说。

“为什么叫休姆？”

“因为这家伙是我们的第一个见证人呀。”

“这样啊？”她喃喃着，恹恹欲睡，又有点吃惊，“我还以为那个人叫穆恩呢。”

她闭上眼睛，过了一会儿，她胸脯上的被单开始平缓地一起一伏，她睡着了。

贺拉斯踮着脚尖走到书橱边，打开上面的抽屉，发现一摞字迹潦草，几乎是涂鸦般的书稿。他看了看第一页：

桑德拉·佩皮斯，简写本
玛西亚·塔波克斯

他笑了。这么说来，塞缪尔·佩皮斯还是对她产生了影响。他翻了一页，开始看起来。他笑得更开心了——往下看了下去。半个小时过去了，他意识到玛西亚已经醒了，正从床上看着他。

"亲爱的。"耳畔传来了轻声的呼唤。

"什么事，玛西亚？"

"你喜欢吗？"

贺拉斯咳了一声。

"我还在看呢。很有趣。"

"把它送给彼得·博伊斯·文德尔。告诉他你在普林斯顿大学取得过最优秀的成绩，所以你知道一本书是不是好书。告诉他这本书会轰动全世界。"

"好的，玛西亚。"贺拉斯温柔地说。

她的眼睛又闭上了，贺拉斯走过去吻了吻她的额头——他在她身边站了一会儿，脸上写满了温柔的怜惜。然后他离开了房间。

那一整晚，一页页涂鸦似的手稿、一连串的拼写错误和语法错误、一堆奇怪的标点符号，它们在他眼前跳动着。夜里他醒了几次，每次都对玛西亚在字里行间所流露出的灵魂的渴望充满了无法言喻的、难以抑制的同情。他对玛西亚写书这件事产生了极其怜惜的感觉，几个月以来，他第一次开始认真思考起几乎被自己遗忘了的梦想。

他曾经打算撰写一部论文集来普及新现实主义，正如叔本华普及了悲观主义，威廉·詹姆斯普及了实用主义一样。

然而，生活并不由人随心所欲。生活操纵了他，迫使他去表演吊环。回想起书房外的敲门声，休姆椅子上那个轻盈透亮的身影，玛西亚的索吻，他大笑起来。

"我还是我，"他躺在黑暗中毫无睡意，惊奇地大声说，"我还是那个坐在伯克利椅子上的莽夫，以为如果不想听，敲门声就不存在。我依然是那个人。我可能会因为自己犯下的罪过而被处以电刑。

"可怜的、轻薄的灵魂试图以可感可触的方式讲述自己的人生。玛西亚和她写的书，我和我未写出的书。我们试图选择某些手段，得到我们想要的东西，并因此而感到幸福。"

五

《桑德拉·佩皮斯，简写本》由专栏作家彼得·博伊斯·文德尔作序，在《乔丹杂志》上连载，并在三月份以单行本的形式出版发行。自连载的第一期开始，这本书就引起了广泛的关注。一个老生常谈的话题——一个女孩出生于新泽西州的一个小镇，她来到纽约，走上了舞台——情节简单，语言离奇生动，在极其有限的字里行间滚动着挥之不去的忧伤，产生了无法抗拒的艺术魅力。

当时，彼得·博伊斯·文德尔正好在提倡通过直接吸收富有表现力的方言来丰富美国的语言表达体系，作为发起人，他慷慨陈词，怒斥传统评论者毫无生气的陈词滥调。

玛西亚每期连载都可以得到的三百美元稿酬，这笔钱来得正是时候，因为尽管贺拉斯在竞技场剧院的月薪比玛西亚过去多得多，但小玛西亚发出一阵阵尖锐的哭叫，他们就把这种现象解释为需要去呼吸一下乡间新鲜的空气了。因此，四月初，他们便住进了韦斯特切斯特县的平房里，这里有草坪、汽车库，应有尽有，还有一间坚固的、隔音效果非常好的书房。玛西亚信誓旦旦地向乔丹先生承诺，等她女儿的需求开始减少的时候，就会把自己关进书房里，以创作她那名垂千古的文盲文学。

"一点都不坏。"一天夜里，当贺拉斯从车站回家的时候这样想。他正在憧憬几个向他敞开大门的光明前景：一个为期四个月的杂耍表演机会，工资是五位数字；一个回到普林斯顿大学负责所有健身房事务的机会。奇怪！他曾经打算回到那儿去负责所有哲学事务，而现在，听到他曾经的偶像安顿·劳里埃造访纽约的消息，他竟然几乎不为所动。

砾石在脚下沙沙作响。他看见他家客厅里灯火通明，还看到一辆大汽车停在那里，发动机还在转动。可能又是乔丹先生来劝说玛西亚，要她定下心来搞创作的吧。

她已经听到他回来的脚步声，跑出来迎接他，她的身形在明亮的门口变成了一个剪影。

“有个法国人来了，”她紧张地悄声说，“我不会念他的名字，但是他的话听起来非常深奥。你得和他谈谈。”

“什么法国人？”

“我也不知道。他和乔丹先生一个小时前就到了，他说他想见见桑德拉·佩皮斯，以及诸如此类的事情。”

他们走进屋子的时候，这两个人都从椅子上站了起来。

“你好，塔波克斯，”乔丹说，“我终于把你们这两位大名人聚在一起了。这位是劳里埃先生。劳里埃先生，这位是塔波克斯先生，塔波克斯太太的丈夫。”

“不会是安顿·劳里埃吧！”贺拉斯吃惊地说。

“没错呀，是我啊，我必须来，一定得来。我看了您夫人的书，它让我着迷。”他在衣袋里摸索着，“啊，我也看到您了。这张报纸，我今天看的，上面有您的名字。”

他终于掏出了一张从杂志上剪下来的纸条。

“看看！”他热切地说，“也提到您了。”

贺拉斯扫了一眼这张纸条。

“对美国方言文学的非凡贡献，”纸条上说，“没有故弄玄虚的文学腔调；该书的价值恰恰体现在这里，可以和《哈克贝利·费恩历险记》相媲美。”

贺拉斯看到了下面的一段文字；一下子惊得目瞪口呆——赶忙往下看：

“玛西亚·塔波克斯不仅是一名观众，而且还是一位演员的妻子，这使她与舞台产生了紧密的联系。去年，她嫁给了贺拉斯·塔波克斯。

每天晚上，她的丈夫都以精湛的飞人表演在竞技场剧院给孩子们带来欢乐。据说，这对年轻夫妻自称‘头和肩膀’。毫无疑问，它指的是这样一个事实：塔波克斯太太负责写书和思考，而她的丈夫利用其柔软灵活的肩膀为家庭开支贡献一分力量。

“塔波克斯太太被冠以‘天才’之名简直是实至名归——虽然这个头衔已经被人用滥。她只有二十岁——”

贺拉斯看不下去了，他用非常奇怪的眼神目不转睛地盯着安顿·劳里埃。

“我想给您提个建议——”他变得粗鲁无理。

“哦？”

“有人敲门的话，别去开门！随便他们怎么敲——最好装个隔音门。”

伯妮斯剪短发

一

礼拜六晚上，天黑之后，站在高尔夫球场第一个发球区，可以望见乡村俱乐部的窗子透出黄色的灯光，照着一大片黑压压的、人头攒动的人群。这么说吧，这人群实际上是由许多好奇的球童、一些智商高点的司机和那个职业高尔夫球手的聋子妹妹组成的——而且，通常，还有一些因为缺乏自信而游离在外的人流，如果他们想，便会随时涌入俱乐部。这就是周末舞会的盛况。

俱乐部大厅和舞厅的墙连在一起，围成一个内置式的露台，沿墙摆放着一圈藤椅。礼拜六晚上来跳舞的大多是女人，一大群吵吵嚷嚷的中年妇女，戴着长柄眼镜，乳房高耸，目光犀利，心如铁石。这个露台的主要功能就是供这些女人挑毛病的。她们偶尔也会勉强说几句恭维之词，但永远都是违心之语。因为，超过三十五岁的女人都非常明白，参加夏季舞会的年轻人都怀有世界上最龌龊的不轨意图。如果没有这些女人杀伤力十足的目光，那些情侣会溜到角落里去跳一种奇怪而粗鄙的舞蹈。而更流行、更危险的做法是，跳舞的年轻人常常会躲进停车场，在毫不知情的贵妇人们的豪华轿车里接吻。

然而，这群吹毛求疵的女人毕竟离舞台不够近，因此，她们看不清男演员们的脸庞，也捕捉不到那些微妙的插曲。她们只能蹙着眉头，猫着身子去打探消息，根据自以为是的推测——比如，凡是收入可观的年轻人都过着招蜂引蝶的浪荡日子——做出心满意足的论断。她们从来都无法真正理解青春世界变化无常的剧情，也无法真正体会到青春世界残酷无情的一面。没有包厢，各色人等、各种声音混杂在一起，随着戴尔舞蹈乐队忧郁的非洲旋律摇摆，这就是舞会的乐队、主角和合唱团。

在这些人中，十六岁的奥迪斯·奥蒙德还有两年就要从希尔学院毕业了；G. 李斯·斯托达德在他家的书桌上悬挂着哈佛大学的法学学位证书；小马德琳·霍格顶着一头奇怪的头发，看起来很别扭；贝茜·麦克雷过上派对生活的时间可是有点长了——十多年了——他们这群人不仅是舞会的主角，还是能够毫无遮挡地看到表演的观众。

随着一阵花式演奏和一声巨响，音乐戛然而止。舞者们轻松地交换着习以为常的微笑，嘻嘻哈哈地重复着“啦—得—嗒—嗒，嗒姆—嗒姆”，接着，姑娘们叽叽喳喳的欢声笑语骤然盖过了人们的掌声。

几个没有女伴的年轻人正要插进去和女孩们跳舞，音乐的突然停止令舞池中的他们有些失望，有些无所适从，因而他们只好收起热情，无精打采地退回到墙边。和圣诞舞会的狂欢气氛不同，夏季舞会的节奏令人愉快，人们的兴奋程度也恰到好处。因此，已婚的年轻人也会站起来，跳起古老的华尔兹和难看得要命的狐步舞，和对他们报以迁就态度的弟弟妹妹们一起玩乐。

沃伦·麦金泰尔，一个随便对待学业的耶鲁大学学生，就是这样一个没有舞伴的落寞之人。他从无尾晚礼服的口袋里摸出一根雪茄，溜达到外面的露台上。露台宽敞，灯影朦胧，舞者们散坐在桌子旁。灯影绰绰的夜空，荡漾着暧昧的情话和迷离的笑声。他向周围那些漫不经心的人点头致意。从每一对舞者身边经过时，他的脑海里都会浮起某个处于半沉睡状态的故事片段。这个城市并不大，每个人都对其他人的底细了如指掌。比如，吉姆·斯特兰和埃塞尔·德莫雷斯特已经恋爱三年了。谁都知道，吉姆要是能找到一份工作并能坚持干上两个多月，埃塞尔就会嫁给他。然而，他俩看上去多么不开心呀。有时，埃塞尔厌倦地望着吉姆，仿佛想弄明白，自己过去怎么会把感情的藤蔓缠绕在这样一棵在风雨中飘摇的树上。

十九岁的沃伦很为那些没有去东部上大学的朋友们惋惜。但是，和大多数男孩子一样，一旦远离家乡，他就会极力夸耀远在家乡的姑娘们。吉纳维芙·奥蒙德总是到普林斯顿、耶鲁、威廉姆斯和康奈尔大学去跳舞、参加家庭派对、踢足球。在同龄人当中，黑眼睛的罗伯塔·迪琳和同辈的约翰逊·海勒姆与泰·考柏一样有名气。当然，还有玛娇丽·哈维，她貌若天仙，嘴巴抹蜜。除此之外，她还因为去年在纽黑文举行的软皮鞋舞和木屐舞的舞会上连续做了五个侧手翻而大名鼎鼎。

沃伦和玛娇丽隔街而居，他对她早已情根深种。有时，她用一点少得可怜的感激之情来回报他。而且，她还用一个百试不爽的方法来考验他：郑重其事地告诉他，她不爱他。她的具体做法是：一旦他不在身边，她就把他抛到脑后，而去和其他小伙子们谈情说爱。沃伦很沮丧，特别是，整个夏天玛娇丽三天两头去旅行，每次在她回来后的头几天，他都会发现她家客厅的桌子上堆满了写给她的情书，信封上的字迹遒劲有力，为不同的男性所写。更糟的是，八月份她的表妹伯妮斯从奥克莱尔来看她，整整一个月她们俩都黏在一起。他想和她单独见一面似乎是不可能的事。总得想办法另外找人把伯妮斯支开。八月份快结束的时候，想和她单独待一会儿更是难上加难。

尽管沃伦非常爱慕玛娇丽，但他不得不承认，她的表妹伯妮斯也一点都不差。她很漂亮，头发乌黑，面颊红润。不过，她在舞会上没有一点情趣。每个礼拜六晚上，为了取悦玛娇丽，他都得没完没了、热情洋溢地和她的表妹跳舞，以完成差事。然而，和伯妮斯在一起，他简直无聊透顶。

“沃伦。”一声温柔的呼唤从肘边传来，打断了他的思绪。他望着玛娇丽，一脸兴奋，心旌荡漾。她将一只手搭在他的肩膀上，他的心头悄然腾起一团火花。

“沃伦，”她轻声慢语地说，“帮我个忙——和伯妮斯跳支舞吧。她被小奥迪斯·奥蒙德缠住了，都快一个小时了。”

沃伦心中的火花熄灭了。

“哦，好啊。”他心不在焉地答道。

“你不会介意的，是吗？我不会让你脱不开身的。”

“没事的。”

玛娇丽笑了——这一笑足以表达她的感激之情。

“你简直是个天使，我不胜感激。”

天使叹口气，到露台上四处寻找，却不见伯妮斯和奥迪斯的踪影。他又转回来，在女更衣室前看见了奥迪斯。奥迪斯站在一群男孩子中间，挥舞着一根不知从哪儿捡来的木棍儿，正在高谈阔论，小伙子们笑得像抽了风一样。

“她在里面弄头发呢，”他扯着嗓子说，“我正等着和她再跳上一个小时。”

又爆发出一轮笑声。

“你们为什么不和她跳舞呢？”奥迪斯恨恨地喊道，“她更愿意换换口味。”

“哦，奥迪斯，”一个朋友说，“你好不容易才对上她的胃口。”

“你拿根棍子干什么，奥迪斯？”沃伦笑着问道。

“棍子？哦，这？这是一根球棒。等她出来的时候，我就一棒子把她敲进去。”

沃伦一屁股瘫坐在沙发上大笑了起来。

“放心吧，奥迪斯，”他终于能止住笑好好说话了，“这次我来救你了。”

奥迪斯假装突然眩晕了一下，把那根棍子递给沃伦。

“也许你用得上，老兄。”他粗鲁地说。

无论一个姑娘多么光鲜靓丽，如果不能被人频繁地邀请，那她在舞会上的处境就会十分尴尬。也许，比起那些曾经与他们跳过十几支舞的花蝴蝶，男孩子们倒宁愿她的陪伴。但是在爵士乐的滋养中长大的这一代年轻人生性喜怒无常，和同一个姑娘跳上多于一支完整的狐步舞虽然不至于十分厌烦，却会觉得索然无味。跳完几支舞，在中场休息的时候，她能十分确定，一个年轻人一旦摆脱她，就再也不愿碰她那任性的脚指头了。

沃伦和伯妮斯又跳完了一支舞，多亏有中场休息，他终于可以把她领到露台上的一张桌子旁。沉默片刻后，她扇着扇子开始了乏味的谈话。

“这里比奥克莱尔还热。”她说。

沃伦闷闷地叹了口气，点了点头。他对这种情景已早有预见。他心烦意乱，徒劳地想弄明白，是因为得不到关爱才使她不善交谈，还是因为不善交谈而使她得不到关爱。

“你还要继续在这里待下去吗？”他问道，接着脸就红了。她可能会怀疑他这样问她的初衷。

“还要再待一个礼拜。”她答道。她看着他，仿佛已经猜到他即将脱口而出的话。

他很不安。突然，他心软了，决定稍微恭维一下她。他回过头看着她的眼睛。

“你的嘴唇性感极了。”他平静地说。

这是他在大学舞会上，在如此刻般朦胧的灯光下，与女生们交谈时挂在嘴边的话。伯妮斯显然吃了一惊，羞红了脸，在扇子后显得很窘迫。以前，这样的话从来没有人对她说过。

“新鲜！”这个词脱口而出，她赶紧咬住嘴唇。然而，当她后来又表现出开心的样子，并对他报以感激的微笑时，为时已晚。

沃伦很烦恼。一般情况下，姑娘们不会把这句话当真，通常都会哈哈大笑或开几个打情骂俏式的玩笑。把这句话说成新鲜，除非是开玩笑，否则他不喜欢。他的怜悯之心消失了，他换了话题。

“吉姆·斯特兰和埃塞尔·德莫雷斯特总是坐在外面。”他说道。

这句话比较符合伯妮斯的风格。虽然话题的转变使她感到自在些，却也让她觉得有点遗憾。男人们不会和她聊关于嘴唇是否性感的话题，但她知道他们会和其他姑娘聊。

“哦，是的，”她说，然后笑了笑，“听说他们这几年都无所事事，身无分文。这样不是很傻吗？”

沃伦的厌恶之情又增加一层。吉姆·斯特兰是他哥哥的好朋友，无论如何，他认为嘲笑别人没钱是不礼貌的。然而，伯妮斯并非故意要嘲笑谁，她只是紧张而已。

二

深夜十二点半，玛娇丽和伯妮斯才回到家，她们在楼梯上道了晚安。虽然是表姐妹，但她们并不亲近。事实上，玛娇丽没有很要好的女性朋友——她认为女孩子都很蠢。伯妮斯和她正好相反。通过这次由父母安排的拜访，伯妮斯倒希望表姐抛开她的自信，而与她一起哭一起笑，她认为这是女性交往中不可或缺的因素。然而，她发现玛娇丽在这方面相当冷淡；在某种程度上，她觉得她与男人一样难以交流。玛娇丽从来不会傻傻地笑，从来不会感到害怕，几乎没有什么让她感到尴尬，事实上，她几乎不具有在伯妮斯看来比较得体且令人愉快的温柔品质。

这天夜晚，伯妮斯一边刷牙一边纳闷地想，为什么离家之后她就没有丝毫魅力了，这个问题她已经想了无数次了。她家是奥克莱尔的首富；她母亲为她考虑得极其周全。她每次去参加舞会前，母亲都会为她举办小型宴会，还给她买了辆小轿车，方便她随处走动，她从未思考过她在家乡的社交场上是如何取得成功的。和大多数女孩一样，她是喝着安妮·费洛斯·约翰斯顿准备好的"热牛奶"长大的。小说告诉她，女人受到钟爱是因为某种神秘的女性气质，而这种气质总是被人们津津乐道却从无人演示一下到底是什么样的。

伯妮斯现在不受青睐，这让她感到隐隐的不快。她不知道，假如不是玛娇丽努力相助，她整个晚上只能和一个男人跳舞；然而她也清楚，即使在奥克莱尔，那些地位不如她也没她标致的女孩却比她受欢迎得多。她觉得这是因为那些女孩身上隐隐约约地显露出某种不知廉耻的东西。她从不为此烦恼，如果她为此感到烦恼的话，母亲也会向她保证，其他女孩浅薄轻贱，而男人们真正倾慕的则是像伯妮斯这样的姑娘。

她关了洗漱间的灯，看见姨妈房间里的灯还亮着，便一时兴起，决定进去和姨妈约瑟芬聊会儿天。她穿着软底拖鞋，走路时悄无声息。她下楼走到铺着地毯的客厅，听到里面有说话声，便在半开半掩的门前停下脚步。接着她听到了自己的名字，她的确不是故意想偷听什么——房间里微弱的谈话声像针尖般突然刺穿了她的意识。

“她简直无药可救！”是玛娇丽的声音，“哦，我知道你要说什么！那么多人都告诉你她多么可爱，多么甜美，多么会做菜！那又怎样？她过得糟透了。男人们不喜欢她。”

“男人们的情趣是多么浅薄啊！”

哈维夫人的声音听起来很烦恼。

“你要是十八岁，那就意味着一切，”玛娇丽加强了语气，“我已经尽力了。我对她很客气，我让男人们请她跳舞，但是他们就是受不了她的沉闷。想到那样美丽的肤色浪费在这样一个傻子身上，再想想玛莎·凯莉会怎么做——哎！”

“现如今谦恭之风怎么都荡然无存了呢。”

哈维夫人的言外之意是，她已经无法理解现在的社会风尚了。她年轻的时候，所有出身良好的姑娘都过得非常开心。

“哦，”玛娇丽说，“没有哪个女孩能永远帮助一个傻亲戚，因为在这个时代，每个女孩都以自我为中心。我甚至想办法暗示她如何穿衣服，如何做其他事情，可她听了之后很生气——一脸滑稽地看着我。她很敏感，一定清楚地知道自己不会成功，但是我敢打赌，她准觉得自己很高尚而我太肤浅，太水性杨花，准没有好下场，并以此聊以自慰。所有不受青睐的女孩都是那么想的。酸葡萄！塞拉·霍普金斯认为我和吉纳维芙、罗伯塔都是交际花。我敢打赌，要是能变成交际花，让三四个男人同时爱上她，在舞会上每跳几步就有人插进来和她跳舞，她宁愿舍弃十年寿命以及她在欧洲所受的教育来交换。”

“我觉得似乎，”哈维夫人打断她的话，很疲惫地说，“你应该能为伯妮斯做点什么。我知道她不是很开朗。”

玛娇丽开始抱怨起来。

“开朗！上帝！除了很热、很拥挤或者明年她准备到纽约去读书外，我从没听她对男孩子说过其他什么话。有时候，她问他们开什么车，并告诉他们她开什么车。多么令人激动！”

沉默片刻后，哈维夫人继续耐着性子说：

“就我所知，其他女孩子都不如她甜美、有魅力，可她们都找到舞伴了。比如说玛莎·凯莉又矮又胖，又爱吵闹，她母亲也非常一般。罗伯塔 · 迪琳今年太瘦，看上去她似乎应该待在亚利桑那才是。她跳起舞来简直不要命。”

“可是，妈妈，”玛娇丽不耐烦地反驳道，“玛莎很快乐，很聪明，很机灵。罗伯塔的舞跳得棒极了。她受欢迎的时间已经有几个世纪那么长了！”

哈维夫人打了个哈欠。

“我想，这都是因为伯妮斯那该死的印度血统，”玛娇丽继续说，“大概她是隔代遗传。印度女人只知道呆呆地坐着，一言不发。”

“睡觉去吧，傻孩子，”哈维夫人笑起来，“要是知道这件事你会记得这么牢，我就不该告诉你了。我觉得你大部分的想法都很愚蠢。”她恹恹地结束了谈话。

又一阵沉默，而玛娇丽在想，如此费力地说服母亲是不是值得。你几乎永远无法改变四十多岁的人的思想。十八岁的时候，信念如可以放眼远眺的大山；四十五岁的时候，信念则如把我们隐藏得严严实实的深洞。

明白了这一点，玛娇丽便向母亲道了晚安。当她从房间出来进入客厅时，客厅里已经空无一人。

三

第二天，玛娇丽正在吃早餐，伯妮斯进来了，郑重其事地向她问好，在她的对面坐下，下意识地看着她，轻轻地润了润嘴唇。

“你在想什么？”玛娇丽十分疑惑地问。

伯妮斯停顿了片刻，扔出了手榴弹。

“我听到你昨天晚上对你母亲说我的坏话了。”

玛娇丽吃了一惊，神色稍微有点紧张，不过说话的声音依然十分镇静。

“在哪儿听到的？”

“在客厅里。我不是故意的——刚开始的时候不是。”

玛娇丽不禁流露出满脸鄙夷的神色，她垂下眼皮，开始饶有兴味地摆弄手上的玉米片。

“既然我这么让你讨厌——我想我最好还是回奥克莱尔去。”伯妮斯的下嘴唇抖得很厉害，她继续用颤抖的声音说，“我已经尽力表现得很友善，然而——然而，我首先被人忽视，接着又受人侮辱。我们家的客人，绝对不会受到这样的待遇。”

玛娇丽沉默不语。

“可是，我是个绊脚石，我明白。我拖累你了。你的朋友们不喜欢我。”她顿了顿，想起另一桩不开心的事，“当然，上个礼拜，你暗示我穿的裙子不合身，我很生气。难道你不认为我知道怎么穿衣服吗？”

“是的。”玛娇丽小声咕哝着。

“什么？”

“我没暗示什么，”玛娇丽简短地说，“我记得，我只说过，每天的穿着打扮都讲究一些比隔三岔五地讲究一次要好得多。”

“你觉得这样说很友好吗？”

“我没有想友好。”她顿了顿，接着说道，“你什么时候走？”

伯妮斯猛抽一口气。

“哦！”她带着一半哭腔。

玛娇丽吃惊地抬头看了看。

“难道不是你说要走的吗？”

“是的，可是——”

“哦，原来是吓唬人的！”

她们隔着餐桌对望了一会儿。伯妮斯泪眼汪汪，而玛娇丽则一脸决绝，就像过去神魂颠倒的大学生向她表白时她所惯有的表情。

“那么你是在吓唬人啦。”她重复着刚才的话，仿佛这正如她所愿。

伯妮斯涕泗横流地承认了。玛娇丽的眼神里透着无聊。

“你是我表姐，”伯妮斯抽泣着说，“我来看——看——看望你。

我打算待一个月，况且，如果我提前回去，我母亲会知道，她会知——知道——”

玛娇丽等待着，直到伯妮斯断断续续的话语转为轻轻的啜泣。

“我会把我这个月的零花钱给你，”她冷冷地说，“随便你到哪里度过这最后一个礼拜。有家很不错的旅馆——”

伯妮斯的抽泣突然变成了风笛般的哭泣，她突然起身冲出房间。

一个小时后，玛娇丽正在书房专心写一封闪烁其词、捉摸不透、只有年轻姑娘才想得出的信，伯妮斯来了，她的眼睛红红的，情绪已经平静下来。她不看玛娇丽，随手从书架上拿本书，坐下来，俨然在看书。玛娇丽似乎沉浸于信中，不停地写着。当时针指向中午时，伯妮斯突然合上书。

“我想我最好去买火车票。”

这个开场白并不是她在楼上排练好的——这是她有勇气说出的最好的开场白，然而玛娇丽没有明白她的用意——没有劝她理智些，也没有说这一切都是误会。

“等等，等我写完这封信，”玛娇丽目不转睛地说，“我想赶快把它寄出去。”

她又唰唰地写了一会儿，然后回过头，松了一口气，带着一种“随你的便”的神情。伯妮斯不得不再次开口。

“你希望我回去吗？”

“呃，”玛娇丽若有所思地说，“希望，如果你过得不开心，那么最好走。没必要在这里受罪。”

“难道你就不想表达一点最起码的善意——”

“哦，请不要用《小妇人》中的腔调跟我讲话！”玛娇丽不耐烦地大声嚷道，“那已经不合时宜了。”

“你这么认为？”

“天哪，是的！现代女性怎么能像那些愚蠢透顶的女人一样生活？”

“我们的母亲们对她们可是怀有敬仰之心的。”

玛娇丽笑起来。

“是的，没错——也未必！另外，我们的母亲们在她们自己的世界里独善其身，但她们几乎不了解女儿们的问题。”

伯妮斯挺直了身子。

“请不要谈论我的母亲。”

玛娇丽笑了。

“我觉得我并没有提到她。”

伯妮斯觉得被人牵着鼻子走而偏离了主题。

“你觉得你对我好吗？”

“我已经尽力了。你是朽木不可雕。”

伯妮斯的眼圈红了。

“我觉得你心肠很硬，很自私，你没有一点女性的温柔。”

“哦，上帝！”玛娇丽绝望地叫道，“你这个蠢货！像你这样的女孩子只配拥有无聊平淡的婚姻；所有那些极其无能的表现都被你当作女性的温柔。一个有想象力的男人和一个身着华丽服饰、给予他无限遐想的女人结了婚，结果发现她只是一个虚弱不堪、哭哭啼啼、怯懦如鼠的矫情的混合体，那一定是一个沉重的打击！”

伯妮斯不知不觉目瞪口呆。

“有女人味儿的女人！”玛娇丽继续说，“她将全部的大好年华都用来谴责像我这样的女孩，殊不知，我们过得开心着呢。”

听着玛娇丽的话，伯妮斯的嘴巴张得更大了。

“丑女孩有理由抱怨。如果我是个无法改变容貌的丑女孩，我一定不会原谅父母把我带到这个世上来。然而你的人生完美无缺——”玛娇丽的小拳头握得紧紧的，“如果你想让我和你一起哭鼻子，你会大失所望。是走是留，悉听尊便。”她拿起信，离开了书房。

伯妮斯假称头疼，没有吃午饭。她们原本和人约好，下午要去看演出，但是伯妮斯的头还在疼，玛娇丽就向一个情绪还不算很低落的男孩做了解释。傍晚回来时，她发现伯妮斯在卧室等她，一脸严肃，让人捉摸不透。

“我决定了，”伯妮斯开门见山地说，“也许，你是对的——也许相反。但是，如果你能告诉我你的朋友们为什么不——不喜欢我的话，我想我会照你的话去做。”

玛娇丽对着镜子把头发抖落下来。

“此话当真？”

“当真。”

“毫无保留？乖乖听话？”

“呃，我——”

“呃什么！完全听我的话吗？”

“如果是合乎情理的事情。”

“不合情理！你不需要合乎情理。”

“你会——建议——”

“是，无所不包。如果我让你去上拳击课，你也必须得去。给家里写信，告诉你母亲，你要再待两个礼拜。”

“如果你告诉我——”

“好——我现在就给你举几个例子。首先，你举止不自然。为什么？因为你对自己的外貌从来都没有自信。如果一个女孩打扮得十分整洁得体，她就会忘记使她不自信的东西。这就是魅力。你越是忘我，就越有魅力。”

“难道我看起来不对吗？”

“是的；比如说，你从来不修眉毛。你的眉毛又黑又亮，然而你却任其乱蓬蓬的，这有损你的美貌。如果你把无所事事的时间拿出十分之一来修修眉毛，它们就会漂亮无比。你要用眉刷把眉毛刷直。”

伯妮斯疑惑地挑起了眉毛。

“你是说男人们会注意到眉毛？”

“是的——下意识地。你回家后，应该矫正一下牙齿。这些几乎是不起眼的细节，然而——”

“但是，我认为，”伯妮斯疑惑不解地插嘴道，“你很看不上女人这些细枝末节的事情。”

“我是不喜欢小心眼，”玛娇丽回答说，“但是女孩必须把自己打扮得精致有品位。如果她看上去优雅高贵，她才配谈论俄国、乒乓球，或者国际联盟，并可以所向披靡。”

“还有什么？”

“哦，这才刚开始！还有你跳舞的姿势。”

“我跳得不好吗？”

“是的，不好——你的身体应该靠近舞伴；是的，应该这样——稍微靠近点。昨天我们一起跳舞时，我注意到了这一点。你跳舞的时候，身子直挺挺的，你应该稍微前倾。或许，那些旁观的老女人会告诉你，你的仪态看起来多么庄重，然而，除非你是黄毛丫头，否则这种姿势对于男人，尤其是至关重要的男人而言就太过僵硬了。”

“继续说下去。”伯妮斯听得一头雾水。

“嗯。你还得慢慢学会对那些不善交际的男生和气点。除了和那些最受欢迎的男孩跳舞外，任何其他人和你跳舞都仿佛是对你的侮辱似的。哎，伯妮斯，我每跳几下，就会有人插进来——这些大都是什么人？哎，是那些不善交际的人。没有哪个女孩可以付得起忽视他们的代价。他们是任何群体中的大多数。过于腼腆而不善言辞的男孩恰恰是练习交谈的最好人选。而笨手笨脚的男孩是练习舞步的最佳人选。如果你肯尊重他们，表现出宽容的姿态，那么你就能在任何情况下应对自如。”

伯妮斯深深地叹了口气，然而玛娇丽还没有说完。

“如果你去参加舞会，想要真正快活起来，比如说，有三个不善交际的男孩子和你跳舞；如果你能和他们谈得非常愉快，他们就不会觉得被你缠住而脱不开身，那么，你就算是小有收获了。下次他们还会回到你身边，渐渐地，有很多不善交际的男人都愿意和你跳舞，那些富有魅力的男孩子就不会担心被你绊住——就会和你跳舞了。”

“没错，”伯妮斯由衷地说，她快要晕倒了，“我想我开始明白了。”

“最后，”玛娇丽总结道，“自信和魅力自然就有了。某天早上，你一觉醒来，发现你拥有了它们，男人们也会发现这一点的。”

伯妮斯站了起来。

“太感谢你了——但是以前，从来都没有人给我讲这些，太不可思议了。”

玛娇丽没有回答，只是神情严肃地注视着镜子里的自己。

“你太好了，这么帮我。”伯妮斯继续说。

玛娇丽依然没有回答，伯妮斯觉得是自己表现得过于激动了。

“我知道你不喜欢多愁善感。”她怯怯地说。

玛娇丽突然转过身来。

“哦，我没有那样想。我在想是不是最好给你剪个短发。”

伯妮斯一下子仰面瘫倒在床上。

四

下个礼拜三晚上乡村俱乐部有一个晚宴舞会。当客人们迈着散漫的步子走进来的时候，伯妮斯找到了她的座位卡，心中有些懊恼。尽管右边坐着 G. 李斯·斯托达德，一个最让姑娘们动心、最优秀的年轻单身汉，而最重要的左边却只有查理·鲍尔森。查理个子不高，不英俊，没有社交才能。伯妮斯根据刚刚受到的启蒙，断定他只有一项资本做她的舞伴，那就是他从来没有被她绊住而脱不开身过。然而那丝不快的感觉随着最后一道菜而消失了，她想起了玛娇丽对她的特别指导。她把骄傲吞进肚里，转身对着查理·鲍尔森，突然打开了话题。

“你觉得我应该把头发剪短吗，查理·鲍尔森先生？”

查理吃惊地抬起头。

“为什么？”

“因为我在想，这样做一定能够吸引人们的眼球。”

查理愉快地笑了。他不知道这些话是排练过的。他回答说他对短发没有研究，不过伯妮斯可以给他讲讲。

“我想成为社交场上的万人迷，你知道。”她冷静地宣布道，然后继续告诉他，把头发剪短是必要的前奏。她补充说，她想征求一下他的意见，因为她听说他对女孩子很挑剔。

查理丝毫不了解女人的心思，如同他不了解佛家弟子的冥思一样。伯妮斯的话让他多少有点飘飘然。

“因此，我已经决定了，”她继续说着，把声音微微抬高了些，“下个礼拜，我会早早地去市区的塞维尔旅馆理发店，坐在第一把椅子上，把头发剪短。”她的声音颤抖着，注意到周围一片寂静，大家都在专注地听她讲话；她感到一阵慌乱，不过，很快想起了玛娇丽传授给她的秘籍。她对周围的人又说了一段事先准备好的台词。“当然我要收入场费的，不过，如果你们都来给我鼓劲的话，我会给你们发入场券的。”

人群中发出一阵赞赏的笑声，G. 李斯·斯托达德马上靠近她，悄悄地凑在她的耳边说：“我现在就订一个包厢。”

她迎着他的目光，嫣然一笑，仿佛他说的话非常精彩。

“你觉得短发很迷人吗？”G. 李斯像刚才一样小声地问道。

“我觉得这不符合传统道德，”伯妮斯一本正经地承认，“但是，当然，你必须要么让人们开心，要么让人们满足，要么让人们震惊。”这是玛娇丽借用奥斯卡·王尔德的一句话。男人们又报以一阵笑声，而姑娘们则频频投来专注的目光。然后，仿佛自己没说什么机智俏皮的话，伯妮斯立刻转向查理，和他悄悄耳语。

“我想听听你对几个人的看法。我觉得你很会看人。”

查理一阵战栗，差点晕倒——他碰翻了她的水杯，他以这微妙的方式向她表达了他的敬意。

两个小时后，当沃伦·麦金泰尔精神萎靡地站在没有女伴的男人队伍里，心不在焉地看着跳舞的人们，正想着玛娇丽不知和什么人消失到哪里去了。这时，一种与他毫不相干的情景开始渐渐引起他的注意——这个情景就是，在刚刚过去的五分钟内，有好几个人插进去和玛娇丽的表妹伯妮斯跳舞。他把眼睛闭上，又睁开。他看到，在接下来的几分钟里，她一直在和一个外地来的男孩跳舞，这很容易理解：一个外地来的男孩不了解情况。但是，现在她又换了人，而查理·鲍尔森正朝她走去，他的眼神热情而坚定。奇怪——查理一个晚上很少和三个以上的女孩跳舞。

伯妮斯频频交换舞伴——沃伦着实大感意外——这个刚刚被换下来的人不是别人，正是 G. 李斯·斯托达德。可是，G. 李斯·斯托达德看起来丝毫没有如释重负的兴奋感。当伯妮斯再次跳到沃伦身边的时候，他目不转睛地打量她。是的，她很漂亮，漂亮极了；而且，今晚她看起来容光焕发。她的这种神情，即使是最擅长模仿的女人也装不出来——她看上去玩得非常愉快。他喜欢她今晚的发型，她的头发熠熠发亮，他不知道她是不是打了发蜡。还有，那件连衣裙很合身——深红色把她的眼神衬托得更加深邃，也使她的面颊更加红润。他记得，她刚来时，他还不知道她缺乏情趣，他曾经觉得她很漂亮。没有情趣的感觉太不好了——没有情趣的姑娘令人难以忍受——不过她当然还是蛮漂亮的。

他收回了飘飘忽忽的思绪，又想起了玛娇丽。她这次的消失和以前的每次消失一样。当她现身时，他会问她去哪儿啦——她会郑重其事地告诉他这不关他的事。她吃定他了，多么不幸！她知道他绝对不会对城里的其他姑娘动心，因此，她很得意；她敢断定，即使是吉纳维芙和罗伯塔也不可能让他坠入情网。

沃伦叹口气。要想获取玛娇丽的芳心真是不容易，他就像困在迷宫中找不到出路。他抬起头，伯妮斯和那个外地来的男孩又跳过来了。他恍恍惚惚地离开了没有女伴的男人队伍，朝伯妮斯的方向迈出了一步，又犹豫了。然后，他对自己说，他这是在做慈善。他朝她走去——突然和G.李斯·斯托达德撞在一起。

“抱歉。”沃伦说。

但是G.李斯没有停下来致歉。他再次插进去，和伯妮斯跳起来。

那天夜里一点钟，玛娇丽一只手放在客厅的电灯开关上，转过身，最后看了看两眼放光的伯妮斯。

“那么，我们的计划奏效了？”

“哦，玛娇丽，奏效了！”伯妮斯大声叫道。

“我看你今晚过得棒极了。”

“是的，棒极了！唯一的问题是，大约到了半夜，我没词了，不得不重复说过的话——当然是对不同的人说的。希望他们不会相互印证。”

“男人们不会那么干的，”玛娇丽说着，打了个哈欠，“即使他们这么做了，也没关系——他们会认为你是个捣蛋鬼。”

她啪的一声关了灯。她们上楼的时候，伯妮斯激动地抓住楼梯扶手，心中满是感激。她还是平生第一次跳舞跳到累。

“你瞧，”玛娇丽在楼梯最高的一个台阶上说，“一个男人看到另一个男人插进来，就会认为你一定有不凡之处。好了，明天我们要搞点新花样。晚安。”

“晚安。”

伯妮斯一边把头发放下来，一边回想晚上的情景。她完全听从了玛娇丽的指点，即使查理·鲍尔森第八次插进来和她跳舞，她也装作很高兴的样子，表现得兴致勃勃、受宠若惊。她没有谈论天气、奥克莱尔、汽车或者上学的事，只谈论你、我和我们。

然而，就在她昏昏欲睡的时候，一个大胆的念头在她脑海里懒洋洋地翻腾起来——毕竟，是她自己做了这些事情。虽然所有的谈话都是玛娇丽教她的，这一点不可否认，然而，玛娇丽教她说的话大都是从她读过的书里抄来的。那条红裙子是伯妮斯自己买来的，虽然在玛娇丽把它从箱子里翻出来之前她从来都没有觉得它很好看——她用自己的声音说出了动人的话语，她用自己的嘴唇笑得那般甜蜜，她用自己的双脚跳出优雅的舞步。玛娇丽，好姑娘——但是，很虚荣——美好的夜晚——不错的男孩子们——像沃伦——沃伦——沃伦——他叫——什么——名字——沃伦——

她睡着了。

五

接下来的这个礼拜使伯妮斯大感意外。伯妮斯觉得人们真的渴望见到她，喜欢听她说话，她因此有了满满的自信。当然，一开始她频频出错。比如，她不知道德雷克特·德约正在研修牧师职位；她不知道，他来和她跳舞是因为他原本认为她是个文静、矜持的姑娘。如果她知道这些，就不会用这样的台词和他打招呼：“嗨，弹震症！”也不会给他讲洗浴的事——“夏天，要花大量精力盘头——头发太多了——所以，我总是先盘好头，再往脸上扑粉，再戴帽子；然后跳进浴缸，最后再穿裙子。难道你不认为这是最完美的做法吗？”

尽管德雷克特·德约正在苦苦钻研浸礼的事，因此有可能发现两者之间存在某种联系，然而，不得不承认，他并没发现。他认为谈论女人洗浴有悖传统道德，便向她表达了现代社会腐化堕落的观点。

然而，伯妮斯也取得了几个不同凡响的、值得称道的成就，抵消了这些不快的经历。小奥迪斯·奥蒙德恳求她允许他取消他的东方大学之旅，宁愿像忠诚的小狗一样追随她，这一方面令他的那帮朋友觉得好笑，另一方面又让G.李斯·斯托达德很恼火。有几个下午，G.李斯·斯托达德去拜访伯妮斯的时候，每次都遇到奥迪斯俯着身子，令人作呕地、含情脉脉地看着伯妮斯，使他的愿望泡了汤。奥迪斯甚至还给伯妮斯讲了木棍和女更衣室的事，意在向她表明，他和其他所有人起初对她的看法是多么荒谬。听到这些话，伯妮斯的情绪稍稍有些低落，但她还是一笑了之。

在伯妮斯所有的谈话中，最有名也最受人追捧的是那句关于剪短发的台词。

“嗨，伯妮斯，你打算什么时候去剪头发？”

“也许后天吧，”她会笑着这样回答，“你们会来看我剪头发吗？因为我可是对你们寄予厚望的啊，你们知道的。”

“我们会去吗？那还用说！不过，你最好快点！”

关于剪短发的事，伯妮斯完全没当回事，所以她会用大笑一次次搪塞过去。

“快了。保证让你们大吃一惊。”

然而，也许，伯妮斯获得成功的最重要的标志是，眼光极为挑剔的沃伦·麦金泰尔的灰色轿车每天都停在哈维家的门前。起初，听到他问起伯妮斯而不是玛娇丽，玛娇丽家负责应门的女佣非常吃惊；一个礼拜后，她告诉厨子，伯妮斯小姐抢走了对玛娇丽小姐忠心耿耿的小伙子。

伯妮斯小姐的确干了这件事。或许，一开始，沃伦只是为了激起玛娇丽的妒忌；或许，伯妮斯的言谈之间有着熟悉的玛娇丽的影子，虽然一时还难以觉察；或许，两者兼而有之，而且除此之外，还存在着某种真诚的爱慕之意。然而，无论如何，一个礼拜之内，年轻人们都知道了曾经对玛娇丽痴心不改的情郎令人吃惊地突然改变了主意，毫不犹豫地投入了玛娇丽的座上客的怀抱。眼前的问题是，玛娇丽将怎样接受这个事实。沃伦每天给伯妮斯打两个电话，给她写信，经常有人看见他俩一起坐在沃伦的跑车里，显然一次又一次地沉浸于严肃的、至关重要的、诸如他是否真诚之类的话题里。

当大家叽叽喳喳地拿这件事开玛娇丽的玩笑时，她也只是付之一笑。她说她很开心，沃伦终于找到一个欣赏他的人。因此，年轻人们也一笑了之，他们认为，玛娇丽并不在意，也就随其发展了。

伯妮斯结束拜访的日子快要到了，在离回家还有三天的那个下午，她在客厅里等沃伦，她要和他一起参加一个桥牌派对。她心情很好，当玛娇丽——她也要一起去——来到她身边，对着镜子不经意地梳着头发时，伯妮斯对即将爆发的风暴还毫无准备。玛娇丽用三句简短的话冷静而干脆利落地展开了攻击。

"你最好不要对沃伦痴心妄想。"她冷冷地说。

"什么？"伯妮斯完全蒙了。

"你最好不要在沃伦·麦金泰尔这儿丢人现眼。你在他心里什么也不是。"

她们对视片刻，双方剑拔弩张——玛娇丽面带嘲弄、高高在上；伯妮斯一脸惊诧，一半是出于生气，一半是出于害怕。就在这时，两辆小轿车开到了玛娇丽家的门前，一起鸣着喇叭。她们两人都轻轻地倒抽一口气，同时转过身，匆匆地走出屋子。

在整个牌局中，伯妮斯都在枉然地努力控制着越来越不安的情绪。她冒犯了玛娇丽这个狮身人面的女魔头。怀着世界上最正常不过的愿望，她在无意之中偷走了玛娇丽的财产。她突然觉得非常内疚。打完桥牌，他们随便围成一圈坐着，漫无边际地谈着话，风暴就在他们的谈话过程中慢慢酝酿成熟。小奥迪斯·奥蒙德无意间突然引发了这场风暴。

"奥迪斯，你什么时候再去读幼儿园？"一个人问道。

"我？伯妮斯剪头发的那天吧。"

"那么，你就别想再受教育了，"玛娇丽赶紧接上话茬，"伯妮斯只是随口说说而已，我以为你已经意识到了。”

“真的吗？”奥迪斯问道，责怪地看了伯妮斯一眼。

伯妮斯的两只耳朵在发热，同时，她想努力挽回局面。但是，面对这样针锋相对的攻击，她的想象力瘫痪了。

“世界上骗人的把戏多了去了，”玛娇丽继续得意地说，“你太嫩了，还不懂这些，奥迪斯。”

“好吧，”奥迪斯说，“也许是这样。但是，呃，就像伯妮斯说的——”

“真的吗？”玛娇丽打了个哈欠，“她最近都说了什么至理名言呀？”

似乎没人知道。事实上，伯妮斯近来把她的缪斯女神的情郎迷得神魂颠倒，竟没有说出任何值得铭记的东西。

“真的只是一句戏言吗？”罗伯塔好奇地问道。

伯妮斯踌躇着。她觉得她必须以某种方式表现出她的机智，然而，在表姐凌厉、冷漠的注视下，她完全丧失了能力。

“不知道。”她搪塞道。

“干脆点！”玛娇丽说道，“承认吧！”

伯妮斯看见沃伦的目光离开了他正在摆弄的尤克里里琴，用询问的眼神死死地盯着她的脸。

“哦，我不知道。”她依然重复着刚才的话。她的面颊在燃烧。

“干脆点！”玛娇丽又说道。

“说出来，伯妮斯，”奥迪斯催促道，“让她知道不该那么讲话。”

伯妮斯再次看向四周——她似乎无法离开沃伦的眼睛。

“我喜欢短发，”她飞快地说，仿佛在回答他的问题，“而且我打算把头发剪掉。”

“什么时候？”玛娇丽问道。

“随时都可以。”

“现在就最好。”罗伯塔提议。

奥迪斯跳起来。

“好极了！”他大声说，“我们要举行一个夏季短发派对。塞维尔旅馆理发店，记得你说过的。”

顷刻之间，所有人都站了起来。伯妮斯的心怦怦乱跳。

"什么？"她喘着气。

人群中传出玛娇丽的声音，非常清晰，非常不屑。

"激动什么呢——她要打退堂鼓了！"

"快点吧，伯妮斯！"奥迪斯叫道，开始向门口走去。

四只眼睛——沃伦的和玛娇丽的——都盯着她，向她挑战，公然地蔑视她。她再次剧烈地颤抖了一下。

"好，"她飞快地说，"不就是把头发剪短嘛。"

真是漫长的几秒钟！然后，伯妮斯坐在沃伦的副驾上，车子在暮色苍茫中驶向市区，其他人坐在罗伯塔的车里紧随其后。伯妮斯觉得自己就像坐在囚车里被押往断头台的绝代皇后玛丽亚·安托瓦内特一样。恍惚之中，她感到奇怪，她为什么不大声呼喊：这完全是个错误。她可以用两只手紧紧地护住自己的头发，来避开这个突然背离她的世界。然而她什么也没有做。甚至她母亲的意见也无法阻止她。这件事是证明她是否光明磊落的关键；也标志着她是否能步入无人能够撼动的、备受青睐的、星光璀璨的女孩阵营。

沃伦沉默不语，令人捉摸不透。到达旅馆的时候，他把车停在人行道边，朝伯妮斯点点头，示意伯妮斯先下车。坐在罗伯塔车里的一群人笑笑嚷嚷地下了车，涌进理发店。理发店的两扇厚厚的玻璃窗在街上特别醒目。

伯妮斯站在人行道上，看着理发店的牌子：塞维尔理发店。它的确是个断头台，而刽子手就是第一个理发师，他身穿白大褂，抽着雪茄，冷漠地靠在第一把椅子上。他一定听说过她的事；他一定在这把不祥的、经常被提到椅子旁没完没了地抽着雪茄等了她一个礼拜了。他们是不是要蒙住她的双眼？不，他们是要用一块白布勒住她的脖子，以免她的血——胡说——头发——落到她的衣服上。

"别担心，伯妮斯。"沃伦的语速很快。

伯妮斯昂着头穿过人行道，推开从两面都可以推拉的纱窗门，对坐在等候席上的那排喧嚣的看客们不屑一顾，径直朝第一个理发师走去。

“请把我的头发剪短。”

第一个理发师的嘴巴不由微微地张了张,嘴里的雪茄掉在了地上。

“啊？”

“我的头发——剪掉它！”

无须再啰唆，伯妮斯直接坐到高高的椅子上。邻座的一个男的侧身看了她一眼，分不清是激动还是惊讶。一个理发师吃了一惊，毁掉了每月理一次发的小威利·舒恩曼的发型。最后一把椅子上的奥雷利先生的脸被刮刀划破了，他哼了一声，用音乐般的古盖尔语骂起人来。两个擦鞋匠的眼睛瞪得大大的,朝她的双脚扑了过去。不，伯妮斯才不愿意让他们擦鞋呢。

外面，一个路人停下脚步，盯着她看；一对情侣也加入了看客的行列；五六个小男孩的鼻子突然伸到玻璃窗上，都被压扁了；人们的议论声一阵一阵地随着夏季的微风透过纱窗门，飘进理发店里。

“瞧，那个孩子长着那么长的头发！”

“你从哪儿弄的这东西？是他刚从那个长满胡子的女人脸上刮下来的。”

然而，伯妮斯什么也看不到，什么也听不到。她仅存的知觉告诉她，这个穿白大褂的男人把一把玳瑁梳子拿开，接着又拿开了一把；他的手指拿着他不熟悉的发夹笨拙地抓来抓去；她的头发，她的美丽动人的头发，消失了——她那闪着深棕色光泽的长发再也不会垂到背上，给她带来心醉的感觉了。顷刻之间，她几乎崩溃了，然后，眼前机械地出现了一幅画面——玛娇丽撇着嘴，带着含而不露的嘲笑，仿佛在说：

“放弃吧，认输吧！你想和我作对，我就揭穿你的老底。你瞧，你根本就不是我的对手。”

伯妮斯突然迸发出最后一丝力气，白布下面的两只手攥得紧紧的，眼睛里有一种令玛娇丽捉摸不透、久久难以忘怀的东西。

二十分钟后，理发师把椅子转过来，让她对着镜子。看到面目全非的发型,她害怕了。现在,她的头发不再卷曲有致,而是直挺挺地、毫无生气地贴在她那突然毫无血色的双颊上。难看极了——她早知道会这样。以前，她的魅力主要在于拥有圣母玛利亚般的娴静质朴。现在，这点魅力也不复存在了，而她——哎，变得相貌平平——不是像在演戏，就是让人觉着滑稽，活像一个找不着眼镜的格林尼治村妇。

她从椅子上爬下来，想挤出点笑容——不幸失败了。她瞥见两个姑娘交换了一下眼色；注意到玛娇丽嘲弄地撇着嘴——而沃伦的眼神突然之间变得冷若冰霜。

“你们看——”她突然感到一阵难堪，沉默了一下，“我做到了。”

“没错，你——做到了。”沃伦确认了她的话。

“你们喜欢吗？”

“当然。”有两三个人言不由衷地敷衍道。又是一阵令人难堪的沉默，然后，玛娇丽突然转过身，阴郁地紧盯着沃伦。

“介意把我送到洗衣店吗？”她问，“晚饭前我必须把裙子取回来。罗伯塔正好要回家，其他人可以搭她的车。”

沃伦心不在焉地看着窗外苍茫的夜色，突然冷冷地看了一眼伯妮斯，然后把目光转向玛娇丽。

“乐意效劳。”他缓缓地说。

六

直到晚饭前，伯妮斯看到姨妈吃惊的眼神，才完全明白她中了一个专门为她量身定做的、极其恶劣的圈套。

“为什么，伯妮斯？”

“我把头发剪短了，约瑟芬姨妈。”

“为什么，孩子？”

“你喜欢我的发型吗？”

“为什么，伯——妮斯！”

“我想我吓着您了。”

“你没有吓着我，只是明天晚上德约夫人会怎么想？你应该等到参加完德约家举行的舞会再去剪头发——如果你想将头发剪短的话，也应该等一等。”

“是临时决定的，约瑟芬姨妈。不过，这和德约夫人有什么关系？”

“哦，孩子，”哈维夫人大声说道，“她在上一次礼拜四俱乐部聚会上宣读了她的论文《年轻一代的怪癖》，她用了一刻钟的时间来谈论短发。这是她最厌恶的发型。而这场舞会是专门为你和玛娇丽举办的。”

“我很抱歉。”

“哦，伯妮斯，你母亲会怎么想？她会认为是我让你把头发剪掉的。”

“我很抱歉。”

吃晚饭是件令人苦恼的事。她急匆匆地想用卷发钳把头发打理一下，反而烫伤了手指，也烧焦了许多头发。她看得出姨妈又急又伤心，姨夫不停地说：“真是没想到！”他一遍又一遍地重复着这句话，带着一副反感和受到伤害的腔调。玛娇丽静静地、岿然不动地坐着，嘴角漾着一丝微笑，一丝嘲弄的微笑。

无论如何，她终于熬过了这个夜晚。三个男孩来访；玛娇丽和其中一个消失了，伯妮斯无精打采地试图取悦另外两个男孩，没有成功——当她十点半爬上楼梯回房间时，他们叹着气，算是对她的答谢。这一天糟透了！

她脱了衣服，准备睡觉，这时门开了，玛娇丽走了进来。

“伯妮斯，”她说，“关于德约家的舞会，我非常抱歉。我发誓，我把这件事忘得干干净净了。”

“没关系。”伯妮斯立刻说道。她站在镜子前，用梳子慢慢地梳着她的短发。

“明天我带你去市里，”玛娇丽继续说，“美发师会帮你补救，所以，你会漂亮起来的。我没想到你真的会把头发剪掉。真的非常抱歉。”

“哦，没关系！”

“不过，你就要走了，所以，我想关系不会太大。”

接着，玛娇丽把长发甩到肩上，开始慢条斯理地将头发编成两条金色的长辫子，然后穿上乳白色的睡衣，看起来就像一位优雅的撒克逊公主从画中走来。看着这一切，伯妮斯受伤的心瑟缩了一下。这两条沉甸甸的辫子越来越长，光彩熠熠，在玛娇丽灵活的指间绕来绕去，像两条躁动不安的蛇，伯妮斯羡慕极了。对伯妮斯而言，长辫子已经成为历史，等待她的是面前的卷发钳以及明天众人诧异的目光。她能预见到倾慕她的 G. 李斯 · 斯托达德端着哈佛大学生的派头，对和他一同进餐的人说，不该让伯妮斯看那么多电影；她可以看到德雷克特 · 德约和他母亲交换一下眼色，然后小心谨慎地、满怀同情地朝她走来。不过，也许等不到明天，德约夫人就会听说这件事；就会差人送来一封冷冰冰的短笺，要求她不要参加舞会了——她身后的所有人都捧腹大笑，而且都知道玛娇丽捉弄了她；她的美貌被一个自私的女孩因嫉妒而产生的怪诞念头毁掉了。她突然咬着两腮在镜子前坐下来。

“我喜欢这个发型。”她艰难地说，“我想这个发型很适合我。”

玛娇丽笑了。

“看上去很好。看在上帝的分上，别再烦恼了。”

“不会的。”

“晚安，伯妮斯。”

然而，就在门关上的那一刻，伯妮斯突然产生一个念头。她浑身是劲地跳起来，紧握拳头，悄悄地、迅速地走到床边，从床下拉出行李箱，把洗漱用品和一件换洗衣服扔进去。然后，她又打开大行李箱，迅速把两抽屉贴身内衣和夏天穿的裙子扔了进去。她动作麻利，没有弄出一点动静。三刻钟后，她锁上了大行李箱，捆上带子，她也穿戴整齐，一身合身的新旅行服，这是玛娇丽帮她挑选的。

她坐在桌子旁给哈维夫人写了封短笺，简明扼要地解释了回家的原因。她把信封好，写上收信人，放在枕头上。她看了看表，火车一点钟出发。她知道，如果她走过两个街区到达马尔堡酒店，就能很容易叫到出租车了。

她突然猛吸一口气，眼神突然变得十分诡异。或许，只有经验丰富的相面人才能看得出此刻的这个眼神和她坐在理发店椅子上时的那个决绝的眼神有某种模糊的联系——从某种程度上来说，此刻的这个眼神比那时的眼神还要让人捉摸不透。对伯妮斯而言，这是一个完全不同的眼神——它预示着某种后果。

她悄悄走到书桌旁，拿起放在上面的一件东西，关上所有的灯，静静地站着，直到眼睛开始适应黑暗。她轻轻地推开玛娇丽房间的门。她能听到玛娇丽平静、均匀、坦然的呼吸。

此时此刻，她已经走到玛娇丽的床边，从容而镇静。她动作非常麻利。她弯下腰，看到玛娇丽的一根辫子，她的手顺着辫子往上摸，一直摸到发根，然后稍微松了松手，免得这个睡梦中的人感觉到有人在拉她的辫子。她把剪刀伸进来，把辫子剪掉。她拿着辫子，屏着呼吸。睡梦中的玛娇丽咕哝了句什么。伯妮斯迅速剪掉她的另一根辫子，停了片刻，然后迅速撤离，悄悄地回到自己的房间。

她下了楼，打开大门，轻轻地把它在身后关上。她感到莫名地开心，欢快地走出门廊，投身到朦胧的月光里。她甩着手中沉甸甸的、购物袋似的辫子，迈着轻快的步子走了一会儿，发现左手依然抓着两根金色的辫子，她突然笑起来——她得把嘴紧紧闭上，以免失去控制笑出声来。现在，她正经过沃伦家，便一时冲动，放下行李，把两根辫子在手中来回荡了荡，像甩绳子一样扔到了木头做的门廊上，辫子在门廊上发出轻轻的撞击声。她又笑起来，开怀大笑起来。

"哈哈！"她狂笑不止，"自私的家伙！扒了你的头皮！"

然后，她提起箱子，在洒满月光的路上小跑起来。

离岸的海盗

一

这个不太可能发生的故事就发生在一个蓝色的梦一样的大海上，海面闪耀着蓝色丝袜般的色彩，在天空下如孩子的虹膜般碧蓝澄澈。太阳从西边的天空向海面掷下无数枚金色的小圆盘——细细看去，这些金色的小圆盘从一个浪头跳到另一个浪头上，然后汇入一片半英里宽的、金片粼粼的光带里，最终形成令人头晕目眩的夕阳晚照。一艘朝气蓬勃、气派豪华的白色汽艇大约就停泊在佛罗里达海岸和这金色的光带之间，在船尾蓝白相间的凉棚下面，一位金发姑娘斜倚在一把藤条扶手椅上，读着阿纳托尔·弗朗斯的《天使的反叛》。

她大约十九岁，身材曼妙，腰肢柔软，被娇宠惯了的小嘴十分迷人，灰色的眼睛无比敏锐，闪耀着好奇的神采。两只没穿袜子的脚搭在旁边另一把藤椅的扶手上，与其说是穿着倒不如说是装饰着一双蓝色缎面的拖鞋，拖鞋挂在脚趾上，优哉游哉地荡来荡去。她一边看书，一边时不时地用舌尖轻轻舔着手中的一半柠檬，以此来犒赏自己。另一半柠檬已经被她吸干，躺在她脚边的甲板上，随着细小得几乎感觉不到的海浪轻轻地晃来晃去。

手中的一半柠檬也快被她吸干了。金色的光带以令人吃惊的速度蔓延开来，汽艇被令人倦怠的寂静吞没。突然，一阵有力的脚步声打破寂静，一位身穿法兰绒西装的白发老人走上舱梯。他稍作停顿，等眼睛适应了甲板上的阳光后，他看见了坐在凉棚下面的姑娘，便开始没完没了地责怪起她来。

如果他打算用这种方式激起哪怕一点点反应的话，那他注定是要失望的。姑娘无动于衷地翻了两页书，又往回翻了一页，漫不经心地把柠檬举到她嘴可以够得着的地方，然后打了个虽然微弱却也十分显而易见的哈欠。

“阿蒂塔！”白发老人严肃地叫道。

阿蒂塔小声嘀咕了一句毫无意义的话。

“阿蒂塔！”他又叫了一遍，“阿蒂塔！”

阿蒂塔厌倦地举起柠檬，在把它送到舌尖上之前，随口说出了三个字。

“哦，闭嘴！”

“阿蒂塔！”

“怎么了？”

“能听我说话吗——或者，在我说话之前，要我先找个用人帮着你老实点吗？”

柠檬被不屑地、慢慢地放了下来。

“想说什么，就写下来吧。”

“能不能请您赏个脸抽出点儿时间，合上那本可恶的书，扔掉那该死的柠檬？”

“哦，难道你就不能让我清静会儿吗？”

“阿蒂塔，我刚接到一个岸上打来的电话——”

“电话？”她第一次表现出点兴趣来。

“是的，那是——”

“你是说，”她吃惊地打断他的话，“他们让你在这儿也接通了线路，以方便和外面联系吗？”

“是的，就在刚才——”

“难道别的船只不会撞上电线吗？”

“不会的。线路是铺在海底的。五分——”

“哦，多么了不起呀！天哪！科学等于金子或者诸如此类的贵重物件——对吧？”

“你能先让我把话说完吗？”

“说吧！”

“呃，这件事似乎——呃，我来这儿是——”他停下来，心神不宁地咽了几下口水，“哦，是这样的，我的年轻的大小姐，莫尔兰德上校再次打来电话，让我务必带你去赴晚宴。他的儿子托比大老远地从纽约赶来，就是为了见见你，他还邀请了其他几个年轻人。我最后一次问你，你是否愿意——”

“不，”阿蒂塔立即说道，“我不会去的。我和你一块做这次该死的巡游，只有一个目的，就是去棕榈滩，你知道的。我坚决拒绝去见什么该死的老上校，或者什么该死的小托比，或者任何一个该死的一大把年纪的年轻人，也决不踏进这个疯狂的州的任何别的什么该死的破城市。所以，你要么带我去棕榈滩，要么闭上嘴巴走得远远的。”

“好极了，我真是受够你了。你迷恋的这个人——他因为荒淫无度而臭名远扬，你父亲甚至不许他叫你的名字——你心里想的完全是荡妇们的作为，你就不想融入与你的出身相配的社交圈子。从现在开始——”

“我知道，”阿蒂塔讥讽地打断了他的话，“从现在开始，你走你的阳关道，我走我的独木桥。那件事，我以前听说过。你知道，我觉得这样再好不过了。”

“从现在开始，”他放出大话，“你不再是我的侄女了，我——”

“哟——哟——哟——哟嗬！”无可救药的阿蒂塔痛苦地大叫起来，“请你别再烦我了！请你滚开吧！请你跳到海里淹死去吧！你想让我拿书砸你，是吧！”

“如果你胆敢——”

啪的一声！《天使的反叛》隔空而过，差点砸到他的身上，欢快地跌落到舱梯口。

白发老人本能地后退一步，然后又小心地向前踉跄了两步。身材娇小的阿蒂塔跳起来，虎视眈眈地看着他，灰色的眼睛里燃烧着熊熊怒火。

“滚开！”

“你怎么敢这么讲话！”他怒吼道。

“因为我讨厌你！”

“你简直让人受不了！你的性格——”

“都是拜你所赐！没有谁生来就是坏脾气，都是家人的错！无论我怎么样，都是你造成的。”

她的叔叔小声嘀咕着，转身向前走去，高声喊着准备起航。然后他又回到凉棚下，阿蒂塔已经坐回藤椅里，继续吮吸她的柠檬。

“我要上岸去。”他缓缓地说，“今晚九点钟我还要出去一趟。等我回来，我们就出发回纽约，把你交给你婶婶，任你自生自灭。”

他不再说话，看着她，突然之间，她那稚气十足的美丽容颜下面有某种东西使他像泄了气的皮球一样怒气顿消。他显得无助、无所适从，像个十足的大傻瓜。

“阿蒂塔，”他不无亲切地说，“我不是笨蛋，我见得多了，我了解男人。而且，孩子，请相信，放浪形骸之人禀性难移，直到他们自己玩腻了才肯收手——到那个时候，他们也就失去了自我——只剩一副臭皮囊了。”他看着她，仿佛期望得到认同，然而却连一个眼神、一个字都没有盼来，于是只好接着往下讲。“也许，那个人爱你——这种情况也是有的。他爱过很多女人，而且他还会爱上更多。不到一个月以前，一个月，阿蒂塔，他卷入了一场性丑闻，他爱上了那个叫咪咪·梅丽尔的红头发女人；他答应把俄国沙皇送给他母亲的那只钻石手镯送给她。你知道的——你看过报纸。”

“忧心忡忡的叔叔炮制出骇人听闻的丑事，”阿蒂塔打了个哈欠，“拍成电影吧。下流的花花公子盯着高尚正直的姑娘。高尚正直的姑娘毫无疑问被他那可怕的过去吸引，打算去棕榈滩和他约会，忧心忡忡的叔叔却从中作梗。”

“你能告诉我到底为什么非要嫁给他不可吗？”

“我确定我说不出是什么原因，”阿蒂塔很干脆地说，“也许是因为在我认识的男人中，不管是好人还是坏人，他是想象力丰富并敢于追求梦想的唯一人选。也许是我想摆脱那些整天无所事事、满世界追着我跑的幼稚的傻瓜们。不过，关于那只著名的俄国人的镯子，你大可放心，他会在棕榈滩送给我的——如果你能表现得睿智一点的话。”

“那个——红头发的女人呢？”

“他已经六个月没有和她见面了，”她生气地说，“难道你认为我有那么高傲，非得在乎他的这点破事？难道你还不明白，到目前为止，我可以与任何该死的人做任何该死的事吗？”

她翘起下巴，宛如弗朗斯·阿劳斯特的雕像，然后，她举起柠檬，这个动作多少破坏了她那优雅的姿态。

“是不是那只俄国手镯让你神魂颠倒了？”

“不，我只是想给您提供点资料，好让您一展才华。希望您走开，”她说道，她又开始发脾气了，“你知道，我永远都不会改变主意。你已经折磨我三天了，我要发疯了。我不会上岸的！不会！听清楚了吗？不会！”

“很好，”他说，“那么你也休想去棕榈滩。你这个自私、放纵、疯狂、讨厌、让人忍无可忍的丫头——”

啪的一声！那半个柠檬砸中了他的脖子。与此同时，从船边传来了一声报告。

“准备起航了，法纳姆先生。”

法纳姆先生憋住一肚子的话和满腔怒火，用责备的眼神看了侄女一眼，转过身，飞快地下了舱梯。

二

太阳在时钟滚动到五点钟的时候，便无声无息地落入大海。金色的光带蔓延至一座光芒四射的小岛上；微风一直在和凉棚的流苏闹着玩，并不停地摇晃着一只悬着的蓝拖鞋，却不期然地送来一阵歌声。这歌声原来是配合默契、节奏悠扬的男声大合唱，船桨拨动着蓝色的海浪为它伴奏。阿蒂塔抬头谛听。

他们的膝头，
放着胡萝卜、豌豆和大豆，
猪在海里游，
幸运的人们！

大声吼啊吼，
为我们送来和风暖流，
为我们送来和风暖流，
为我们送来和风暖流！

阿蒂塔吃惊地蹙着眉头，静静地坐着，沉浸在歌声中，合唱团已经开始唱起第二段歌。

洋葱和大豆，
元帅和教授，
犹太老板和小鲜肉，
科斯特洛家也不落后。
大声吼啊吼，
为我们送来和风暖流，
为我们送来和风暖流，
为我们送来和风暖流！

她惊呼一声，把书抛向空中，书页散乱地趴在甲板上。她急忙来到栏杆处。在五十英尺远的地方，一艘大划艇正迎面驶来，划艇上共有七个人，其中六个人划船，一个人站在船尾，挥着一根指挥棒在为他们的歌声打拍子。

石头和牡蛎，
锯末和袜子，
谁能把大提琴
做成时钟的样子？——

乐队指挥的目光突然落在阿蒂塔身上，她正好奇地趴在栏杆上出神呢。他将指挥棒猛地一挥，歌声戛然而止。她注意到他是船上唯一的白人——那六个划船的都是黑人。

“喂！水仙花！”他彬彬有礼地喊道。

“你们这歌乱七八糟的，是什么意思呀？”阿蒂塔开心地问道，“你们这群乌合之众是从县城坚果园里来的吧？”

这时，划艇已经擦着游艇的一侧船舷，船头的一个黑人彪形大汉转过身，一把抓住舷梯。乐队指挥立即离开船尾，趁阿蒂塔还没有识破他的意图，迅速爬上舷梯，气喘吁吁地上了甲板，站在了她的面前。

“放了女人和孩子！”他果断地说，“立即把哭叫的婴儿淹死，用两条铁链捆住男人！”

阿蒂塔亢奋地将两只手插进裙子的口袋里，凝视着他，吃惊得一句话也说不出来。

他年纪很轻，黝黑而敏感的脸上镶嵌着一双如健康的婴儿般明亮的蓝眼睛，他的嘴巴像是在嘲弄人，乌黑润泽的头发打着卷——就像是把古希腊神像的头发直接染黑了一般。他外形俊朗，衣着整洁，似灵活的四分卫那般洒脱。

“哦，真见鬼！”她茫然地说。

他们冷眼相对。

“你要交出这艘船吗？”

“你是在开玩笑吧？”阿蒂塔质问道，“你是白痴呢——还是刚刚加入了兄弟会？”

“我是问，你是否要交出这艘船。”

“我想这个国家真是缺水了，”阿蒂塔轻蔑地说，“你是喝指甲油长大的吗？你最好从游艇上滚下去！”

“什么？”年轻人觉得难以置信。

“从游艇上滚下去！听清楚了吧！”

他看了她一会儿，仿佛在斟酌她的话。

“不，”他那张嘲弄人的嘴巴不紧不慢地说道，“不，我不会从游艇上滚下去的。如果你愿意，那就请便。”

他走到栏杆旁，一声令下划艇上的所有人便一窝蜂似的爬上舷梯，在他面前一字排开，一头站着一个粗壮的煤块似的黑人，另一头站着一个身高只有四英尺九英寸的小个子黑白混血儿。他们似乎穿着统一的蓝色服装，上面沾着灰尘和泥土，看起来破旧不堪；每个人的肩上都扛着一个看上去沉甸甸的白色小袋子，胳膊里夹着一个黑色的大盒子，里面显然装着乐器。

“立正！”年轻人发出口令，唰的一声并拢脚跟，“向右转！向前看！贝比，出列！”

最矮的那个黑人立即向前迈出一步，敬了个礼。

“是，先生！”

“由你指挥，到下面去，把船员抓住，捆起来——除了轮机手，把所有人都捆起来，把轮机手带过来见我。哦，把袋子堆到栏杆旁边去。”

“是，先生！”

贝比又敬了个礼，然后转身示意其他五个人围拢到他身边来。他们小声商量了一小会儿，便排着队静悄悄地下了舱梯。

阿蒂塔沉默地目睹着这最后的一幕情景，她吓坏了。“现在，”只听年轻人兴冲冲地说，“如果你愿意以一个小妞的名誉发誓——你的誓言可能也没什么价值——你能在四十八小时之内管好你那张刁蛮的小嘴儿，你就能划着我们的船逃到岸上去了。”

“如若不然呢？”

“如若不然，你就只能和我们一起出海啦。”

年轻人轻轻地舒了口气，因为一场危机风平浪静地过去了。他懒洋洋地摊着两只胳膊坐进了阿蒂塔之前一直坐着的那张藤椅里。他看着条状花纹的凉棚、光洁锃亮的铜管乐器、甲板上豪华的装备，嘴角露出了满意的微笑。他的目光落在那本书上，然后又落在那一半被吸干了的柠檬上。

“嗯，”他说，“斯通沃尔·杰克森说，柠檬汁可以醒脑。你的头脑很清醒吗？”

阿蒂塔不屑于搭理他。

“因为，在五分钟之内，你必须表明态度，是留还是走。”

他捡起书本，好奇地将它打开。

“《天使的反叛》。听起来不错。法语，哦？”他看着她，对她产生了新的兴趣，“你是法国人？”

“不是。”

“你叫什么名字？”

“法纳姆。”

“什么法纳姆？”

“阿蒂塔·法纳姆。”

“啊，阿蒂塔，不必站在那里咬嘴唇了。趁着你还年轻，你应该学着放弃那些紧张时的习惯。过来坐吧。”

阿蒂塔从口袋里掏出一个精雕细刻的翡翠盒子，抽出一根雪茄，点烟的时候，她故意摆出一副无所谓的样子，尽管她知道她的手在微微颤抖；然后，她袅袅娜娜地走过去，坐在另一张藤椅上，对着凉棚吐出一圈烟雾。

“你休想让我离开游艇，”她语调平稳地说，“而且，如果你认为你能溜之大吉，那你就大错特错了。六点半之前，我叔叔会用无线电波搜遍整个海面的。”

“呵。”

她不失时机地对他进行察言观色，她捕捉到他的嘴角挂着一丝忧郁和显而易见的焦虑。

“无论怎样，我都无所谓，”她耸了一下肩说道，“这游艇不是我的，我不介意出去巡游几个小时。我甚至愿意把这本书借给你，这样，你乘着这艘税收船去新新监狱的时候，还可以读读书。”

他嘲讽地笑起来。

“这个不用你费心。早在我知道有这艘船存在之前，我就已经计划好了，劫船只是我们计划中的一部分而已。反正，我们碰不到这艘船，就会碰到沿岸停泊的另一艘船。”

“你是谁？”阿蒂塔突然问道，“你是干什么的？”

“你决定不上岸了吗？”

“我压根就没有这样想过。”

“人们通常，”他说，“把我们七个人称作‘柯蒂斯·卡莱尔和他的六个黑人伙伴'，最近在'冬日花园'和'午夜狂欢'演出。"

"你们是唱歌的？"

"是的，但现在不是了。现在，由于你眼前的那些白袋子，我们成了逃犯，到目前为止，如果抓到我们所开出的赏金没有两万美元的话，就算我猜错了。"

"袋子里是什么？"阿蒂塔好奇地问。

"哦，"他说道，"我们暂时把它叫作——泥土——佛罗里达的泥土。"

三

柯蒂斯·卡莱尔和吓破了胆的轮机手谈了不到十分钟的话，"水仙花号"游艇便鸣着汽笛，在清香四溢的热带暮色中朝着南方出发了。那个小黑白混血儿贝比似乎是卡莱尔的心腹，局势完全由他掌控。法纳姆先生的贴身侍从和厨师被结结实实地捆在船舱里的铺位上。他们是船上除了轮机手之外仅有的船员，他们曾经反抗过，然而现在，他们正在进行重新权衡。块头儿最大的那个黑人特罗姆博恩·摩斯，提着一桶漆，正忙着把船头的"水仙花号"涂掉，用"呼啦呼啦号"取而代之，其他几个人聚集在船尾，开始起劲地玩起了双骰子游戏。

卡莱尔命人准备晚饭，并吩咐他们七点半在甲板上开饭。然后，他又来到阿蒂塔身边，躺进藤椅里，半闭着眼睛，开始恍恍惚惚地出起神来。

阿蒂塔仔细打量着他——她很快就认定他是个浪漫的人。他给人的感觉是，他那高度的自信是建立在微不足道的基础之上的——他的每一个决定背后恰恰暴露了他的犹豫不决，这与他的嘴唇那不可一世的曲线形成了鲜明的对比。

"他和我不是一类人，"她想，"反正有什么地方不一样。"

作为一个极端的利己主义者，阿蒂塔常常只考虑自己；她的利己主义从来都不容争辩，完全出于天性，而且完全无损于她那毫无争议的魅力。尽管十九岁了，但是她给人的印象却是一个早熟的神采飞扬的孩子，而且她目前的青春气息和美丽气质使所有认识她的男男女女倾倒，毫无例外地在她那一颦一笑的涟漪上随波逐流。她遇到过其他利己主义者——事实上，她发现，自私的人反而没有无私的人那么讨厌——然而，到目前为止，还没有一个人最终不被她征服，没有一个人最终不是服服帖帖地拜倒在她的石榴裙下。

然而，虽然她发现坐在旁边那把藤椅上的人是个自私的家伙，但是她却丝毫没有如平常那样要将其拒之门外的想法，没想到要采取行动来保卫船只；相反，本能告诉她，这个人在某种程度上完全处于弱势地位，非常不堪一击。当阿蒂塔向传统习俗发起挑战的时候——而且这是她近来最主要的乐趣所在——这主要是缘于她急于证明自我的强烈愿望，她反而觉得这个人也在一门心思地挑战着什么。

她对他的兴趣远远超出了她对自己的处境的关心，而她对他的兴趣就像一个十岁的孩子对一场午后的演出所可能产生的渴望。她对自己的处境毫不担心，她在任何情况下都可以把自己照顾好，她对自己的能力拥有无可置疑的自信。

夜深了。海上升起一轮苍白的新月，眼神迷离地微笑着，海岸的轮廓变得越来越模糊，最后渐渐地消失了。乌云像树叶一样在遥远的天边翻飞，朦胧的月光突然倾泻在乘风破浪的游艇上，将它的航线扩展成一条银光闪闪的大道。偶尔有人擦燃火柴点烟，明亮的火光一闪而逝。然而，除了引擎的转动声和海浪拍打船尾的哗啦声，游艇安静得仿佛一个梦，在群星闪耀的天庭里穿行。夜空中弥散着海的味道，营造出一种浩瀚无边的似水柔情。

终于，卡莱尔打破了沉寂。

“幸运的姑娘，”他叹口气，“我一直都想发财——然后来赢得这所有的美妙享受。”

阿蒂塔打了个哈欠。

“我宁可是你。”她坦率地说。

“你已经和我一样了——差不多一天了。不过，作为一个小丫头，你看起来的确很有胆量。”

“希望你别那么叫我。”

“抱歉。”

“关于胆量，”她从容地接着说道，“这可是我性格当中的一个可取之处。我天不怕地不怕。”

“嗯，我也是。”

“一般而言，”阿蒂塔说，“一个人要么非常伟大，非常坚强——要么就非常怯懦。可我两者都不是。”她顿了顿，语气开始变得热切起来。“但是我想谈谈你。你到底干了什么——你是怎么做到的？”

“为什么？”他以嘲弄的语气问道，“准备为我写部电影吗？”

“说说吧，”她催促道，“在这月光下，向我撒谎吧，编得精彩点。”

一个黑人来了，他把凉棚下面的一串小灯打开，开始摆放柳条桌，为晚饭作准备。食物是从下面应有尽有的食橱里拿上来的，他们吃着冷切鸡肉、沙拉、法国百合和草莓酱，卡莱尔开始打开话匣子。一开始，他显得迟疑不定，然而，他发现她听得津津有味，就兴致勃勃地讲起来。阿蒂塔几乎没怎么吃东西，她望着他那黝黑、青春的脸庞——帅气，带着嘲弄的表情，显得有些软弱。

他出生在田纳西州的一个贫困家庭，他说，家里一贫如洗，他们是那条街上唯一的白人家庭。他连一个白人孩子都不记得——但是，总是有十几个黑人小孩屁颠屁颠地追着他跑。他拥有生动、丰富的想象力，带着他们不断地招惹是非，然后再为他们平息事端，让他们逢凶化吉、摆脱危险。他凭着这些能力让这些孩子寸步不离地追随着他，热情洋溢地崇拜着他。似乎他们的这种友谊将他那不同凡响的音乐才华引到了一个奇异的轨道上。

有个黑人女士名叫贝尔·波普·卡尔霍恩，她在聚会上为白人孩子弹钢琴——这些白人孩子都出身良好，他们经过卡莱尔身边的时候，都对他嗤之以鼻。但是这个衣衫褴褛的“白人穷小子”常常坐在她的钢琴边，一坐就是很长时间，用一只别的孩子只能吹出一点声响的笛子努力吹出高亢的声音。十三岁前，他就开始在纳什维尔附近的小餐厅里用破烂的小提琴奏出生动而妙趣横生的雷格泰姆音乐。八年后，国内掀起了雷格泰姆热，他就带着六个黑人跟随奥芬马戏团巡回演出。其中有五个是和他一起长大的发小；另一个就是矮个子的黑白混血儿贝比·狄万，很久以前他在百慕大种植园里干活，后来他把一把八英寸长的匕首插进了庄园主的后背里，然后就逃到纽约附近的码头上干活。卡莱尔来到百老汇的时候才意识到自己的运气有多好，各方人士争相与他签约，他做梦都没想到能挣那么多的钱。

大约就在那时，他的整个心态发生了变化，这个变化非常奇特，非常痛苦。他意识到他和那几个黑人在舞台上叽里呱啦地浪费着人生的大好年华。他的表演算得上是出类拔萃了——三只长号，三只萨克斯管，还有卡莱尔的笛子——他拥有超常的节奏感，他的乐队正是因为这一点而变得不同凡响；然而他却产生了莫名其妙的厌恶情绪，他开始讨厌登台演出，而且厌恶之情与日俱增。

他们很能挣钱——他签订合同时，一次比一次要钱多。然而，当他去找经理人，告诉他们，他想与其他六个人分开而做一个普通的钢琴演奏者时，他们却嘲笑他，并对他说他疯了——这意味着艺术性自杀。事后他总是嘲笑所谓的"艺术性自杀"的说法。这个说法在当时很普遍。

有时候他们在私人舞会上演奏，一晚上能挣三千美元，可是似乎正是这些让他产生了对这种谋生方式的厌恶。他们去俱乐部和私人会所里演出，而他们在白天是登不了这些大雅之堂的。毕竟，他永远只是一个跳梁小丑，一个被艺术化了的乐队的乐手而已。他一闻到剧院和脂粉的味道，一听到演员休息室里的闲言碎语，一看到包厢里那些看客高高在上的恭维之态，他就觉得恶心。他再也无法心无旁骛地演奏了。他想慢慢过上休闲的豪华生活，这个想法使他发疯。当然，他正在朝这个目标努力。不过，这个过程太漫长了，就像小孩子吃雪糕，因为吃得太慢，所以根本无法享受到它的美味。

他想有很多钱、很多时间，想有机会读书和消遣，想成为他周围那些他以前从来都无法跻身其中的男男女女——这些人就算是曾经想到过他的话，也认为他是个无足轻重的卑劣之人。简单地说，他想拥有那些贵族们才能享有的东西，这样的贵族似乎是可以用金钱来交换的，只是他辛苦演出赚来的钱除外。那时他二十五岁，没有成家，没有上过学，也没有希望在生意上取得成功。他开始疯狂地做投机生意，不到三个礼拜，便把所有积蓄败得精光。

然后，战争爆发了。他去了普拉茨堡。即使到了那里，他也摆脱不掉自己的职业。一位陆军准将把他叫到军部，告诉他，如果他去当军乐团的团长，可以为国家做出更大的贡献——于是，整个战争期间，他和军乐团一起待在后方为各类社会名流演出。这也没什么不好——然而，当步兵们一瘸一拐地从战壕里回来的时候，他很想成为其中的一员。他们身上的泥土和汗水散发着永恒的魅力，对他而言，这似乎是不可企及的贵族品质的一种象征。

“是私人舞会造成的。我从战争中归来以后，又开始重操旧业。我们收到了佛罗里达酒店财团的邀请。当时，这只是迟早的问题。”

他停下不说了，阿蒂塔满怀期待地望着他，然而，他摇摇头。

“不，”他说，“我不打算给你讲了。我非常珍惜这些经历，生怕与别人分享后会有损它带给我的快乐。我想把这些惊心动魄的英勇时刻埋藏在心底，等我在他们面前出人头地的时候，我要让他们知道，我不只是个上蹿下跳、扯着嗓子吼叫的小丑。”

忽然甲板上传来一阵低回的歌声，黑人们聚集在甲板上齐声歌唱，旋律令人难忘，尖锐的和声飞向了月亮。阿蒂塔听得如痴如醉。

哦，走吧——
哦，走吧，
妈咪要带我看银河，
哦，走吧，
哦，走吧，
爸比说明天去，
妈咪说今天去，
没错——妈咪说今天去！

卡莱尔叹了口气，沉默了一会儿，抬头望着温暖的天空下那如弧光灯般闪烁的点点繁星。黑人们浑厚的歌声渐渐变成如泣如诉的哼唱，而天地似乎越来越寂静，光明也在分分秒秒地迫近。他几乎可以听见美人鱼夜半梳妆的声音，她们在月光下梳着湿漉漉的、闪着银光的鬈发，聊着她们的住所，聊着在泛着清辉的大道下面那艘精致的沉船。

“你看，”卡莱尔轻轻地说，“这就是我想要的美妙享受。必须是那种令人吃惊、令人震撼的美——必须像梦、像少女动人的眼眸一样，突然闯入你的生活。”

他转过身来望着她，而她却默默无语。

“你明白，不是吗，阿蒂塔——我的意思是，阿蒂塔？”

她依然没有回应。她已经不知在什么时候睡熟了。

四

第二天中午，艳阳高照，前方海面上的一个小斑点不期然地变成了一个深绿色的小岛。它的北面显然是一面巨大的花岗岩峭壁；南面是一个斜坡，斜坡上面有一片一英里长的矮树林和草地，焕发着勃勃生机；紧接着的是一片沙滩，慵懒地沉浸在海浪里。阿蒂塔坐在自己最喜爱的座位上看书，《天使的反叛》已经翻到了最后的一页。她砰的一声合上书，抬起头看到了那个小岛，轻轻地发出一声欢呼，对着心事重重地站在栏杆边的卡莱尔喊起来。

“是这里吗？这就是你要去的地方吗？”

卡莱尔漫不经心地耸了耸肩。

“你可难住我了。”他抬高了声音，叫代理船长：“喂，贝比，你是要去这个岛吗？”

那个黑白混血儿的小脑袋从甲板房的拐角处伸了出来。

“是的，先生！就是这个岛。”

卡莱尔和阿蒂塔搭起话来。

“看起来这是个娱乐的好去处，是吗？”

“是的，”她表示赞同，“但是看起来似乎不够大，不能作为藏身之所。”

“你还对你叔叔用来搜索海面的无线电深信不疑吗？”

“不，”阿蒂塔坦率地说，“我完全站在你这边，真心希望你能成功地逃走。”

他大笑起来。

“你是我们的幸运女神。想想看，我们必须带着你，让你作为我们的吉祥物——无论如何，目前是这样的。”

“你最好不要让我游回岸上去，”她冷冷地说，“如果你要这么做，我就写一部廉价小说，把昨天晚上你没完没了地讲给我听的故事写进去。”

他的脸唰地红了，显得有点拘谨。

“抱歉，我让你感到厌烦了。”

“哦，我没有感到厌烦——只不过结尾应该加上，你因为不能和那些看你表演的优雅女士们跳舞而感到非常愤怒。”

他生气地站了起来。

“你真是个大嘴巴。”

“对不起，”她笑得浑身瘫软地说，“不过，我还不习惯让男人们用他们自己雄心勃勃的人生故事来取悦我——如果他们过着这般生不如死的柏拉图式的生活，就更是如此。”

“为什么？男人们通常都拿什么来取悦你？”

“哦，他们谈论我，”她打了个哈欠，“他们说我是年轻貌美的精灵。”

“那你是怎么回答的？”

“哦，我沉默地表示赞同。”

“你见到的每个男人都对你说他爱你吗？”

阿蒂塔点点头。

“为什么不该这么说？人生无非就是围绕着‘我爱你’这句话——进进退退。”

卡莱尔笑着坐下来。

“非常正确。这个——这个想法不错。这是你想出来的吗？”

“是的——更确切地说，是我体会出来的，没什么特别的，只是一点心得而已。”

“是一种感悟，”他严肃地说，“代表了你们这个社会阶层的特征。”

“哦，”她不耐烦地打断他的话，“别再发表你那贵族言论了！我不喜欢一大早就这么紧张兮兮的人。这时候应该稍微有点发狂——是那种饿得发慌、非常想吃早饭的感觉。清晨是睡觉、游泳和什么都不想不顾的时间。”

十分钟后，他们兜了一大圈，好像是从北面靠近了小岛。

“好像有人在捣鬼，”阿蒂塔若有所思地说，“他怎么会把船停在悬崖边呢。”

此刻，他们正朝着坚硬的石崖径直驶去，这个悬崖准有一百多英尺高。在他们离悬崖只有不到五十码远的时候，阿蒂塔才看清楚他们行驶的目标，于是，她高兴地拍起手来。悬崖中有一道缝，完全被一块奇异的岩石遮掩，游艇驶入石缝，沿着一道狭窄的、晶莹剔透的水面在两堵灰色的高墙间缓缓行驶。然后，他们把游艇泊在一个金色的小海湾里，这个海湾水平如镜，周边点缀着矮矮的棕榈树，简直像孩子们在沙堆上用树枝和镜子垒砌的镜湖。

“还不是那么糟糕！”卡莱尔兴奋地喊道，“我想那个小浣熊[①]对大西洋的这片海域了如指掌。”

他的热情具有传染性，阿蒂塔也兴奋起来。

“这是个绝对安全的藏身之处！”

“天哪，对极了！这就是小说中描写的那种岛屿！”

他们把划艇放到金色的水面上，再把它停靠到岸边。

“快点，”当他们从划艇上下来踏上湿软的沙滩时，卡莱尔说，“我们去探险吧。”

棕榈树林被一片平坦的沙土地环抱着，这片沙土地大约有一英里长。他们沿着沙土地向南走，穿过热带植被，便来到了像珍珠一样白的沙滩上，这片白沙滩还是一片处女地。阿蒂塔踢掉棕色的高尔夫鞋——她似乎永远都不穿袜子——去蹚水了。然后，他们悠然地回到游艇上，不知疲倦的贝比已经为他们准备好午饭了。他已经事先在北面峭壁的高处设置了瞭望哨，可以从岛屿的两侧观察海上

① 指那个小个子黑人——译者注

的动静。虽然他也怀疑这个峭壁处的入口是不是已经广为人知——然而，他至今都没有看见过有一张地图标出过这个小岛。

“它叫什么名字？”阿蒂塔问道，“我是指这个小岛。”

“根本没有名字，”贝比咯咯地笑起来，“它不就是个岛嘛。”

傍晚，他们背靠着峭壁最上面的大石头，卡莱尔向她勾勒着他不成熟的蓝图。他确信，此时此刻人们一定在极力追捕他。由他指挥完成的这次劫船行动的全部所得，以及与此相关的情况，他依然拒绝向她透露，他估计差不多应该有一百万美元。他希望在这里待上几个礼拜，然后向南进发，巧妙地避开寻常航线，绕过合恩角，驶往秘鲁的卡亚俄。至于游艇所需的燃煤以及船上的供给，这些琐事就完全交给贝比去处理。贝比似乎能胜任海上航行的所有角色，从船上的侍者到咖啡交易商，甚至是船长早已被绞死的巴西海盗船的大副，他都无所不能。

“如果他是个白人，他可以当上古代的南美国王。”卡莱尔强调说，“至于聪明才智，他可以让布克·T. 华盛顿看起来像个傻瓜。他拥有各个种族和民族的智慧，他的血管里至少流淌着六个民族和种族的血，否则，我就是骗子。他崇拜我只是因为我是世界上唯一一个演奏雷格泰姆比他好的人。我们经常一起坐在纽约海边的码头上，他吹巴松管，我吹双簧管，我们把小调和有千年历史的非洲和声糅合起来。我们的乐声把老鼠引出洞，它们爬到树桩上，围成一个圈吱吱乱叫，就像狗绕着留声机呜呜乱叫一样。”

阿蒂塔大笑起来。

“你怎么编得出来！”

卡莱尔咧着嘴笑了。

“我发誓那是传——”

“你到卡亚俄后有什么打算？”她打断了他的话。

“乘船去印度。我想当个王侯。我是认真的。我还想在阿富汗找个地方，买座宫殿，赚个好名声，然后，大约五年后，带着外国口音和神秘的过去出现在英国。不过，要先去印度。你知道吗，据说世界上所有的金子都慢慢地流向了印度。这一切都让我着迷。而且，我还想悠游自在地读书——读很多很多书。”

“之后呢？”

“之后，”他带着挑战的神气回答道，“就该谈谈贵族的问题了。如果你想笑就笑好了——但是，至少，你必须承认，我知道我需要的是什么——我比你想象丰富。”

“恰恰相反，”她一边伸手到衣袋里摸烟盒，一边反驳道，“遇见你的时候，我正在被亲戚朋友们狂轰滥炸，因为我的确知道我想要的是什么。”

“你想要的是什么？”

“一个男人。”

他大吃一惊。

“你的意思是你订婚了？”

“算是吧。昨天晚上如果你没有登上这艘游艇，我也一定会想尽一切办法溜上岸的——这似乎是很遥远的事了——去棕榈滩和他会面。他拿着一只俄国凯瑟琳女皇戴过的镯子在那儿等我。现在，和贵族有关的事，一句也别再提了。”她语速很快，“我喜欢他，只是因为他有想象力，有十分坚定的信念。”

“但是你的家人不同意，是吗？”

“哪里是什么家人——只是一个白痴的叔叔和一个更白痴的婶婶。似乎他和一个叫什么咪咪的红头发女人卷入了一场丑闻——这件事被夸大得离谱，他说，男人们不会对我撒谎——无论如何，我不在乎他做了什么；未来才是最重要的。而且我在乎的也是将来。当一个男人爱上我的时候，他就不会再有别的乐趣。我让他把她像块烤饼一样丢掉，他做到了。”

“我很嫉妒。”卡莱尔皱着眉头说，然后笑起来，“我想我会让你和我们在一起，一直到卡亚俄。然后，我借给你足够的钱，让你回美国。那个时候，你才会有空想你的那位绅士。”

“不要那样和我说话！”阿蒂塔发火了，“我不会忍受任何人的霸道态度！你了解我吗？”

他呵呵地笑起来，紧接着非常尴尬地止住笑声，因为她的愤怒是那般寒意袭人，似乎将他团团裹住，让他感到恐惧。

“抱歉。”他迟疑地想表示友好。

“哦，不要道歉！我受不了男人们用那副霸气、不情不愿的腔调说‘抱歉’。闭嘴就行了。”

接下来是一阵沉默，这阵沉默让卡莱尔感到非常难堪，而阿蒂塔却似乎毫不在意，她自得其乐地坐在那里享受着她的香烟，看着远处波光粼粼的海面。过了一会儿，她向外面爬去，趴在岩石边向下看。卡莱尔看着她，心里想着，她怎么能做出这么不雅的姿态。

“哦，快看！”她喊道，“下面有很多暗礁。很宽阔，高度都不同呢。”

他爬过来，和她一起往下看，这里离海面的距离很远，令人头晕目眩。

“今晚我们去游泳吧！”她兴奋地说，“在月光下。”

“你难道不想到沙滩那边去吗？”

“一点都不想，我喜欢跳水。你可以穿我叔叔的泳衣，只不过，它穿在你身上像个大麻袋，因为他很胖。我有一件连体式泳衣，它使大西洋沿岸的所有当地人都感到震惊，从比迪福德·普尔到圣奥古斯丁，无一例外。”

“我想你像一条鲨鱼。”

“没错，我厉害着呢，而且我看上去又娇俏可爱。去年拉伊的一位雕刻家对我说，我的腿肚价值五百美元呢。”

关于这个问题，似乎没有答案，因此卡莱尔没有作声，只是谨慎、含蓄地笑了笑。

五

夜幕降临，朦胧的蓝色天空笼罩着一个月光涤荡的银白世界。他们划着小船穿过那条狭窄的、银光闪闪的水带，然后把它系在一块凸出的石头上，开始一起朝悬崖上攀登。第一道石台在十英尺高的地方，很宽阔，是天然形成的跳水台。他们坐在皎洁的月光下，看着水面上微微荡漾、绵绵不绝的波浪。现在是退潮的时候，水面几乎风平浪静。

“你开心吗？”他突然问。

她点点头。

“在海边总是很开心的，你知道的，”她接着说，“我一整天都在想，你和我还是有点像的。我们俩都很叛逆——只是原因不同而已。两年前，我还只有十八岁，而你——”

“二十五岁。”

“——哦，我们两人当时都应该属于传统意义上的成功者。我当时是初露头角的社交界名媛，而你是前程似锦的乐手，而且还负有军人的神圣使命——”

“算是经过国会法案认可的绅士了。”他揶揄地说。

“好吧，不管怎样，我们俩挺有默契。假如我们的棱角没有被磨去，至少也受到了束缚。然而我们的内心深处都隐藏着某种东西，它让我们为了幸福而孜孜追求。我不知道我想要的是什么。我在男人之间穿梭，我的心无法停留，我烦躁不安，我的不满与叛逆情绪逐月剧增。我常常咬着两腮坐在那里，心想我要发疯了——我强烈地感到，一切都稍纵即逝。因此，我想要留住现在——现在——现在！我活着——很漂亮——我很漂亮，是吗？”

“是的。”卡莱尔小心翼翼地附和着说。

阿蒂塔突然站起来。

“等会儿。我想跳进这赏心悦目的大海里。”

她走到石台边，纵身跳向海面，她在空中翻了个筋斗，然后再把身体舒展开，像打开一把折叠刀后再把刀锋垂直掷入水面一般，动作干净利落，完美无瑕。

过了一会儿，她的声音飘到了他的耳朵里。

“你知道，我过去常常没日没夜地读书，我开始憎恨社会——”

“快上来吧，”他打断她的话，“你到底在做什么？”

“就躺在水上玩啊。我一会儿就上去。我告诉你，我唯一的乐趣就是惊世骇俗：穿着奇装异服风情万种地去参加化装舞会，在纽约与花天酒地的男人们周旋，在那些最难以想象的地狱般的摩天大楼里进进出出。”

她的声音和水花飞溅的声音混合了起来，接着，他听见了她急促的呼吸声，她已经爬到石台边了。

“该你跳了！”她大声说。

他顺从地起身跳了下去。当他浑身湿透地浮出水面往上爬的时候，发现她已经不在石台上了，他感到一阵恐惧，却忽然看见她正在上面十英尺高的另一个石台上开心地笑呢。他也爬了上去。两个人抱着膝盖，静静地坐着喘息了一会儿，以平复攀爬时产生的疲劳。

“我的家人真是疯了，”她突然说，“他们总想把我嫁出去。然后当我开始觉得活着几乎没什么意思的时候，却有了意外的发现——”她惊喜地望着天空。“我有了意外的发现！”

卡莱尔倾听着，她又连珠炮似的讲起来。

“勇气——就是勇气；勇气就是生活的准则，是我们一直要坚持的东西。我开始对自己拥有坚不可摧的信心。我开始明白，在我过去所有的偶像之中，一直在不知不觉中吸引着我的就是他们勇敢的行为。我开始把勇气与生活中的其他东西中区分开来。各种各样的勇气——那个遍体鳞伤、浑身是血的职业拳击手，并不只是为了打拳——我常常让男人们带我去看职业拳击赛；那个下等社会的女人从一窝小猫身边经过的时候，她看这些小猫的眼光，就好像它们是她鞋底的一团泥巴似的；永远要称心如意地活着，一点都不要考虑别人会怎么想——我爱怎么活就怎么活，爱怎么死就怎么死——你带烟了吗？”

他递给她一支烟，轻柔地为她点上火。

“然而，”她继续说，“尽管我身心疲惫，那些男人——不管年老的还是年轻的——他们大多数人都强烈地想占有我，想占有我为自己建立起的那种无比高贵的骄傲。你听明白了吗？”

“有点明白了。你从不言败，从不后悔。”

“从不！”

她跑到岩石边，摆好姿势，保持了一会儿，就像半空中的一幅耶稣受难像；然后她当空画了一道黑色的抛物线，不着痕迹地落入二十英尺下的两道银色的水波之间。

她的声音又朝他飘了过来。

“对我来说，勇气意味着冲破笼罩着生命的那层沉闷的浓雾——它凌驾于人和环境之上，而且可以不把生活的黯淡放在心上。它是对人生价值的一种坚持，是事物转瞬即逝后价值的延续。”

现在她正在向上爬，说完最后一句话，她的头便出现在他的面前了，她那湿漉漉的金发光滑而均匀地披在身后。

“话是都不错，”卡莱尔提出反对意见，“你可以称之为勇气，但是毕竟你的勇气实际上是建立在你那骄傲的出身上的。你生来就有敢冒天下之大不韪的态度。在我灰暗的日子里，甚至连勇气都是灰暗的、死气沉沉的。”

她坐在岩石边，抱着膝盖，心不在焉地望着洁白的月亮；他在后面很靠近石壁的地方坐着，活像被挤进岩石内的一尊怪诞的神像。

“我不想让人误认为我是盲目乐观之人，”她说道，“但是你还没有听懂我的意思。我所说的勇气指的是信心——是坚持到底的信心——直到快乐主动送上门，还有希望和本能的冲动。在事情还没有如我所愿地发生之前，我决不会改变心意，我会紧紧地闭上嘴巴，高高地昂起头，睁大我的眼睛——你没必要傻笑。啊，我一直在地狱里穿行，可我不会时不时地发出惨叫——而且女人的地狱比男人的地狱更加残酷无情。”

“但是，假如，”卡莱尔提示道，“在快乐、希望和所有的一切到来之前，命运的帷幕就永远地拉上了，该怎么办？”

阿蒂塔站起身来，走到石壁边，费力地向下一个十到十五英尺高的石台攀去。

“喂，”她扭着头大声说道，“我一定会赢的！”

他走到岩石边，才看到她。

“最好不要从那里往下跳！你会摔断脊梁骨的。”他急忙说。

她笑起来。

“才不会呢！”

她慢慢地张开双臂，像一只美丽的白天鹅一样立在那儿，她那青春而完美的身躯散发着骄傲的光芒，卡莱尔的心头燃起一团温暖的火花。

“我们一起张开双臂穿越这黑暗的空气吧，”她大声说，“我们把双腿也绷直，像海豚的尾巴一样，心里想着，我们永远都触不到那银色的水面，直到温暖的海水把我们突然包围，无处不在的小小水浪轻轻地亲吻着、爱抚着我们的身体。”

说话之间，她已经在空中了，卡莱尔不由自主地屏住了呼吸。他还没有意识到这一跳的高度几乎有四十英尺。时间仿佛凝固了，直到他听见她猛然撞击海面而发出的落水声。

直到她那快乐的、含着水珠的笑声打着旋飘上悬崖，传到他那紧张的耳朵里时，他才高兴地舒了一口气。这时，他才意识到他爱上她了。

六

他们随心所欲地在岛上度过了三个下午。天亮后一个小时，阳光照进阿蒂塔的客舱悬窗里，她心情愉悦地起了床，穿上泳衣，走上甲板。黑人们一看见她，便放下手中的活计，挤到栏杆边，有说有笑地看她游泳。她像一只灵活的小米诺鱼在清澈的海水里游动，她一会儿浮出水面，一会儿潜入水底。在一个凉爽的下午，她又要去游泳——她和卡莱尔要么在石崖上懒洋洋地抽烟；要么就侧卧在小岛南面的沙滩上，几乎不说话，望着漫天的彩霞渐渐地、令人惋惜地被那浩渺而温柔的热带夜色代替。

在这漫长的、阳光灿烂的日子里，阿蒂塔渐渐忘却了她那突发奇想的、荒诞的约会，忘记了那个在枯燥的现实中萌生出的爱情苗头。她怕他取消南行计划；她怕亲眼看到他们发生意外；突然之间，思考变得令人烦恼，决定变得令人讨厌。假如她不是基督教徒，她可以让心灵祈祷，只求人生暂时脱离苦海，就这样懒懒地依着卡莱尔一时的心血来潮，顺着他那敏锐的、异想天开的想法，跟随他孩子气的、天马行空的想象，任凭偏执在他的血管里流淌，并影响他的一举一动。

然而这并不是一座岛、两个人的故事，也并非两个孤男寡女单独待在一起就能产生爱情。这只是两个人性情的自然流露，而且偶遇了这墨西哥暖流所孕育的、由棕榈树掩映的、旖旎幽静的田园风光而已。我们大多数人都满足于生存、繁衍，并为了生存和繁衍而奋斗，而拥有能够主宰我们命运的思想，为了掌控自身命运而命中注定要孜孜以求的只是其中幸运或不幸的极少数人。对我而言，阿蒂塔之所以让人产生兴趣，就在于她拥有与她的年轻貌美颇不相称的勇气。

“带我一起走吧。”一天深夜，他们懒洋洋地坐在月影斑驳的棕榈树下的草地上，她说道。黑人们已经把乐器拿到岛上，奇异的雷格泰姆音乐伴着那温暖的夜的气息轻轻飘荡。“十年后，我愿意以富甲天下的印度高等种姓的贵妇身份重现世间。”她继续说。

卡莱尔立即看了她一眼。

“你能做到，你知道的。”

她大笑起来。

“这算是求婚吗？很特别！阿蒂塔·法纳姆成为海盗的新娘。上流社会的姑娘被雷格泰姆乐队的银行抢劫犯绑架。”

“不是银行。”

“那是什么？为什么不告诉我呢？”

“我不想让你的幻想破灭。”

“我亲爱的人儿，我对你可没抱什么幻想。”

“我的意思是，你对自己的幻想。”

她吃惊地抬起头。

“我对自己的幻想！我到底与你们犯下的罪过有什么关系？”

“你就等着瞧吧。”

她伸出手拍了拍他的手。

“亲爱的柯蒂斯·卡莱尔先生，”她温柔地说，“你爱上我了吗？”

“这好像很重要。”

“但是，这的确很重要啊——因为我想我爱上你了。”

他嘲弄地看着她。

“这样的话，你一月份的总数恐怕要增至六个了，”他说道，“假如我给你亮出我的底牌，我想让你跟我一起去印度，你会怎么想？”

“我会去吗？”

他耸耸肩。

“我们可以在卡亚俄结婚。”

“你能给我什么样的生活？我并非不厚道，我只是认真而已；如果那些悬赏两万美元捉拿你的人真的抓住你了，我该怎么办？”

“我原以为你不怕的。”

“我从来都不怕——但是，我不能只为了向一个男人表明我不怕就自毁前程。”

“我希望你很穷，只是个可怜巴巴的小丫头，整天望着奶牛场温暖的篱笆想入非非。”

“难道这样不好吗？”

“我喜欢让你吃惊——喜欢看你睁大两眼盯着东西瞧的样子，要是你一心想要那些东西，该有多好啊。难道你不明白吗？”

“我知道——像那些两眼死盯着橱窗内的珠宝的女孩。”

“是的——并且想要那块大的、钻石镶边儿的、椭圆形的白金手表。只要你断定这块白金手表很贵，价值一百美元，我就会说，‘贵吗？我该说一点都不贵！’然后我们一起走进商店，让这块白金手表尽快在你的手腕上闪耀。”

“听起来很棒，虽然很庸俗——但是很有趣，不是吗？”阿蒂塔喃喃地说。

“不是吗？难道你没看见我们随心所欲地旅游，所到之处花钱如流水吗？难道你没看见那些门童和侍者崇拜的目光吗？哦，有钱真好啊，有了钱就能拥有整个世界！”

“我真心希望我们能过那样的日子。”

“我爱你，阿蒂塔。”他温柔地说。

顷刻间，她失去了孩童般天真的表情，一脸严肃。

“和我遇到的任何一个男人相比，”她说，“我更愿意和你在一起。我喜欢你的表情，喜欢你那有古典风格的黑发，喜欢你刚从岸上来到船栏边时的模样。事实上，柯蒂斯·卡莱尔，我喜欢你率性而为。我觉得你很有勇气，你知道我对勇气的看法。你在我身边的时候，我有时会被你吸引，会突然产生想要吻你的冲动，想对你说你就是那个脑子里装满印度种姓的胡言乱语的理想男孩。也许，如果我稍微大一点，稍微无聊一点的话，我就会跟你走。正因为如此，我想我会回去结婚——和另一个男人。”

在银光闪闪的水面上，黑人们的身影在月光下扭动摇摆，像久未练习、技艺生疏的杂技演员，一定要通过自己的把戏把多余的精力挥霍掉。他们列成一排向前走，再围成一个同心圆，一会儿把头往后仰，一会儿又抱着乐器弓着腰，像吹笛子的牧农神。长号和萨克斯管合奏出悠扬的乐曲，时而热闹欢腾，时而余音袅袅、如泣如诉，仿佛刚果腹地的死亡之舞。

“我们跳舞吧！”阿蒂塔大声说，“耳畔回响着这么动听的爵士乐，我无法安静地坐着了。”

他牵着她的手，把她领到一片开阔而坚硬的沙土地上，那里沐浴着美丽缥缈的月光。他们在这皎洁而朦胧的月光中如蝴蝶般翩翩起舞，令人心醉神迷的交响乐时而荡气回肠，时而热烈激昂，时而撼人心扉，时而哀婉断肠，阿蒂塔最后的一点现实感也消失了。她闭上眼睛，任凭自己迷失在如梦如幻、花香四溢的热带夏日中，任凭自己迷失在那邈远无际的灿烂苍穹里。她觉得，如果她睁开眼睛，就会发现自己置身于一个想象的国度里，和一个幽灵在共舞。

“这就是我所说的单独的、私密的舞蹈。”他轻声说道。

“我感觉我要发疯了——不过是高兴得发疯！”

“我们着魔了。不可计数的食人族的鬼魂在那边高高的悬崖上望着我们呢。”

“我敢说食人族的女人们正在风言风语地说我们跳舞时身体靠得太近，说我不戴鼻环不成体统呢。”

他们两人轻声地笑起来——然后他们的笑声消失了，他们听到远处水面上的长号声在半中间戛然而止，萨克斯受了惊吓似的吼了一声，然后也消失了。

"怎么回事？"卡莱尔喊道。

过了一会儿，他们看见有个模糊的黑影沿着海湾边跑。他跑近一些的时候，他们看出那个人影原来是贝比，他异常激动地来到他们面前，喘着气一股脑地道出了事情的原委。

"一艘轮船停在离岸大约半英里外的地方，先生。摩斯在放哨，他说看上去船已经抛锚了。"

"一艘轮船——什么样的轮船？"卡莱尔急切地问。

他的声音听起来很沮丧，阿蒂塔看到他的整个脸都耷拉了下来，她的心猛地揪了一下。

"他说他不知道，先生。"

"他们登上小船了吗？"

"没有，先生。"

"我们上去看看。"卡莱尔说。

他们无声地登上那个小山包，阿蒂塔的手仍然攥在卡莱尔的手心里，就像他们刚刚跳完舞时那样。她觉得这只手偶尔紧张地握一下，仿佛他没有意识到他们的手握在一起。然而，尽管他弄疼了她，她却没想把手抽出来。爬到山顶似乎需要一个小时的时间，要小心翼翼地穿过一片阴暗的高地才能到达悬崖边。卡莱尔匆忙地看了一眼，不由得轻声叫了起来。那是一艘税收船，船头和船尾都装有六英寸口径的炮。

"他们发现了！"他急促地吸了一口气，说道，"他们发现了！他们追踪到我们了。"

"你确定他们知道这条通道吗？他们可能只是一早起来，在旁边看一下小岛而已。他们在那个地方看不到悬崖中间的这个入口。"

"他们用望远镜可以看到。"他绝望地说。他看看腕表，"差不多两点钟了。天亮之前他们什么也不会做，这一点可以确定。当然，他们有可能在等着和其他船只会合；或者在等一艘运煤船，但是这种可能性很小。"

"我想我们不妨就待在这里。"

时间在流逝，他们肩并肩躺在那里，无声地用双手托着下巴，像睡梦中的孩子。在他们身后，蹲着那些黑人，他们耐心、顺从、悄无声息，时不时地传来响亮浑厚的鼾声，即使目前的危险处境也无法抵挡这些非洲人此刻对于睡眠的那种无法抑制的渴望。

就在五点钟前，贝比来到卡莱尔身旁，说“水仙花号”船上有六支步枪，是不是决定不抵抗了？

他想，即便他们能够制订出什么计划，也一定避免不了一场恶战。

卡莱尔笑着摇摇头。

“那不是一支西班牙军队，贝比。那是一艘税收船，它已做好战斗的准备，如箭在弦上，它随时都会用机枪向我们扫射。如果你愿意把这些袋子埋起来，以后再找机会找到它们的话，就去干吧。不过，这没什么用——他们会把小岛掘地三尺的。这场战斗毫无胜算，贝比。”

贝比垂着头，默默地离开了。卡莱尔转过身，声音沙哑地对阿蒂塔说：“他是我最好的朋友，他愿意为我而死，并为此感到荣幸，如果我允许他这么做的话。”

“你已经放弃了？”

“我别无选择。当然总是有办法的——胜券在握的办法——不过需要等待。只要有可能，我就不会错失良机——这将是一次有趣的、臭名昭著的尝试。‘法纳姆小姐公开声明，海盗对她的态度始终如绅士一般。’”

“别说了！”她说道，“非常非常抱歉。”

当天边的彩霞渐渐褪去，暗淡的蓝色天空变成铅灰色的时候，轮船的甲板上乱作一团，他们看清楚那是一群穿得像白鸭子一样的官员，聚集在栏杆旁，手里举着望远镜，聚精会神地搜索着这个小岛。

“全完了。”卡莱尔严肃地说。

“见鬼！”阿蒂塔悄声说。她感觉到泪水在眼里打转。

“我们回到游艇上去，”他说道，“我宁愿回到游艇上，也不愿乖乖地待在这里像负鼠一样被他们捉住。”

他们离开高地，下了山，来到海湾边，乘着沉默的黑人们划的小船回到游艇上。然后，他们面无血色，疲倦地坐到藤椅里等待着。

半个小时后，天已蒙蒙亮了，税收船的船头出现在那条通道上并停了下来，显然是担心水太浅。游艇看上去很平静，那个男人和那个姑娘坐在藤椅里，黑人们懒洋洋地靠着栏杆好奇地观望着。他们显然已经断定不会有什么反抗，因为有两艘船随意地停在游艇的舷边。一艘船上坐着一名官员和六名海军；另一艘船上有四名划船的人，船尾有两位身着游艇绒的白发老人。阿蒂塔和卡莱尔站起来，不由自主地向对方走去。然后他止住脚步，突然将一只手插进衣袋，掏出一个闪闪发光的圆环，伸手递给她。

“这是什么？”她吃惊地问道。

“我不能确定，但是里面有俄文题词，那是我答应给你的手镯。”

“从哪里——到底从哪里——”

“从一个袋子里挑出来的。你瞧，柯蒂斯·卡莱尔和他的六个黑人伙计，在棕榈树海滩酒店的茶餐厅演出的时候，突然把他们的乐器换成了自动手枪，打劫了一群人。我从一个漂亮的、浓妆艳抹的红头发女人手上抢到了这只镯子。”

阿蒂塔皱起了眉头，然后嫣然一笑。

“这么说来，这就是你的所作所为！你的确勇气可嘉！”

他鞠了一躬。

“资产阶级名扬四海的优秀品质。”他说。

然后，黎明的曙光生机勃勃地斜照在甲板上，将阴影抛到灰暗的角落里。露珠被蒸发成一层薄薄的金色水雾，如梦似幻。他们置身于这梦中，直到深夜渐渐隐退，剩下这虚无缥缈的一点痕迹和这无边无际的宁静。有那么一刻，大海和天空都屏住了呼吸，黎明从生命的青春之唇中伸出一只粉红色的小手——然后一艘划船从远处的海湾边缓缓地驶来，并传来唰唰的摇橹声。

东方的天边升起一座金光四射的火炉，两个高贵优雅的身影就在这万道光芒中融为一体，他亲吻着她那被娇宠惯了的、青春的小嘴。

“真是荣幸。”过了片刻，他喃喃地说道。

她对他嫣然一笑。

“很开心，是吗？”

她的叹息是一道恩赐——一个令人迷醉的明证：她正值青春，美丽动人，这一点她向来都了然于心。又有那么一刻，生命如此灿烂，时间如梦如幻，他们的信念海枯石烂都不会改变——然后传来了一道碰撞刮擦的声音，两艘划船并排擦着游艇的一侧停了下来。

两位白发老人走上舷梯，那位官员和两个水手手里拿着左轮手枪。法纳姆先生抱着双臂，站在那里看着他的侄女。

"那么……"他点着头缓缓地说。

她叹着气，把双臂从卡莱尔的脖子上松开，她的眼睛炯炯有神，漫不经心地看着船上的一群人。她的叔叔看着她慢慢地噘起上嘴唇，这自负傲慢的噘嘴动作，他最熟悉不过了。

"那么，"他粗鲁地重复着说，"那么，这就是你想要的——想要的爱情。私奔，和一个公海海盗私奔。"

阿蒂塔心不在焉地看了他一眼。

"你真是个老傻瓜！"她平静地说。

"你是不是只会说这句动人心弦的话？"

"不，"她若有所思地说，"不，还会说点别的。有句名言，这几年我常用它来结束我们之间的谈话，那就是——'闭嘴'！"

说完，她转过身，向那两位老人、那位官员和那两位水手投去唐突轻慢的一瞥，高傲地走下舱梯。

然而，假如她能够多等一小会儿，就会听见她叔叔发出一种和他们平时见面时有天壤之别的声音，那是一种发自内心的开怀大笑，另一位老人也跟着他一道哈哈大笑起来。

那位老人迈着轻快的步子来到卡莱尔身边，卡莱尔一直讳莫如深地、饶有兴趣地在观察着这一切。

"那么，托比，"他慈祥地说，"你这个不可救药的、一根筋的、追求浪漫情调的花花公子，你觉得她是你心目中的女神吗？"

卡莱尔自信地笑了笑。

"哦——当然，"他说，"自从我第一次听说她那疯狂的经历，我就非常确定这一点了。这就是昨天晚上我让贝比发射火箭的原因。"

"很高兴你这么做。"莫尔兰德上校严肃地说。"我们一直紧紧跟随着你们，免得那六个奇怪的黑鬼制造出什么麻烦来。我们希望看到你们两个能够互相妥协折中，”他叹着气说道，“好了，这就叫作以毒攻毒。”

“你父亲和我一夜没合眼，抱着最好的愿望——或者也许是最坏的打算。天知道你竟是她喜欢的人，我的孩子。她快让我发疯了。你将那只俄国手镯送给她了吗？那可是我派侦探从一个叫咪咪的女人那里找到的。”

卡莱尔点点头。

“嘘！”他说，“她到甲板上来了。”

阿蒂塔已经爬到舱梯最上面，她不由自主地看了一眼卡莱尔的手腕，脸上掠过迷惑的神情。黑人们开始在船尾唱起歌来，凉风习习的水面上回荡着祥和的浅吟低唱，一切沐浴在黎明清新的空气中。

“阿蒂塔。”卡莱尔慌乱地说。

她款款地朝他走了一步。

“阿蒂塔，”他喘着气重复着她的名字，“我必须告诉你——事情的真相。这完全是一个计划，阿蒂塔。我的名字不叫卡莱尔，我叫莫尔兰德，托比·莫尔兰德。这个故事是编的，阿蒂塔，是用佛罗里达稀薄的空气编出来的。”

她看着他，迷惑，吃惊，将信将疑，脸上迅速掠过一阵愤怒的狂潮。三个男人屏住呼吸。老莫尔兰德朝她走了一步；法纳姆先生的嘴角向下吊着，嘴巴微微张开，极其紧张地等待着一场意料之中的大爆发。

然而阿蒂塔没有爆发。她突然变得容光焕发，带着微笑飞快地朝小莫尔兰德走去，望着他，灰色的眼睛里没有一丝愤怒。

“你愿意发誓吗？”她平静地说，“你愿意发誓这完全是你自己想出来的吗？”

“我发誓。”小莫尔兰德急切地说。

她低下头温柔地吻了他。

“多么丰富的想象力啊！”她温柔地说道，几乎是出于嫉妒，“在我以后的人生里，我希望你能用你独特的甜蜜方式向我撒谎。”

黑人们的歌声缓缓地飘了回来，她分不清是她以前听到的歌声，还是他们此刻的歌唱。

时间是小偷，
快乐而悲伤，
挂在树叶上，
随着它变黄——

“袋子里装的是什么？”她温柔地问。

“佛罗里达的泥土，”他答道，“我给你讲的那些话只有两件事是真的，这是其中之一。”

“也许我能猜出另一个。”她说，然后她踮起脚尖，用温柔的亲吻做了解释。

五一节

这个伟大的城市[①]经历了一场战争，旗开得胜的人们在街上搭起拱形的凯旋门，并撒上白色、红色、玫瑰色的鲜花，显得生机盎然。在整个漫长的春日里，凯旋的将士们在锣鼓喧天、管乐嘹亮的欢乐气氛中沿着主干道列队而行，商人和职员们把纠纷和利益弃于一旁，挤到窗户边，神情肃穆地将一张张苍白的面孔转向从街上经过的队伍。

这个伟大的城市从来没有如此繁荣昌盛过，因为战争的胜利，列车把丰裕的物资源源不断地运送过来。商人们拖家带口，从南部和西部蜂拥而至，他们要尝遍所有的美味佳肴，要亲历这目不暇接、精心准备的娱乐节目——还要为他们的女人购买来年御寒的皮草、金丝包、五颜六色的真丝拖鞋、银色和玫瑰色的绸缎以及金丝绒布料。

战胜方的文人墨客们欢天喜地、洋洋洒洒地为和平和即将来临的繁荣兴旺献上赞歌，越来越多的有钱人从各省赶来，他们都要品尝一杯令人激动的美酒。商人们的拖鞋和其他小商品卖得越来越快，他们发出强烈的吁求，要求供应更多小饰品和拖鞋，以便在易货交易中拿得出顾客们要求的货物来。其中有人甚至无可奈何地挥着双手大声喊：

“天哪！我再也没有拖鞋了！天哪！我再也没有小饰品了！上帝呀，帮帮我吧，我不知道该怎么办了！”

然而，没有人听他们大喊大叫，因为人们都在各自奔忙——士兵们每天都英姿飒爽、昂首阔步地从大街上走过，所有人都欣喜若狂，因为这些从战场上归来的小伙子们既纯洁又勇敢、牙齿健康、面颊红润；而这片国土上的年轻姑娘们都保存着童贞之身，容貌和身段都

① 指纽约。

曼妙动人。

因此，这个伟大的城市里有许多传奇故事都发生在这个时期，而其中有几个故事——或者说有一个故事——就是我要给大家讲述的。

一

一九一九年五月一日上午九点钟，一个年轻人在咨询巴尔的摩酒店的前台，他想知道菲利浦·迪恩先生是否住在那里，如果是的话，他能否给迪恩先生的房间打个电话。咨询者身穿剪裁考究却很破旧的西装，身材矮小单薄，脸色黝黑却很英俊；他的睫毛特别长，眼睛下面有两个不健康的黑眼圈，眉毛和黑眼圈把两只眼睛框在中间，他像是一直在发低烧，面颊上闪着病态的红光，将黑眼圈衬托得尤为突出。

迪恩先生的确住在那里。年轻人被领到旁边的电话机旁。

电话很快就拨通了。一个睡意蒙眬的声音从里面的某个地方向他问好。

“迪恩先生吗？”他的声音非常热切，“我是戈登，菲尔[①]，戈登·斯特雷特。我在楼下。听说你在纽约，我预感到你会住在这里。”

那个睡意蒙眬的声音慢慢地热情起来。“哦，戈迪[②]，老同学，你好啊！非常高兴，简直是惊喜！看在上帝的分上，现在就上来吧！”

几分钟后，菲利普·迪恩穿着蓝色的真丝睡衣，打开了房门，两个年轻人虽然有点尴尬，但还是热情地向对方打了招呼。两个人差不多都二十四岁，都是战争前一年从耶鲁大学毕业的；不过他们的相同之处仅此而已。迪恩金发碧眼，满面红光，薄睡衣里的身体显得很健壮。这一切都表明，他身体很棒，生活惬意。他笑意频频，露出引人注目的大龅牙。

“我正准备去拜访你呢，”他热情地大声说，“我有两个礼拜的假。你先坐会儿，我去冲个澡，马上就来陪你。”

---

① 菲尔是菲利浦的昵称（Phil），熟人或亲人之间常用昵称。

② 戈迪（Gordy）是戈登（Gordon）的昵称。

他消失在浴室里，客人则忐忑不安地瞪着黑眼睛在客房里左顾右盼。角落里放着一个英国产的大旅行包，几把椅子上胡乱地扔着一堆衣服：几件同色系的重磅真丝衬衫、几条非常抢眼的领带、几双柔软的羊毛袜。他盯着旅行包和真丝衬衫看了一会儿。

戈登站起来，拿起一件衬衫，仔细观察。这是一件黄底带浅蓝色条纹的重磅真丝衫——而且差不多有十几件。他不由自主地看看自己的衬衫袖口——袖口边已经破旧，起了毛，还脏兮兮、灰蒙蒙的。他放下那件真丝衬衫，把外套袖子拉下来，再把磨破的衬衫袖口卷起来，让外套袖子完全遮住衬衫袖口。然后，他走到镜子前，闷闷不乐、无精打采地看着自己。他的领带以前也光鲜亮丽，然而现在已经褪色了，还皱巴巴的——再无法掩饰衬衫领口处已经磨毛的纽扣眼了。他悻悻地想，就在三年前大学毕业那一年，他还当选为班级里的时尚达人呢。

迪恩一边从浴室里走出来，一边擦着身子。

"昨晚我见到你的一个老朋友了，"他说道，"在大厅里碰到她的，想不起她的名字了，这让我很尴尬。是毕业那年你带到纽黑文去的那个女孩。"

戈登吃了一惊。

"伊迪丝·布拉丁？你说的是她吗？"

"就是她。漂亮极了。她依然像布娃娃一样漂亮——你明白我的意思：好像你碰她一下，就把她给玷污了似的。"

他自鸣得意地审视着镜子里的那个光鲜形象，含蓄地微笑着，只露出一点牙齿。

"她至少有二十三岁了吧。"他接着说道。

"上个月才二十二岁。"戈登心不在焉地说道。

"什么？噢，上个月。嗯，我想她是来参加伽马普赛舞会的。你知道今天晚上我们要去戴尔莫尼科酒店参加耶鲁校友举办的伽马普赛舞会吗？你最好去，戈迪。一半纽黑文人都会去呢。我能为你弄到一张请柬。"

迪恩很不情愿地穿上干净的内衣，点了一支烟，坐在开着的窗户边，对着洒满房间的清晨的阳光仔细检查他的小腿肚和膝盖。

“坐吧，戈迪，”他说道，“给我讲讲你都做了什么，现在在做什么，把一切都告诉我。”

戈登令人意外地瘫倒在床上，一动不动地躺着，情绪非常低落。表情平静时，他会习惯性地微微张着嘴巴，然而此刻，他的嘴巴突然间变得不听使唤，显得楚楚可怜。

“怎么了？”迪恩赶忙问道。

“哦，上帝！”

“怎么了？”

“什么事都不顺心，”他苦不堪言地说，“我完全崩溃了，菲尔。我走投无路了。”

“啊？”

“我走投无路了。”他的声音在颤抖。

迪恩的蓝眼睛以审视的目光更加仔细地观察着他。

“你看起来的确是不对劲儿。”

“是呀，我把什么事都搞得一团糟。”他顿了顿，“我最好从头讲起——你会不会感到厌烦？”

“一点都不会，接着讲吧。”然而，迪恩的声音里含着迟疑。他这次来到东部本来是打算度假的——发现戈登·斯特雷特身处窘境，他感到有点恼火。

“接着讲吧，”他重复着说，然后又小声加了句，“快点讲完得了。”

“哦，”戈登声音颤抖着讲起来，“我二月份从法国回来，在我的家乡哈里斯堡待了一个月，然后来到纽约找工作。我找到了一份工作——在一家出口公司上班。昨天他们把我解雇了。”

“把你解雇了？”

“我正准备说这事呢，菲尔。我不想和你绕弯子。这种情况，除了你，我无人可求了。我直言不讳地告诉你，你不会介意的，对吗，菲尔？”

迪恩的表情有点僵硬。他拍膝盖的手变得有些马虎了，他隐隐约约地感到，他正在被人不公正地强加了什么责任；他甚至不确定是否要继续听下去。尽管戈登·斯特雷特遇到些小麻烦从来都不足为怪，然而他目前的困境却有些不同寻常，即使这激起了他的好奇心，他依然感到厌恶和难以应对。

“接着讲吧。”

“是个女孩。”

“嗯。”迪恩决定无论什么事情都不能破坏他这次旅行。如果戈登还是如此令人沮丧的话，那么，自己最好和他少见为妙。

“她叫朱沃尔·哈德森，”床上那个痛苦的声音继续说道，“我想，大约一年前，她还是个‘纯洁’的姑娘。她住在纽约——一个贫困的家庭。现在她的家人都死了，她和一个上了年纪的姑妈住在一起。你知道，大约就在我遇见她的时候，人们开始成群结队地从法国回到美国——我整天忙着接待那些刚刚回来的人，并和他们一起去参加派对。我见到谁都高兴，也希望每个人都喜欢见到我，麻烦就是这么惹来的，菲尔。”

“你应该清醒一点。”

“我知道，”戈登停了一下，然后又无精打采地讲下去，“我当时已经独立谋生，可是菲尔，你知道，我无法忍受贫穷。然后，那个可恶的女人就出现了。有一阵子，她有点爱上我了，尽管我从来都不打算爱她，可我总是能在某个地方碰见她。你能想象得到，我在出口公司干的是什么差事——当然，我一直都想画画；为杂志画插图；那能赚很多钱。”

“那你为什么不去画呢？如果你想交好运，就必须全力以赴。”迪恩冷冷地、故作深沉地说。

“我试过了，尝试画过一点，可是我的画很粗陋。我有天分，菲尔；我可以画——不过我只是不知道怎么画。我应该到美术学校去学习，可是我付不起学费。哎，大约一个礼拜前，事情终于变得无法收拾。正当我几乎身无分文的时候，这个女人开始来烦我。她想要钱；她扬言，如果拿不到钱，她就会找我的麻烦。”

“她会吗？”

“恐怕她会。这就是我丢掉工作的一个原因——她一直不厌其烦地给我的办公室打电话。她还有最后一招：给我所有的家人写信。哎，她吃定我了，我投降。我不得不给她弄些钱。”

他们尴尬地沉默了一会儿。戈登非常安静地躺着，双手在身旁紧紧地攥着。

“我走投无路了，”他接着说，他的声音颤抖着，“我快要疯了，菲尔。要不是得知你要来东部，我想我已经自杀了。希望你能借给我三百块钱。”

迪恩的双手一直在拍打他那裸露着的脚踝，现在突然停住了——两人之间原本神秘微妙的关系变得紧张和僵持起来。

过了一会儿，戈登继续说：

“我已经把我的家人榨干了，我不好意思再问他们要一分钱了。”

迪恩仍然一言不发。

“朱沃尔说她必须拿到两百块钱。”

“告诉她你没钱。”

“没错，听起来很容易，可是，她拿着几封我喝醉后写给她的信。不幸的是，她根本不是你想象的那种轻易改变主意的女孩。”

迪恩流露出厌恶的表情。

“我受不了那种女人。你应该离她们远点。”

“我知道。”戈登有气无力地承认道。

“你得务实点。如果没钱，就去工作，并且离女人们远点。”

“你是站着说话不腰疼，”戈登眯起眼睛说，“你有的是钱。”

“我根本没什么钱。我每花一分钱，都被家人管得死死的。正是因为我花钱的余地非常小，所以才不得不格外仔细，不能浪费。”

他拉起百叶窗，让更多阳光照进来。

“我绝不是什么道学先生，天知道。”他不慌不忙地接着说道，“我喜欢轻松快乐——度假的时候尤其如此，可是你——你的情况非常糟糕。我以前从来没有见过你这副模样。看起来你是崩溃了——精神上和经济上都崩溃了。”

“难道两者能分开吗？”

迪恩不耐烦地摇摇头。

“你身上常常有一种莫名其妙的气味，一股邪气。”

“是焦虑、贫穷和夜晚失眠的味道。”戈登抵触地说。

“我不知道。”

“哦，我承认我让你扫兴了，我心情不好嘛。可是，上帝呀，菲尔，只要休整一个礼拜，穿一套崭新的西装，兜里装点钞票，我就会——恢复如初。菲尔，我画起画来就会一挥而就，如有神助，你知道的。但是大部分时间，我都没钱买像样一点的绘画材料——我精疲力竭、心情沮丧、穷途末路的时候可是无法画画的。只要有点钞票，我就可以休息几个礼拜，然后重新再来。”

“我怎么知道你不会把这些钱花到别的女人身上？”

“为什么总是揭人短处呢？”

“我并不是要揭你的短，我不想看到你这副模样。”

“你会借给我这么多钱吗，菲尔？”

“我不能马上做决定。这么多钱，会给我造成极大的不便。”

“如果你不借给我钱，我就万劫不复了——我知道我是在苦苦哀求，都是我的错，可是——这么说改变不了什么。”

“你什么时候能还钱？”

这句话令人鼓舞。戈登想了想，也许最明智的做法就是实话实说。

“当然，我可以答应你下个月就还钱，不过——我最好说三个月以后再还，等画一出手，我就还。”

“我怎么知道你的画能卖出去？”

迪恩的语气再次生硬起来，向戈登传达出一丝令人心寒的怀疑。他可能借不到钱了吗？

“我本来以为你对我还是有点信心的。”

“的确如此——不过，看到你这个样子我就开始怀疑了。”

“你认为如果不是到了山穷水尽的地步，我会这样来求你吗？你觉得我喜欢这么做吗？”他打住话头，咬住嘴唇，他觉得他最好把燃烧起来的怒火咽下去。毕竟，他是来求人的。

“看来你很会处理事情嘛，”迪恩怒气冲冲地说，“你把我置于难堪的境地，如果不借给你钱，我就成了不讲同学情谊的人——哦，没错，你的确是这么干的。那么，让我来告诉你，对我来说，得到三百块钱绝非易事。我的收入并没有那么多，要是没有这笔钱，我的生活就难以为继。”

他从椅子上站起来，精心选好衣服，开始穿起来。戈登伸开两只胳膊，用手抓住床沿，努力克制住自己，以免哭出声来。他的头疼得像裂开了一般，只觉得天旋地转，他的嘴巴很干、很苦。他觉得他的血液在燃烧，在分解成无以计数的血球，就像从屋顶上缓缓流下的水滴一样。

迪恩一丝不苟地打好领带，刷好眉毛，一本正经地把牙齿上的一片烟草去掉。接着，他把香烟装到香烟盒里，然后小心地将空盒子抛到垃圾篓里，把香烟盒装进马甲口袋里。

“吃早饭了吗？”他问道。

“没有，不想吃了。”

“哦，一起出去吃点吧。钱的事以后再说吧。我讨厌这个话题。我来东部是想寻开心的。

“我们去耶鲁俱乐部吧。”他一脸不高兴地继续说。接着他又含蓄地责备道：“你已经把工作丢了，已经无事可做了。”

“要是有点钱，我就会有很多事情可做。”戈登坦率地说。

“哦，看在老天的分上，暂时撇开这个话题吧！把我的整个旅行都弄得一塌糊涂是没有道理的。这点钱给你，给你。”

迪恩从钱夹里掏出一张五块钞票，扔给戈登，戈登小心翼翼地把钞票叠好，装进衣袋。他的脸上又多了一点红色，一种并非由发烧所致的灼热感。就在转身出去的那一刻，他们的目光相遇了，就在那一刻，两个人同时意识到了某种东西，迅速垂下各自的目光。就在那一刻，他们非常突然、非常明确地将彼此怀恨在心。

二

中午，第五大街和第五十四大街上人山人海。开心又阔气的太阳将瞬息万变的金色光芒透过豪华商场的厚玻璃窗，照在里面的网格包、钱包、灰色天鹅绒包装盒里的串串珍珠上；照在五颜六色、花里胡哨的羽毛扇子上；照在豪华礼服的蕾丝花边儿和真丝布料上；照在室内装潢者精心设计的展览室内展出的劣质绘画和精致的古典家具上。

正值韶华的职业女性们三三两两、成群结队地在这些橱窗前流连忘返，从奢华的展品中挑选未来的闺房用品，展品中甚至还有一套摆在床上、富有家庭气息的男士真丝睡衣。她们站在珠宝店橱窗前，挑选订婚戒指、结婚戒指和白金手表，然后又随意逛着去细细查看羽毛扇子和晚礼服斗篷，顺便把午餐吃的三明治和圣代消化掉。

人群中总是混有穿军装的人，从驻扎在哈德森河上那庞大的舰队里来的水手，佩戴着从马萨诸塞到加利福尼亚师部番号的士兵，他们迫不及待地想引起人们的关注，却发现，除非他们英姿飒爽地排成漂亮的队形，背上那令人讨厌的行军包和步枪，否则这座伟大的城市已经厌弃他们了。

迪恩和戈登在这鱼龙混杂的人群中闲逛；迪恩兴致勃勃地感受人类展现出的浮华绚丽的一面，变得活泼起来；戈登却回想起过去他曾怎样频繁地在这样的人群中穿梭，疲惫不堪，三餐不定，超负荷工作，身体都被掏空了。对迪恩而言，奋斗是意义非凡的，是年轻人的专利，是令人振奋的；而对戈登而言，奋斗却是苦不堪言、毫无意义、无休无止的。

他们在耶鲁俱乐部遇到了一群以前的同班同学，大家吵吵嚷嚷地向远道而来的迪恩问好。他们坐在躺椅和大椅子上，围成半圆形，喝着四周摆满的、掺有冰水的威士忌饮料。

戈登觉得他们的谈话令人心烦、没完没了。他们一起吃了午饭，又打了鸡血似的喝了一下午的酒。他们都要去参加那天晚上的伽马普赛舞会——这场舞会将会是战后最热闹的派对。

“伊迪丝·布拉丁会来的，”有人对戈登说，“她以前不是你的老相好吗？你们两个不都是从哈里斯堡来的吗？”

“是的。”他试图转换话题，“我偶尔见到她哥哥。他是个坚定的社会主义者，好像在纽约经营了一家报纸什么的。”

“呃？这可不像他那位追求享乐的妹妹。”他那位热情的情报员接着说，“哦，她今晚和一个名叫彼得·希梅尔的三年级学弟一起来。”

戈登八点钟必须和朱沃尔·哈德森见面——他答应为她筹些钱。他心急如焚地看了几次手表。令他感到释然的是，四点钟的时候，迪恩站起来声称他要去里夫斯兄弟商店买几条领子和几条领带。然而，令戈登懊恼的是，这群人中还有一个人也跟着他们一起离开了俱乐部。此刻，迪恩的心情好极了，他愉快地期待着晚上的舞会赶快到来，简直有点喜出望外。到了里夫斯商店，他买了一打领带，每买一条，他都要和另外那个人讨论很久。他是否觉得窄领带又会重新流行起来？里夫斯商店不再出售韦尔奇·马吉特森领子是不是很遗憾？再也找不到像“科温顿”牌那样的领子了。

戈登感到心头有点发慌，他想马上拿到钱。此刻，他也隐隐约约地想去参加伽马普赛舞会，而且被这个想法鼓舞着。他渴望见到伊迪丝——伊迪丝，就在他去法国的前一天，他在哈里斯堡的乡村俱乐部和她度过了一个浪漫的夜晚后，就再也没有见过她。这场恋爱结束了，被战争的旋涡吞没了，而且这三个月以来他历经坎坷，已经完全把它弃于脑后了。然而，她的形象突然跳进他的脑海，激起他千百个回忆。她活泼、开朗，津津有味地说着闲话。正是伊迪丝的音容笑貌使他如获至宝，他怀着一种若即若离却又情深意长的爱慕之情度过了大学生活。他喜欢为她画像——他的房间里摆了十几幅她的素描画像——打高尔夫的，游泳的——他闭着眼睛都能画出她那娇俏玲珑、令人心醉的轮廓。

他们五点半离开了里夫斯商店，在人行道上站了一会儿。

“哦，”迪恩快活地说，“现在，我的东西都买齐了。我想我要回酒店刮刮胡子，理个发，做个按摩。”

“好极了，”另一个人说，“我想我和你一起吧。”

戈登想弄明白他是否被人耍了。他艰难地抑制住自己的情绪，让自己不要对那人咆哮，“滚开，你这个浑蛋！”戈登在绝望中产生了怀疑，也许，迪恩之前已经和他串通好了，让他一直跟着他们，以免为了钱的事发生争执。

他们走进巴尔的摩酒店——一家住满女孩子、充满生机的酒

店 ——她们大都来自西部和南部，是许多大城市中初涉社交界的、灿如星河的名门闺秀。她们聚集在这里，是为了参加一所知名大学的一个知名的校友会举办的舞会。然而她们的音容笑貌在戈登看来却恍然如在梦中。他竭尽全力想做最后的请求，他正要开口说出连自己都不知所云的话，迪恩却突然向那个人表示出歉意，然后拽着戈登的胳膊把他拉到一边。

“戈迪，”他匆匆地说，“我已经对这件事情做了全面、仔细的考虑，我决定不能借给你那笔钱。我也想帮你，可是我觉得我不该那么做 ——这会给我的生活带来一个月的不方便。”

戈登呆呆地望着他，奇怪地想，为什么自己以前从来没有注意到他上面的那排龅牙凸得那么厉害。

“——非常抱歉，戈登，”迪恩接着说，“不过，情况本来就是这样。”

他掏出钱包，不紧不慢地数了七十五美元。

“这是，”他说着，伸出手，“这是七十五美元，总共八十美元。实际上我身上带的现金除了旅游的必要开支，也就只有这么多了。”

戈登不假思索地举起一只攥得紧紧的手，如打开握着的钳子般把手指伸开，接过钱，又重新攥起来。

“舞会上见，”迪恩接着说，“我得去理发店了。”

“再见。”戈登说，他的声音僵硬而沙哑。

“再见。”

迪恩开始微笑，不过似乎又突然改变了注意，匆匆地点点头，走开了。

戈登却站在那里，英俊的脸庞痛苦地扭曲着，手里紧紧攥着一卷钞票。接着，泪水突然模糊了他的双眼，他跌跌撞撞地从巴尔的摩酒店的楼梯上走下来。

三

当天晚上大约九点钟，有两个人从第六大街的一家廉价饭馆走出来。他们相貌丑陋，营养不良，除了愚蠢至极，其他一无所有，甚至连那种能给生活带来色彩的动物性生机都没有；不久前，他们还在一个陌生土地上的一个肮脏的城市里，浑身跳蚤，饥寒交迫；他们穷困潦倒，无亲无故；一生下来就像浮木一样随波逐流，居无定所，而且还将继续随波逐流到死亡的那一天。他们穿着美国军装，每个人的肩头都佩戴着一枚代表从新泽西州招募过来的师部徽章。三天前他们才来到这里。

两人中个子高的那个叫卡罗尔·基，这个名字表明，他的血管里流淌的血液具有某种潜在的禀赋，虽然这种禀赋经过代代相传已经差不多被稀释殆尽。然而，即使人们一直盯着他那没有下巴的长脸，盯着他那黯淡无神、泪水涟涟的眼睛和高颧骨看，也找不出一丁点祖传的可贵之处，更找不到一点天生的聪明才智。

他的同伴黑不溜秋的，罗圈腿，贼眉鼠眼，还长着残破的鹰钩鼻子。他那副目中无人的神气显然是装出来的，这种神气来自他以前一直生活在其中的那个充满咆哮和厮杀、好勇斗狠、崇尚武力的世界，是一种自我保护的武器。他的名字叫格斯·罗斯。

他们离开那家小饭馆，在第六大街上逛游，以完全超然的姿态兴致勃勃地用牙签剔着牙齿。

“去哪儿呢？”罗斯问道，他的语气表明，即使基说去南海群岛他也不会觉得奇怪。

“让我们看看能不能弄点酒喝，好吧？”禁酒还没有开始施行，他们说的是杜松子酒，按照法律规定，这种酒是禁止向士兵出售的一种烈酒。

罗斯兴致勃勃地同意了。

“我有办法了，”基想了一会儿接着说道，“我有个兄弟在这里。”

“在纽约吗？”

“是啊，他是个老小子。”基的意思是他是哥哥，“他在一家小饭店里当侍者。”

“没准他能帮我们弄点。”

“我觉得他能！”

“相信我，明天我就把这身该死的军装脱下来，再也不穿了。我要给自己弄身正常的衣服穿。”

“哎，我可能还没这个打算呢。”

他们的财富加在一块还不到五块钱，所以这个打算在很大程度上只能当作一个开心的玩笑，没有害处，还能聊以自慰。不过，他们两个似乎都因此而兴奋起来，他们嘿嘿地笑着，大声地谈论着《圣经》中的重要人物，画着十字，还插入“哇，天哪！”“你知道的！”“我觉得就是这样！”等用语，用来进一步加强语气，还一遍一遍地重复个没完，这更增添了他们的欢乐。

两个人全部的精神食粮均来自这些年来他们用鼻音愤愤不平地评论那个多年来让他们维系着生命的机构——那里是军队，是商业机构，也是贫民院——以及机构中他们的顶头上司。直到那天上午，机构变成了“政府”，顶头上司变成了“上尉”——他们从这两重束缚中溜了出来，现在他们感到有点不适应，除非他们愿意接受新的束缚。他们前途未卜，满怀愤懑，还有点惴惴不安。他们把这些情绪统统掩藏起来，对离开军队表现出一副故作轻松的姿态，并且相互保证，军队的纪律再也不能约束他们那热爱自由的坚定意志了。然而，事实上，他们待在囚牢里要比待在这新找到的、毋庸置疑的自由中自在得多。

基突然加快步子，罗斯抬起头顺着他的目光看去，发现一群人聚集在街上五十码远的地方。

基咯咯地笑起来，开始朝着人群的方向奔跑；罗斯也跟着咯咯笑起来，他那两条短罗圈腿在同伴那大步流星的、难看的大长腿旁快速移动着。

他们跑到人群的外围，立刻就成为其中毫无区别的一部分了。人群中有破衣烂衫的平民百姓，更糟的是他们还喝了酒，有从很多个师部来的士兵，他们的清醒程度各不相同，所有人都围在一个小个子犹太人周围。这个犹太人长着又长又黑的络腮胡子，挥着胳膊，正在情绪激昂、深入浅出地发表演讲。基和罗斯像木楔子似的将自己挤入后排，满腹狐疑地仔细审视着他，因为他的话戳中了他们两人共同的伤心事。

“——你们从战争中得到了什么？”他义愤填膺地大声说，“好好看看吧，好好看看吧！你们发家致富了吗？你们拿到事先承诺过的巨款了吗？——不，你们活着，能够保全两条腿就已经很幸运了。你们回来后，发现老婆没有和用钱把自己从战场上赎回来的家伙私奔就已经很幸运了！能那样你们就算是走运了！除了 J. P. 摩根和约翰·洛克菲勒，还有谁从战争中得到过什么好处？”

说到这里，那个矮个子犹太人的演讲被打断了，一个充满敌意的拳头狠狠地击中了他那胡子拉碴的下巴，他向后趔趄了一下，仰面朝天地倒在人行道上。

“该死的布尔什维克！”那个铁匠出身的大个子士兵骂道，他就是出拳的人。人们嚷嚷着表示赞同，人群围得更近了。

犹太人摇摇晃晃地站起来，立刻又招来五六个拳头，他再次倒下去。这次，他躺着不动了，呼哧呼哧地喘着粗气，血从嘴唇里面和外面的伤口处渗了出来。

人群喧嚣着，不一会儿，罗斯和基发现自己夹在这乱哄哄的人群中，在一个瘦子和一个士兵的带领下走在第六大街上。瘦子是一介平民，戴着一顶帽檐耷拉着的帽子；士兵肌肉发达，是他迅速结束了犹太人的演讲。人群急剧膨胀，阵势吓人，人行道上有越来越多不表明立场的群众也跟在后面，时不时地发出一声呼喊，为他们提供精神上的支持。

“我们要去哪儿？”基大声问离他最近的那个人。

他的邻居指了指戴帽子的那个领头人。

“那个人知道他们的窝点在哪儿！我们要去给他们点颜色看看！”

“我们要去给他们点颜色看看！”基兴奋地小声对罗斯说，罗斯又喜出望外地把这句话重复给他另一边的一个人。

队伍沿着第六大街狂奔，随处都有士兵和水兵加入进去，随时都有市民加入进去，那些市民一定会大声说，他们自己刚刚从军队里复员，仿佛这句话是一张刚刚成立的运动或文娱俱乐部的入场券。

接着，队伍在十字路口突然转到另一条街道上，并朝第五大街挺进，随处都有人透漏出消息，说他们要到托利弗大会堂去，那里在开红色会议。

“这个地方在哪儿？”

这个问题在队伍中传开，一会儿工夫，答案就传回来了。托利弗大会堂在第十大街上。还有一伙士兵准备去破坏现场，他们现在已经赶到了！

然而，第十大街听起来很远，消息一传出来，人群里叫苦连天，有二十个人中途退出队伍，这些人当中就有罗斯和基。他们放慢步子，慢悠悠地走着，让越来越多的狂热之徒从他们身边一涌而过。

“我宁愿弄点酒喝。”基说。他们停下脚步，开始朝人行道上走，耳边传来“胆小鬼”“逃兵”的怒骂声。

“你哥哥不是在这附近工作吗？”罗斯问道，表现出从肤浅状态升华到不朽状态的大彻大悟。

“应该是，”基回答道，“我有几年没见过他了。从那时起，我就外出去了宾夕法尼亚。他晚上可能不上班，这也说不准。反正就在这一带。要是他还在这儿，一定能给我们弄些酒的。”

他们在街上来来回回地逡巡了几分钟，终于找到那个地方——在第五大街和百老汇大街之间的一个铺着劣质桌布的饭店。基走进去打听哥哥乔治，罗斯则在人行道上等着。

“他已经不在这里了，”基出来的时候说道，“他现在发达了，到戴尔莫尼科酒店当侍者去了。”

罗斯英明地点点头，仿佛这早在他的意料之中。有能耐的人经常跳槽，人们不该感到奇怪。他曾经认识一名侍者——于是，他们一边走，一边就侍者的实际薪水是否比拿到的小费多这个问题进行了一次长谈——最后他们达成一致意见，即这要看哪个社会阶层的人在侍者工作的酒店出入。他们为彼此描绘出一幅栩栩如生的美妙图景：百万富翁们在戴尔莫尼科酒店进餐，喝下第一夸脱香槟后，便甩出一张五十块的钞票。接着，两个人都暗暗盘算着要去当侍者。事实上，基那狭窄的前额上隐藏着一种决心，他要让哥哥为他介绍一份工作。

“侍者可以把客人们酒瓶里剩下的酒全喝光，”罗斯饶有兴趣地说，接着又补充了句，“哦，天哪！”

他们走到戴尔莫尼科酒店的时候已经十点半了，他们吃惊地发现，川流不息的出租车一辆接着一辆地驶到酒店门口，从车上走下来一个个盛装打扮、不戴帽子的女士，每个女士都由一名身穿晚礼服、昂首阔步的年轻绅士陪着。

“这是在开派对哩，”罗斯敬畏地说，“也许我们不进去为好。他会很忙的。”

“不会的，他不会很忙。他应付得来。”

他们犹豫了一会儿，走进在他们看来似乎是最容易进去的那道门，马上又犹豫起来，惶恐不安地来到一个小餐厅里的一个无人注意的角落里。他们摘下帽子，拿在手里，心头掠过一团愁云。餐厅的一头有一扇门被砰然打开，他们两个都吓了一跳。一名彗星似的侍者冒了出来，快步穿过餐厅，从另一头的那扇门走出去，消失了。

这两个寻亲的人经历了三次如此这般的一惊一乍，才调动所有的聪明才智向一名侍者打了个招呼。侍者转过身，怀疑地看着他们，然后迈着轻缓的猫步走到他们身边，仿佛准备随时转身逃走似的。

“喂，”基说，“喂，你认识我哥哥吗？他是这里的一名侍者。”

“他叫基。”罗斯做出注解。

没错，这个侍者认识基。他想，基在楼上。那个大舞厅要举办一场大型舞会。他会告诉基的。

十分钟后，乔治·基来了，以最大程度的怀疑向他的弟弟打了个招呼；他的第一个也是最自然的想法是：弟弟是来向他要钱的。

乔治个子很高，几乎没有下巴，但是他们兄弟俩的相似之处也就这么多了。侍者的眼神不呆滞，非常机警，闪着亮光，他彬彬有礼，看上去一直在做室内工作，有点优越感。他们彼此客套地问候了一番。乔治已经结婚，有三个孩子。听说卡罗尔当兵时去过国外，他似乎很有兴趣，但没有表现出对卡罗尔的钦慕之情，这让卡罗尔感到失望。

“乔治，”弟弟撇开繁文缛节，说道，“我们想好好喝两杯，但是他们不卖给我们。你能给我们买点吗？”

乔治想了想。

“没问题。也许我能。不过，可能得等半个小时。”

“行，”卡罗尔同意了，“我们等着就是了。”

听到这里，罗斯开始往身旁的椅子上坐，但是乔治生气地大喝一声，他又赶紧站起来。

“喂！当心，你！不能坐在这儿！这个房间都准备好了，十二点钟这里有个宴会。”

“我不会把它弄脏的，”罗斯不满地说，“我喷过去虱剂了。”

“算了，”乔治厉声说道，“如果领班看到我在这儿说闲话，会对我发火的。”

“哦。”

对于这两个人，无须多解释什么，提到领班就够了；他们紧张地用手指捏着从国外带回来的帽子，等待吩咐。

“听我说，”乔治顿了顿，然后说道，“有个地方，你们可以在那儿等，快跟我来。”

他们跟在他后面，从餐厅另一头的那扇门走出去，穿过一个没有人的食品储藏室，上了两层黑漆漆的旋转楼梯，最后来到一个小房间里，里面堆着许多桶和清洁刷，开着一盏昏暗的电灯。他向他们要两元钱，答应他们半个小时后给他们带来一夸脱威士忌，然后把他们留在那个房间里，走开了。

“我敢打赌，乔治捞着大钱了，”基坐在一个倒扣的桶上，满面愁容地说，“我想他一个礼拜能挣五十美元。”

罗斯点点头，吐了口痰。

“我也这么认为。”

“关于这个舞会，他说什么了没有？”

“许多大学生，耶鲁大学的。”

他们严肃地朝对方点点头。

“不知道那群士兵现在走到哪儿了？”

“不知道。我只知道对我来说，那条路真他妈的太长了，永远也走不到头。”

“我也这么觉得。你没见过我走那么远的路吧。”

过了十分钟，他们闲得发慌。

“我想去看看外面有什么。”罗斯说着，小心翼翼地朝另一扇门走去。

这是一扇两面都可以推拉和开关的绿呢门。他小心翼翼地把门推开了一英寸。

“看到什么了吗？”

为了回答这个问题，罗斯猛吸一口气。

“妈的！我觉得这里有酒！”

“酒？”

基也来到门口，和罗斯一道劲头十足地向外看。

“我敢当着世界人民的面说那是酒。”他目不转睛地盯着看了一会儿，然后说道。

那个房间是他们待着的那个房间的两倍大——里面正准备举办豪华的酒宴。两张铺着洁白桌布的桌子上，摆着一排排墙似的、准备供贵宾们饮用的瓶装酒；威士忌、杜松子酒、白兰地、法国和意大利苦艾酒，还有橘汁，更不用说那一排苏打水瓶和两个巨大的、装潘趣酒的空碗。房间目前还没有人来。

“这是为马上要举行的舞会准备的，”基小声说道，“是不是小提琴的声音？哦，天哪，我是不会介意参加一场舞会的。”

他们轻轻关上门，交换了一个心照不宣的眼神。他们两个完全没有必要揣摩对方的心思。

“我想去拿几瓶。”罗斯当机立断地说。

“我也这么想。”

“你觉得我们会被人发现吗？”

基想了想。

“也许，我们最好等到他们开始喝起来再说。现在酒瓶都摆好了，他们知道有多少瓶酒。”

他们就这个观点争论了一会儿，罗斯全力赞成现在就去拿一瓶，趁没人，把它塞在外套里。然而，基主张谨慎从事，他担心会给他哥哥招惹麻烦。如果等到贵宾们打开一些酒瓶后再去拿一瓶来，大家会认为是一个大学生喝掉了。

正当他们争论不休的时候，乔治·基急匆匆地从房间里穿过，只对他俩咕哝了句什么，就消失在那扇绿呢门外了。过了片刻，他们听到几下“砰砰”地开瓶塞的声音，接着听到了冰块清脆的声音和液体飞溅的声音。乔治在调制潘趣酒。

两个士兵冲着对方开心地笑了笑。

“嚯，天哪！”罗斯轻声说道。

乔治又来了。

“伙计们，小点声，”他急匆匆地说道，“五分钟后我会把你们要的东西带过来。”

他从进来的那扇门出去了。

等他的脚步声在楼梯里渐渐消失，罗斯马上小心地看了看，刺溜一下钻进那个令人愉快的房间，回来的时候手里已经拿着一瓶酒了。

“哎，听我说，”他一边说，一边和他的搭档欢欢喜喜地坐下来，把这第一瓶酒倒进肚里，“等他来了，我们问问他，我们能不能待在这里喝他为我们买的酒——明白了吧。我们要告诉他，我们没有其他地方喝酒——明白了吧。这样的话，一旦那个房间没人了，我们就可以神不知鬼不觉地溜进去，拿一瓶塞到外套里。我们得多拿点，够我们喝上几天——明白了吗？”

“明白了，”罗斯自己热烈赞成道，“啊，天哪！如果我们愿意，我们随时都可以把它卖给士兵们，只要我们愿意。”

他们沉默了一会儿，愉快地思考着这个主意。接着，基伸手解开值日军官制服外套领口的扣子。

“这儿很热，是吗？”

罗斯热烈地同意了他的观点。

“热得像地狱似的。”

四

她走出更衣室，穿过为了体面起见特意设在更衣室和大厅之间的休息室时，依然怒气未消——她如此生气，倒不是因为事情本身，毕竟那只不过是社交场上的一件最为稀松平常之事，而是因为这件事发生在这个特殊的夜晚。她没有觉得自己失礼。她既保住了尊严，又表现出无法言喻的遗憾，这是她惯有的风格。她果断而巧妙地拒绝了他。

这件事发生在他们的出租车驶离巴尔的摩酒店的时候——还没走出半个街区那么远。他笨拙地抬起右臂——她坐在他的右边——试图用右臂紧紧拥住她披在身上的那件皮毛镶边的红色晚礼服斗篷。这本身就是个错误。对于年轻人而言，用离女士较远的手臂去拥抱一个并不确定是否会默许他这么做的年轻女士是比较得体的必要做法，这样可以避免抬起较近的手臂而造成的尴尬动作。

他的第二个错误是无意间造成的。她在美发店做了一个下午的头发；要是她的发型突然间遭到破坏，想想都令人不快——然而，彼得在做他那个不幸的尝试时，他的胳膊肘偏偏就轻轻地碰了那头发一下。这是他犯下的第二个错误。两个错误就已经足够了。

他开始低声抱怨。听到他的第一声抱怨，她就断定，他只不过是个上大学的小男生而已——伊迪丝二十二岁了，无论如何，战争爆发以来，举办这样的舞会还是第一次，这个舞会越来越让她浮想联翩，让她回想起其他事情——另一场舞会和另一个男人，这个男人让她在忧伤的眼神中恍恍惚惚地度过了青春期。伊迪丝·布拉丁陷入了她和戈登·斯特雷特往日的爱恋回忆中。

她这样思绪联翩地从戴尔莫尼科酒店的更衣室走出来，在门口站了会儿，从面前那个穿着黑西服的背影肩头望过去，看到了那群耶鲁大学生，他们像高贵华丽的黑色飞蛾一样从楼梯上一扫而过。楼道里，许多正值韶华的姑娘们来往穿梭，浑身散发着芳香，这浓郁的芳香从她刚刚离开的房间里一路飘来——这是馥郁的香水和容易脱落却沾满回忆的香粉的味道。芳香缭绕着，和大厅里浓烈的香烟味混合起来，愉快地飘到楼下，弥漫到伽马普赛舞会的舞厅里。这种味道，她很熟悉，是一种让人兴奋、激动、不安的甜蜜味道——是有钱人光顾的舞会的味道。

她想起自己的容貌。她用香粉把裸露的双臂和香肩涂得雪白滑润，她明白，她的双臂和香肩看起来富有弹性。今天晚上，在那些穿着黑色西装的背影中，她一定会被衬托得肤如凝脂，光芒四射。发型做得非常成功：微微泛红的发丝先被拢起，接着压平，然后再烫卷，直到做成冷艳绝俗的流动曲线。她那胭脂红的嘴唇优雅精致；她美目流盼，如瓷器般光洁生辉，虹膜碧蓝透亮，似乎一触即破。她如细柳扶风，娇柔俏丽，是十全十美的人间尤物，从繁复有致的秀发，到纤巧如莲的双足，都款款如水，楚楚动人。

她思考着在今晚这种隆重的场合该怎么讲话，此起彼伏的谈笑声、踏踏的脚步声、楼梯上上下下的情侣们已经把气氛烘托得颇有点不同寻常了。她会使用她已经使用了许多年的语言——这是她的拿手好戏——由当时的流行用语和几个新闻词汇以及大学生俚语组成，是一种浑然一体的、漫不经心的、带点挑逗性的、优雅而伤感的表达方式。听到坐在她旁边楼梯上的一个女孩说："你什么都不懂，亲爱的！"她莞尔一笑。

她的怒气因为微笑而暂时消退了，她闭上眼睛，心情愉悦地深吸一口气。她将胳膊放到身体两侧，隐隐约约地触到了她那曲线优美、光滑时尚的紧身衣服。她从来没有像现在这样觉得自己是如此的娇柔可人，也从来没有像现在这样如此愉悦地欣赏着自己雪白的手臂。

"我身上散发着甜蜜的香味。"她不由自主地自言自语，接着，脑海里又冒出了一个念头，"我是为爱情而生的。"

她喜欢这句话，就又想了一遍；接着，戈登便出现在最近使她心烦意乱的梦中，萦绕不去。两个月前，她就在愁肠百结的想象中明白，她的心中有一个再明白不过的渴望：她想和他再见一面。而此时此刻，似乎正是这个渴望引领着她，让她选择在这个时候，来参加这个舞会。

尽管伊迪丝有着超凡脱俗的美貌，然而，她表情严肃，思想沉稳。和她哥哥一样，她也天生热爱思考，天生具有变成社会主义者与和平主义者的青春理想。亨利·布拉丁曾经是康奈尔大学的经济学老师，现在他离开了这所大学来到纽约，为一家激进的周报撰写专栏文章，要为无可挽救的社会弊病提供最新的整治良方。

伊迪丝可是一点都不蠢，她非常乐于救治戈登·斯特雷特。戈登天性软弱，她想为他诊治；他无能又无助，她想保护他。她想要一个相识已久且对她爱慕已久的人。她有点厌倦了；她想结婚了。凭着一堆情书、五六张照片、照片里隐藏的五六个回忆，加上她目前的厌倦情绪，她便决定，下次见到戈登，他们的关系就会发生变化。她会说点什么来促成这种变化。就看今天晚上了，今天晚上是属于她的，每天晚上都是属于她的。

接着，她的思绪被一个表情凝重的在校大学生打断了，他似乎受到了伤害，拘谨地来到她面前，向她深鞠一躬。这个人就是陪着她来的彼得·希梅尔。他个子很高，很滑稽，戴着一副角质框架眼镜，一副异想天开的样子。她突然非常讨厌他——可能是因为那个不成功的接吻。

"哦，"她说，"你还在生我的气吗？"

"我压根没生气。"

她走过去拉拉他的胳膊。

"很抱歉，"她轻声说，"我不知道我刚才为什么会以那样的方式突然躲开。今天晚上，我的心情很糟糕，原因很奇怪。对不起。"

"没关系，"他含糊地说，"不必放在心上。"

他觉得很别扭，很不开心。对于他刚才的这个失败之举，她要一直不厌其烦地啰唆下去吗？

"这是个误会，"她有意用同样的温柔口吻继续说，"我们俩都忘了它吧。"听到这句话，他开始恨她。

几分钟后，他们朝舞池滑过去。这时，十二个特地请来的爵士乐队的乐手摇摆着、叹息着，向拥挤的舞厅传递着消息，"要是不理会我和萨克斯，你们还成双成对的干吗！"

一个留着胡子的人插进来。

"嗨，"他嗔怪道，"不记得我了吧。"

"我只是想不起你的名字了，"她轻松地说，"可是，我清清楚楚地记得你呢。"

"我遇见你的时候，是在——"真是令人伤心，他的声音越来越小，最后干脆听不见了，因为一个满头金发的漂亮男生插了进来。伊迪丝礼节性地轻声对那个陌生人说："非常感谢，这会儿有人——等会儿再来和我跳啊。"

金发男生执着而热烈地同她握手。她记得他叫吉姆，可她认识无数个吉姆——他姓什么，鬼才知道。她甚至记得他跳舞的节奏很奇怪，等他们跳起来的时候，她发现的确如此。

"准备在这儿待很久吗？"他亲密地小声说。

她向后收了下身体，仰起头看着他。

"两个礼拜。"

"你住在哪里？"

"巴尔的摩酒店。有空给我打电话。"

"一定，"他向她保证，"我一定会打。到时候我们一起去喝茶。"

"一定——去喝茶。"

一个皮肤黝黑的人十分讲究礼节地插了进来。

"不记得我了，是吗？"他郑重其事地问道。

"我觉得我记得你。你叫哈伦。"

"不对，是巴洛。"

"哦，我知道，反正你的名字是两个音节。你在霍华德·马歇尔家举办的聚会上演奏过尤克里里，很精彩。"

"我演奏过——不过不是——"

一个龅牙男插了进来。伊迪丝闻见一股淡淡的威士忌味道。她喜欢男人们喝点酒；这样他们就会更加兴奋，更加乐于评价和善于恭维——交谈起来就会更容易。

"我叫迪恩，菲利普·迪恩，"他愉快地说，"你不记得我了，我知道，不过，你过去常和戈登·斯特雷特到纽黑文来，我们俩大四那年同住一个房间。"

伊迪丝赶忙抬头看了看。

"是的，我和他一起去过两次——去参加软鞋和便鞋舞会，以及大学三年级舞会。"

"你一定看见他了吧，"迪恩不经意地说，"他今晚也来了，我刚才还看见他了。”

伊迪丝吃了一惊。可是，她明明已经预感到他会来的。

“哦，不，我还没有——”

一个红头发的胖子插了进来。

“嗨，伊迪丝。”他说道。

“哦——嗨，是你呀——”

她跳错了一步，被轻轻地绊了一下。

“对不起，亲爱的。”她机械地小声说。

她刚才是看到戈登了——戈登脸色苍白，沮丧地靠在门框上，一边吸烟，一边朝舞厅里看。伊迪丝看得出来，他的脸消瘦了——他那只夹着烟放在嘴边的手在颤抖。他们现在快跳到他身边了。

“——他们请来这么多讨厌、多余的家伙，你——”这个小个子男人说。

“嗨，戈登。”伊迪丝隔着舞伴的肩膀叫道。她的心在狂跳。

他那黑色的大眼睛盯着她，朝她迈出了一步。她的舞伴松开手——她听到他在嘀嘀咕咕地发牢骚——

“——可是，没有舞伴的人大都是抽会儿烟，然后就离开了，因此——”接着，她的身边传来一个低沉的声音。

“请您跳支舞，好吗？”

她突然就和戈登跳起来了；他用一只胳膊搂着她；她感觉到他的胳膊时不时地收紧一下；感觉到她背上那只手的手指张开着。她那只拿着蕾丝手帕的手被他攥在手心里，快被捏碎了。

“哦，戈登。”她开始娇喘起来。

“嗨，伊迪丝。”

她又跳错了——为了恢复舞步的节奏，她被猛地向前拉了一下，她的脸碰到了他那黑色的晚礼服上。她爱他——她知道她爱他——接着是一阵沉默，她的心头突然袭来一种奇怪和不安的感觉。有什么地方不对劲儿。

当明白过来是怎么回事时，她的心突然揪了起来，翻江倒海的不是滋味。他一副可怜相，悲悲戚戚的，有点醉了，还疲惫不堪。

“哦——”她不由自主地叫了一声。

他低头看着她，她突然看到他的眼中布满血丝，眼珠不听使唤地转动着。

“戈登，”她轻声叫道，“我们坐会儿吧，我想坐会儿。”

他们几乎在舞池正中央，她看见两个人正从左右两个方向朝她走过来，因此，她收起舞步，抓住戈登无力的手，领着他磕磕碰碰地穿过人群。她的嘴巴紧紧地闭着，涂着香粉的脸有点苍白，眼里蓄满颤颤欲滴的泪水。

她在铺有柔软地毯的楼梯上找了一处比较高的地方，他一屁股坐到她身边。

“哦，”他的目光游移不定地看着她，说道，“很高兴见到你，伊迪丝。”

她看着他，没有作答。他的这副德行对她的打击是难以估量的。几年来，喝醉的人她见得多了，从父辈们一直到司机，她要么感到好玩，要么感到厌恶，而此时此刻，她第一次产生了一种新的感受——一种无法言喻的恐惧。

“戈登，”她责怪地说，几乎要哭出来了，“你看起来像个魔鬼。”

他点点头。“我遇到麻烦了，伊迪丝。”

“麻烦？”

“各种各样的麻烦。你不会告诉我的家人吧，我可是彻底崩溃了。我简直是一团糟，伊迪丝。”

他的下嘴唇耷拉着——几乎不看她。

“你能不能——你能不能，”她犹豫着说，“你能不能给我讲讲是怎么回事，戈登？你知道我一直都很喜欢你。”

她咬着嘴唇——她本来打算把话说得狠一点，但是最终发现她说不出口。

戈登呆滞地摇摇头。“我不能对你说，你是个好女人。我不能对好女人说这种事。”

“废话，”她反感地说，“我想，你以这种态度无论称谁是好女人，都是对她彻头彻尾的侮辱，是在抽人的脸。你一直都在喝酒吧，戈登。”

“谢谢。”他严肃地垂下头，“谢谢你给我说这些。”

“你为什么喝酒？”

“因为我太痛苦。”

“你觉得喝酒能减轻痛苦吗？”

“你在做什么——想改变我吗？”

“不，我想帮你，戈登。能不能给我讲讲是怎么回事？”

“我的处境糟透了。你最好装作不认识我。”

“为什么，戈登？”

“我为插进来和你跳舞表示道歉——这对你不公平。你是个纯洁的女人——反正是那种好女人。好了,我这就另外找人和你跳舞。”

他笨拙地站起来，但她伸手把他拉下来，坐在她身旁的楼梯上。

“好了,戈登。你简直荒唐。你在伤害我。你的言谈举止简直像——像个疯子——”

“我承认。我有点疯了。我出问题了，伊迪丝。有些东西一去不复返了，这没什么关系。”

“有关系，告诉我吧。”

“是这样的。我一直都古里古怪的——和别的男孩子有点儿不一样。上大学的时候一切都正常,但是现在什么都不对了。四个月了，一直有什么东西像挂衣服的钩子一样在撕扯我的心，要是再有几个钩子，我就彻底完了。我正在慢慢地发疯。”

他把全部的目光都集中到她的身上,并开始大笑起来,她畏缩了，离他远了点。

“到底是怎么了？”

“这就是我，”他重复着说，“我要发疯了。对我来说，这里的一切都像一场梦——这家戴尔莫尼科酒店——”

他的话让她明白，他已经完全变了，他一点也不阳光，不快乐，不无忧无虑了——他完全是一副半死不活、失魂落魄的样子。她感到一阵恶心，继而感到一阵轻微的、令人吃惊的厌烦。他的声音似乎来自浩瀚的太空。

“伊迪丝，”他说，“我过去常常觉得自己很聪明，很有天赋，是个艺术家。现在，我知道我什么都不是。我不能画画了，伊迪丝。我不知道为什么要告诉你这些。”

她茫然地点点头。

“我不能画画，无所事事，穷得像教堂里的老鼠。”他痛苦地狂笑起来，“我变成了一个该死的乞丐，一个吸朋友血的蚂蟥。我是个失败者，穷得像鬼一样。”

她的厌恶之情增加了，这一次，她连头都懒得点了，准备随时找个借口抽身离去。

突然，戈登的眼睛里满是泪水。

“伊迪丝，”他看着她说，他显然在极力控制自己的情绪，“我无法告诉你，知道还有人喜欢我对我意味着什么。”

他伸出手拍拍她的手，她不由自主地将手缩了回去。

“你真是太好了。”他反反复复地说。

“哦，”她看着他的眼睛缓缓地说，“任何人见到老朋友都会很高兴的——但是，看到你这样，我很遗憾，戈登。”

他们对视着，沉默着，他眼中那短暂的热情游弋不定。她站起来，面无表情地看着他。

“我们去跳舞吧？”她冷漠地说。

爱情是易碎的——她想——不过，碎片也许能保存下来，它是逗留在唇间的亲吻，也可能是动听的情话。新的情话和准备好的温柔，就好好珍藏起来，留给下一位情人吧。

五

护送可爱的伊迪丝来参加舞会的彼得·希梅尔非常不习惯被拒绝；而被人拒绝后，他便觉得很受伤，很尴尬，觉得羞辱难当。两个月以来，他和伊迪丝·布拉丁一直都通过特快专递的方式保持着友好关系，他知道通特快专递的信件的一个借口和解释就是此举具有交流情感的价值。他曾经对自己信心十足，认为自己的地位牢不可破。然而她却对一个简单的接吻采取了那样的态度，他苦苦地思索着每一个可能的原因，却都是白费力气。

因此，当被一个留着胡子的男人插进来取而代之的时候，他便走出舞厅，来到前厅里，想了一句话，自言自语地重复了好几遍，经过大刀阔斧地删减，变成下面的定稿：

“哦，如果一个女孩引诱一个男人，然后又让他受到沉重的打击，她就是这么干的——那么，如果我出去美美地喝上几杯，她也绝对不会来烦我。”

因此，他穿过餐厅，走进与餐厅相连的一个小房间，那天晚上早些时候他就待在那里。房间里有几大碗潘趣酒，旁边摆着很多酒瓶。他就在摆着酒瓶的桌子旁坐下来。

喝完第二杯掺有冰水的威士忌，什么无聊、厌烦、时间的单调乏味、事件的剪不断理还乱，统统陷入模糊的背景里，渐渐远去。他的思绪变成一张闪闪发光的蛛网，这里的一切都已经自行达成妥协，悄无声息地睡去了；一天的麻烦也已经自觉地排成井然有序的队伍，按照他要立即把它们驱除出脑海的愿望，一齐退场，消失不见了。烦恼遁形后，他便进入精彩迷人的象征性的想象里。伊迪丝是个水性杨花、无足轻重的女孩，不值得为她牵肠挂肚；他宁愿对她嗤之以鼻。她是一个存在于他梦中的人物，与他周围那个肤浅的世界融为一体，而他自己却是一个可以触摸的具体符号，是凡间的酒神，是游戏人生的出色的追梦人。

接着，象征性意识渐渐消失，喝完第三杯威士忌，他的想象变成一团灼热的红光，他陷入迷离状态，仿佛仰面躺在水上，快乐地随波逐流。就在这时，他注意到身边的绿呢门被推开了大约两英寸，一双眼睛隔着门缝正紧紧地盯着他。

“呃。”彼得平静地咕哝了一声。

绿呢门关上了——接着又打开了——这次只打开了半英寸。

“躲猫猫呢。”彼得含含糊糊地说。

门不动了。接着，他意识到有人在断断续续地悄声说话。

“一个人。”

“他在做什么？”

“坐那儿傻看哩。”

“他最好滚蛋，我们还得再拿一小瓶。”

彼得仔细听着，这些话缓缓地渗入他的意识。

“哦，这，”他想，“这真是再好不过了。”

他非常兴奋，简直欢欣鼓舞。他觉得碰到了一桩奇事。他站起来，装作若无其事的样子，绕着桌子转圈——接着，突然转身，拉开绿呢门，害得江洋大盗罗斯猛地栽进房间。

彼得鞠了一躬。

“你好！”他说。

江洋大盗罗斯一脚在前，一脚在后，前脚轻轻点地，摆出随时准备战斗、逃跑或者妥协的姿势。

“你好！”彼得客气地又问候了一声。

“我很好。”

“能请您喝杯酒吗？”

江洋大盗罗斯打量着他，怀疑他可能是在讽刺自己。

“当然。”他终于说。

彼得指着一把椅子示意他坐下。

“坐下吧。”

“我有个朋友，”罗斯说，“我有个朋友在那里。”他指了指绿呢门。“我们一定要让他进来。”

彼得走过去，打开门，热情地把满腹狐疑、惶惶不安、充满罪恶感的江洋大盗基叫了进来。他们三人各自找了把椅子，围着巨大的潘趣酒碗坐下来。彼得给他们每人倒了一杯威士忌，又从烟盒里抽出两根香烟递给他们。他们两人心虚地接受了。

“现在，”彼得轻松地接着说，“我是否可以问问两位绅士，你们为什么宁愿待在一间据我目测里面装满清洁刷的房间里来打发时光呢？当人类已经进化到除礼拜日外的每一天都能生产出一万七千把椅子的时候——”他顿了顿。罗斯和基茫然地望着他。“你们能否告诉我，”彼得接着说，“你们为什么宁愿坐在本来是用来把水从一个地方送到另一个地方的工具上？”

这时，罗斯哼唧了一声算是做了回答。

“最后，”彼得总结性地说，“你们能否告诉我，你们走进一幢挂着枝形灯架的漂亮大楼，却为什么宁愿待在一盏毫无生气的电灯下面打发良宵？”

罗斯看看基，基看看罗斯。他们笑起来，放声大笑起来；他们发现，他们这样面对面看着对方，不发出笑声是不可能的。不过，他们并不是和这个人一起笑的——他们在嘲笑他。对他们而言，一个人以这种方式说话，要么已经酩酊大醉，要么就是个癫狂病人。

“你们是耶鲁大学的，我想。”彼得说，他喝光了杯子里的威士忌，准备再喝一杯。

他们又笑起来。

“不是的。”

“哦？我本来想说，也许你们是耶鲁大学的二级学院谢菲尔德科技学院的。”

“不是的。”

“哎，那么，这就不好玩了。你们肯定是哈佛大学的，隐姓埋名，急着来到这个——这个蓝紫色的天堂，就像报上所说的。”

“不是的，”基嘲弄地说，“我们只是在等人。”

“啊，”彼得吃惊地说，他站起来，为他们斟上酒，“有意思。和某个清洁女工有约会，呃？”

他们两人愤怒地予以否认。

“这没什么，”彼得打消他们的顾虑，“不用觉得丢脸。清洁女工和世上任何一个女子一样好。吉卜林说：‘任何一个女子的心灵都能和朱迪·欧格雷迪相媲美。’”

“没错。”基说着，下流地朝罗斯递了个眼神。

“就拿我的情况来说吧，”彼得喝完一杯酒，接着说，“我带了个女孩过来，她娇惯成性，在我见过的女孩当中，她是被宠得最不像样的该死的一个。她拒绝和我接吻；没有任何理由。她故意引诱我，让我觉得很想吻她，然后，扑通一声！把我甩了！年轻一代到底会变成什么样子？”

“哎，真不幸，”基说，“真是太不幸了。”

“哦，天哪！”罗斯说。

“再来一杯？”彼得说。

“刚才我们准备去打架，”基沉默了一会儿说，“可是，路太远了。”

“打架？——和那种人！”彼得说着，他摇摇晃晃地坐下来，“把他们全打趴下！我也当过兵。”

“是和一个思想激进的家伙打架。”

“就是那种人！”彼得热情地大叫，“我说的就是他们！宰了他们！消灭他们！”

“我们是美国人。”罗斯说，这句话暗示他们是顽强、勇敢的爱国者。

“当然，”彼得说，“世界上最伟大的民族！我们都是美国人！再干一杯。”

他们又干了一杯。

六

一点钟，一个特别的乐队来到戴尔莫尼科酒店，尽管这一天请来了很多特别的乐队，它也依然很特别。乐手们骄傲地围着钢琴坐着，承担起为伽马普赛兄弟会奏乐的责任。他们由一位赫赫有名的长笛演奏家带队。这位长笛演奏家有一手绝活：他吹长笛的时候，用头倒立着，一边用肩膀表演希米舞，一边吹出最近流行的爵士乐。他的表演因此在纽约同行中出类拔萃。他表演的时候，其他灯全部关掉，只有一盏聚光灯照着这位长笛演奏家，还有一束摇曳的灯光打着闪烁跳动的光影，变换着万花筒般丰富的色彩，照着跳舞的人们。

伊迪丝跳舞时有个习惯，她会一直跳到精疲力竭，进入如梦似幻的境界，这个境界只有初涉社交界的名媛们才能达到，就好比一个尊贵的人喝完几杯威士忌后脸上泛起红光的那种状态。她的思绪随着心中的音乐幽幽地流淌；在色彩变换、摇曳不定的幽暗中，她的舞伴仿佛幻影般不断变换。她恍恍惚惚地觉得，从舞会开始到现在，仿佛已经过去好几天了。她和很多人谈了很多无关紧要的话题。有一个人吻她，有六个人向她求爱。这天晚上早些时候，不同的大学在校生和她跳过舞，但是现在，她和舞会上所有比较受欢迎的女孩一样，拥有自己的追随者——也就是说，有五六个风流倜傥的青年才俊选中她，或者，在她和其他被选中的美人之间周旋。他们每隔一会儿就必然会插进来和她跳舞，形成无限的循环。

有几次她看到了戈登——他久久地坐在楼梯上，用手捂着头，两眼呆滞地盯着前面地面上无数个小黑点，看上去非常消沉，而且醉醺醺的——然而，伊迪丝每次都急忙移开目光。一切都似乎是很久以前的事了；现在，她的大脑已经不会思考，感觉已经被催眠，恍然如梦；只有她的脚在跳着，她的声音在半梦半醒中说着煽情的玩笑话。

然而，当彼得·希梅尔一摇一晃、快快活活、醉态十足地插进来和伊迪丝跳舞时，她还不至于疲倦到无法表达理所当然的愤怒。她倒抽一口气，抬头看着他。

“喂，彼得！”

“我有点醉了，伊迪丝。”

“喂，彼得，你是个好人，你可真的是个好人！你不觉得这个时候来和我跳舞——是很不愉快的吗？”

接着她勉强地笑了笑，因为他一脸伤感，严肃地看着她，接着又痉挛般地傻笑起来。

“亲爱的伊迪丝，”他热情地说，“我爱你，你知道的，是吗？”

“你说得很清楚。”

“我爱你——而且，我只想让你吻我一下。”他伤心地补充道。

他的尴尬和羞耻心都消失了。她是世界上最漂亮的女孩，她长着最漂亮的眼睛，像天上的星星。他想道歉——第一，是因为他要吻她；第二，是因为他喝醉了——不过，他之前还那么沮丧，因为他以为她会对他大发雷霆——

一个红头发的胖男人插进来，他抬头看着伊迪丝，满面红光地微笑着。

“你带舞伴了吗？”她问道。

没有。这个红头发的胖男人没带舞伴。

“哦，你是否介意——如果今晚麻烦您送我回去——是不是很不方便？”（这种极度的羞怯实际上是伊迪丝故意释放出的甜蜜信号——她知道，这个红头发的胖男人会立刻融化在这突如其来的幸福中。）

“不方便？哦，我的上帝，我非常非常乐意效劳！您知道的，我非常非常乐意效劳。”

“万分感谢！您真是太贴心了！”

她看看手表，一点半了。而且，当她自言自语地说着“一点半了”的时候，模模糊糊地想起，吃午饭时哥哥曾经对她说过，他每天晚上都在报社的办公室里工作到一点半以后。

伊迪丝突然将目光转向面前的舞伴。

“戴尔莫尼科酒店到底在哪条大街上？”

“大街？哦，哦，当然是在，第五大街。”

“我的意思是，它在哪个十字街口？”

“哦——让我想想——是第五大街和第五十四大街的交叉口。”

这证实了她的想法。亨利的办公室一定在第五十四大街的对面，而且就在街角。她突然觉得，她可以溜出去一会儿，给他来个惊喜。一个光彩熠熠的仙女身披崭新的红色晚礼服斗篷，翩然而至，他一定会“喜出望外”。这正是伊迪丝乐此不疲的事情——不合传统却快乐无比的事情。这个想法跑出来，抓住她的想象——她犹豫片刻，便下定了决心。

“我的头发几乎全部要散下来了，”她愉快地对舞伴说，“我去整理一下，你不介意吧？”

“一点也不介意。”

“您真好！”

几分钟后，她披着红色的晚礼服斗篷从侧门的楼梯上轻快地飞奔下来，她的双颊因为这小小的冒险而闪着兴奋的光芒。她从站在门口的两个人身边跑过去——一个没有下巴的侍者和一个浓妆艳抹的年轻女子，他们在激烈地争吵——她打开外面的大门，步入五一节温暖的夜色里。

七

那个浓妆艳抹的年轻女子用仇恨的目光迅速扫了一眼她的背影——然后又看着那个没有下巴的侍者，继续争吵。

“你最好上去，告诉他我在这里，”她威胁着说，“否则，我就亲自上去。”

“不，你不能上去！”乔治厉声说道。

女子轻蔑地笑起来。

“啊，我不能上去，我不能上去吗？好吧，我告诉你吧，我认识的大学生比你一辈子见到的都多，他们都认识我，而且很愿意带我去参加舞会。”

“也许如此——”

“也许如此，”她打断他的话，“哦，她们随便哪个人，就像刚才跑出去的那个，都可以进去——天知道她跑哪儿了——他们受到邀请，可以随心所欲地进进出出——可是，我只是想见一个朋友，他们就派来一个给人送火腿和面包圈的寒碜的侍者，站在这里，把我挡在门外。”

“你瞧，”基的哥哥生气地说，“我不能丢掉工作，你说的这个人可能不想见你。”

“哦，放心吧，他想见我。”

“就算是这样，那么多人，我怎么去找他？”

“哦，他一定在那儿，”她信心满满地宣称，“你只要随便找个人问问戈登·斯特雷特在哪儿，他们就会帮你指出来。他们那些人都互相认识。”

她拿出网格袋，掏出一块钱递给乔治。

“给你，”她说，“贿赂贿赂你。你去找他，把我的话捎给他。告诉他，如果五分钟之内他不来见我，我就上去找他。”

乔治悲观地摇摇头，关于这个问题他又想了一会儿，依然摇摆不定，然后还是走开了。

还不到最后通牒的时间，戈登就下楼来了。他比那天晚上早些时候醉得更厉害，像是换了个人。酒精似乎在他身上装了一层盔甲，把他变得僵硬笨拙。他步履沉重，一摇三晃 —— 几乎语不连贯。

“嗨，朱沃尔，”他舌头僵硬地说，“我没有耽搁就来了。朱沃尔，我没有借到钱，我尽力了。”

“根本不是钱的事！”她抢过话头，“我都有十天没见到你了，怎么回事啊？”

他动作迟缓地摇摇头。

“情绪低落，朱沃尔，一直病着。”

“如果你病了，为什么不告诉我。我没那么在乎钱。是你不在乎我，我才开始找你的麻烦。”

他又摇摇头。

“没有不在乎你。根本没有。”

“没有！你都三个礼拜没到我这儿了，除非你一直都醉得根本不知道自己在做什么。”

“一直病着，朱沃尔。”他重复着刚才的话，疲惫地将眼光转向她。

“你好得很呢，你能来这里，还能和你那些社交场上的朋友玩得很快活。你对我说，你会约我一起吃晚饭，说你会给我钱。可你甚至不愿费心打个电话。”

“我一点钱都没借到。”

“我刚才不是说过没钱没关系吗？我想见你，戈登，可是，你似乎更喜欢去见你的别的什么人。”

他极为反感地否认了这个说法。

“那么拿上帽子，一起走吧。”她提议。

戈登犹豫不决 —— 她突然凑上去，抱住他的脖子。

“跟我一起走吧，戈登，”她几乎是在对着他的耳朵说话，“我们去迪万纳利斯酒店喝一杯，然后我们可以到我的公寓去。”

“我不能去，朱沃尔 ——”

“你可以去。”她热情地说。

“我病得像狗一样！”

“那么，好吧，你不该待在这里跳舞了。”

戈登朝周围看了看，他如释重负又伤心绝望，依然犹豫不决。于是，她猛地将他拉入怀中，用柔软湿润的嘴唇亲吻他。

“好吧，”他沉闷地说，“我去拿帽子。”

八

当伊迪丝从舞厅出来，走进五一节澄澈的蓝色夜空下时，她发现这条街上已经没人了。大商店的橱窗都黑漆漆的；门外拉上了巨大的铁制防盗门，在午夜的星辉下仿佛阴森森的坟墓。她顺着第四十二大街的方向看了一眼，看到通宵营业的饭店亮着朦胧的灯光。在第六大街的高架轨道上，一列火车发出刺目的光，从火车站出发，在发着微光的两排互相平行的路灯间，呼啸着穿过街道，风驰电掣般地消失在清新的黑夜中。但是，第四十四大街上却静悄悄的。

伊迪丝拉紧斗篷裹住身体，在这条街上奔跑。一个孤独的男人从她身边经过，用沙哑的声音悄声问道：“宝贝儿，去哪儿？”她吓了一跳。她想起小时候的一个夜晚，她穿着睡衣在街区周围逛着玩儿，一只狗从一个神秘大院的后院里蹿出来朝她汪汪乱叫。

不一会儿她就到了目的地，四十四大街上的一幢比较破旧的两层小楼。谢天谢地，她看到楼上的窗户里有一缕微弱的灯光，照在外面的光线足以让她辨认出挂在窗户旁的招牌——“纽约号角”。她走进黑漆漆的过道，过了一会儿，看到了角落里的楼梯。

然后，她走进一个狭长、低矮的房间，里面有很多桌子，每面墙上都挂着存档的报纸。里面只有两个人，分别坐在房间的两头，都戴着绿色眼罩，在孤独的台灯下写作。

她犹豫不决地在门口站了会儿，然后，两个男人不约而同地转过身，她认出了哥哥。

“喂，伊迪丝！”他马上站起来，吃惊地走到她身边，摘掉眼罩。他又瘦又高，皮肤黝黑，厚厚的眼镜下面一双黑色的眼睛十分敏锐。

他眼神恍惚，好像总是越过和他说话的人看着远方似的。

他拉着她的胳膊，亲吻她的面颊。

“怎么了？”他有些担心地重复着这句话。

“我在对面的戴尔莫尼科酒店跳舞，亨利，”她兴奋地说，“我很想你，就情不自禁地跑来了。”

“你来这儿，我很高兴。”他不再担心，马上恢复到他惯有的恍惚状态，“不过，你不应该深更半夜独自出门，知道吗？”

房间另一头的那个人一直好奇地看着他们，但是，看到亨利示意他过来的手势，他就走过来。他很胖，肌肉松弛，两只小眼睛闪着亮光。他已经把领子和领带都取了下来，给人的印象仿佛是礼拜日下午中西部的一个农夫。

“这是我妹妹，”亨利说，“她来看我。”

“你好！”胖男人笑着说，“我是巴塞罗缪，布拉丁小姐。我知道，你哥哥早把我的名字忘记了。”

伊迪丝客气地笑了笑。

“哦，”他接着说，“我们这里不怎么豪华，是吗？”

伊迪丝环顾了一下房间。

“看上去很不错，”她回答说，“你们把炸弹放在哪里？”

“炸弹？”巴塞罗缪笑着重复说，“妙哉，妙哉——炸弹。你听见她说的话了吗，亨利？她想知道我们把炸弹放在哪里。嗯，妙哉，妙哉。”

伊迪丝一屁股坐到一张空桌子上，两只脚在桌边晃荡着。她哥哥坐在她的旁边。

“哦，”他心不在焉地问道，“你这次的纽约之行怎么样？”

“不错呀。我还要和俏皮鬼们一起待在巴尔的摩酒店，一直到礼拜日。你明天能来吃午饭吗？”

他想了一会儿。

“我很忙，”他拒绝道，“我不喜欢被围在女人堆里。”

“好了，”她平静地同意了，“就我和你一起吃午饭吧。”

“很好。”

"十二点我来叫你。"

巴塞罗缪显然急于回到他的书桌旁，然而他显然认为，如果不做个愉快的告别，是很不礼貌的。

"哦。"他窘迫地说。

他们两人都扭过头看着他。

"哦，我们——我们今天晚上早些时候度过了一段激动人心的时光。"

两个男人交换了个眼神。

"你应该早点儿来，"巴塞罗缪继续说，他有点受到了鼓舞，"我们这儿可有定期表演的杂耍节目。"

"真的吗？"

"是一首小夜曲，"亨利说，"许多士兵围在街上，朝着这块招牌叫嚷。"

"为什么？"她问道。

"只是一群人而已，"亨利心不在焉地说，"人们聚到一起总会吵吵嚷嚷。他们没有人主动挑头闹事，否则的话，他们可能会硬闯进来搞破坏。"

"是呀。"巴塞罗缪附和着说。他又转身对伊迪丝说："你当时应该在这儿。"

他似乎认为，说完这句话就足以使他全身而退了，因为他突然转身，回到他的桌子边去了。

"所有士兵都反对社会主义者吗？"伊迪丝问哥哥，"我的意思是，他们会猛烈攻击你们吗？或者会发生类似的情况吗？"

亨利戴上眼罩，打了个哈欠。

"人类已经走过了漫漫长路，"他漫不经心地说，"但是大多数人都在大踏步地后退；士兵们不知道他们想要什么。或者说，他们不知道恨什么，爱什么。他们常常集体行动，似乎一定要去示威游行。他们反对我们只是临时起意。今天晚上到处都有骚乱。今天是五一节，你明白吧。"

"这场骚乱很严重吗？"

"一点都不，"他轻蔑地说，"大概九点钟的时候，他们大概有二十五个人站在街上，对着月亮大喊大叫。"

"哦——"她转变了话题，"见到我你高兴吗，亨利？"

"哦，当然。"

"你看起来像是不高兴。"

"我高兴着呢。"

"我想，在你的心目中，我是——虚度光阴的人，是那种世界上最糟糕的花蝴蝶。"

亨利笑起来。

"才不是呢。趁年轻，好好玩吧。你为什么这么说呢？我看上去是那种自命清高、一本正经的青年吗？"

"不——"她停顿了一下，"只是，不管怎样，我参加的那个舞会——和你们的目标——有着天壤之别。似乎有点——有点不和谐，是吗？——我跳舞，你却在这儿为了某种事业而工作，如果你的理想能够实现，那种舞会就会不复存在了。"

"我可不那么认为。你还年轻，你从小接受的教育就是要你这么做的。继续玩吧——好好享受快乐时光。"

她那一直悠然摆动的双脚停了下来，她压低嗓门说：

"我希望你——回到哈里斯堡，快快乐乐地过日子。你确定你走的是正路吗——"

"你的长筒袜真漂亮，"他打断她的话，"它们到底是怎么做成的？"

"是刺绣绣出来的，"她朝下看看，回答道，"是不是很精美？"她撩起裙摆，露出了被真丝长筒袜裹住的纤细的小腿肚，"或者，你不喜欢真丝袜？"

他看上去有点生气，黑色的眼睛敏锐地盯着她。

"你是想证明我无论如何都会责怪你的，是吧，伊迪丝？"

"根本不是——"

她打住话头不说了。巴塞罗缪咕哝了一声。她扭过头，看见他离开桌子，站在窗户边。

"怎么了？"亨利问道。

“人。”巴塞罗缪说道。过了片刻，他又说道：“到处都是人。他们正从第六大街赶过来。”

“人？”

胖男人使劲把鼻子贴在窗玻璃上。

“是士兵，上帝！”他加重语气叫道，“我就知道他们会杀个回马枪的。”

伊迪丝跳起来，也跑到巴塞罗缪身旁，站在窗户边。

“他们人好多！”她激动地大叫起来，“快来看，亨利！”

亨利调整了一下眼罩，却依然坐在那里。

“我们是不是最好把灯关掉？”巴塞罗缪提议道。

“不用。他们马上就会离开的。”

“他们不会离开的，”伊迪丝看着窗户外面说，“他们压根没想过要离开。来的人越来越多了。看——整整一大群人正转过第六大街的拐角，朝这边涌过来了。”

通过昏黄的街灯和灯光投射过来的蓝色人影，她能够看见人行道上挤满了人，大多数人都穿着军装，一些清醒，一些酩酊大醉，人群上空飘荡着时断时续的喧嚣声和叫嚷声。

亨利站起来，走到窗户边，办公室的灯光立刻映照出他那修长的身影。叫喊声立刻变为持续不断的呐喊，密密麻麻的小东西如香烟嘴、香烟盒，甚至硬币等砰砰嚓嚓地一齐投到窗户上。现在，折叠门已经被打开了，叫嚷声已经传到楼梯顶了。

“他们上来了！”巴塞罗缪大叫道。

伊迪丝心急如焚地扭头看着亨利。

“他们上来了，亨利。”

他们的喊叫声在楼下低矮的过道里清晰可闻。

“——该死的家伙！”

“亲德分子！为德国鬼子帮腔的坏蛋！”

“二楼，往上走！快点！”

“我们要抓住那些孙子——”

接下来的五分钟像是一场噩梦。伊迪丝意识到，喧哗声像一阵雨似的突然浇到他们三个人的头上，楼梯上传来雷霆般的脚步声。亨利抓住她的胳膊，把她拉到办公室的后面。接着，门开了，人们蜂拥而至，冲进房间——他们不是领头的人，只是碰巧走在前面的那些人。

“喂，德国佬！”

“来不及逃跑了，对吗？”

“你，还有你的情妇，该死的，你们！”

她看见两个醉汉被人推到最前面，他们愚蠢地摇摇晃晃——其中一个又矮又黑；另一个是高个子，没有下巴。

亨利向前走了一步，扬起手。

“朋友们！”他说。

喧嚣声暂时平静下来，时不时有人小声咕哝几声。

“朋友们！”他又喊了一遍，他那恍惚的眼神越过人们的头顶，看着远方，“今晚，你们闯到这里，只会伤害到你们自己。我们看上去像富人吗？我们看上去像德国人吗？总之，请你们公平——”

“闭嘴！”

“我说，你安静点！”

“说，谁是你的女朋友，伙计？”

一个身穿便装的人一直在翻桌子，他突然举起一张报纸。

“找到了！”他大声叫道，“他们希望德国人打胜仗。”

又一拨人从楼梯上涌过来，他们冲进屋子，突然之间，房间里挤满了人，他们都紧紧地围着屋子后边脸色苍白的几个人。伊迪丝看见那个没有下巴的高个子士兵依然在最前面，那个又矮又黑的士兵已经看不见了。

她稍微向后挤了挤，站在开着的窗户边，黑夜的风将一股凉爽清新的空气从窗口吹进来。

接着，屋子里骚动起来。她发现士兵们潮水般地向前涌，她瞥见那个胖男人把椅子举到头顶挥舞着——灯突然灭了，她能感觉到粗布衣服里面的温暖身体在推挤着她，她的耳朵里充满了叫喊声、践踏声和呼吸声。

一个不知从哪冒出来的人影从她身边一闪，被踉踉跄跄地挤到一边，突然无助地摔出窗口，不见了。他那惊恐万状、断断续续的惨叫声渐渐淹没在人们的喧嚣声中。借着后面那幢大楼微弱的灯光，伊迪丝立即判断出，那个人就是那个没有下巴的高个子士兵。

她的内心突然燃起一团怒火，她拼命地挥着胳膊，盲目地向人数最多、打成一片的那群人挤过去。她听到抱怨声、咒骂声和打在人身上的拳头声。

“亨利！”她疯狂地叫道，“亨利！”

接着，几分钟后，她突然感到屋子里还有几个人。她听到一个声音，一个深沉、霸道、权威的声音；她看到黄色的光束在吵闹的人群中乱照一通。叫声越来越疏落，扭打越来越剧烈，然后停息了。

灯突然亮了，屋子里全是警察，他们用警棍左右出击。那个深沉的声音大吼道：

“警察！警察！警察！”

接着又吼道：

“安静，出去！警察！”

屋子空荡荡的，像洗脸盆一样。一名站在角落里的警察紧紧抓住和他对着干的士兵，然后将他松开，朝门口猛推一把，把他吓跑了。深沉的声音还在吼。现在，伊迪丝看到，这个声音是一名长着公牛一样的脖子、站在门口的警长发出的。

“警察！不要胡闹了！一个士兵，是你们自己人，已经被人从后窗户里推出去，摔死了！”

“亨利！”伊迪丝大声叫着，“亨利！”

她疯狂地用拳头打前面那个人的后背；又从两个人中间挤过去；她打着、叫着，艰难地往前冲，桌子边的地板上坐着一个脸色苍白的人，她终于冲到他的身边。

“亨利，”她怒气冲冲地大声叫道，“你怎么了？你怎么了？他们把你打伤了吗？”

他闭着眼，呻吟着，然后抬起头，一脸厌恶地说：

“他们把我的腿打断了。天哪，这些蠢货！”

"警察！"警长大声叫道，"警察！警察！"

九

无论哪一天上午八点钟，"蔡尔兹，五十九大街"都与其他连锁店不同，大理石桌没有那么宽，炒锅也没有那么亮。你可以看到一群睡眼蒙胧的穷人，两眼直勾勾地望着面前的食物，以便可以不去看别的穷人。但是，四个小时前，五十九大街上的蔡尔兹饭店和其他任何一家蔡尔兹连锁店——从俄勒冈的波特兰，到缅因州的波特兰——都不相同。在它那墙壁洁净的餐厅里，你能看到闹哄哄的一群人：合唱团的姑娘、大学生、初涉社交界的名媛、浪荡公子、风尘女子——由百老汇大街甚至是第五大街上最快乐的人们组成的、有代表性的一个混合体。

五月二日清晨，客人爆满。姑娘们围着大理石桌面的餐桌，低着头，一脸兴奋。她们的父亲各自独拥一处庄园。她们津津有味地吃着荞麦面包和炒蛋。四个小时后，她们绝对不可能在这同一个地方再这么大吃一顿了。

几乎所有人都是参加完戴尔莫尼科酒店的伽马普赛舞会来到这里的，只有几个合唱团的姑娘是例外，她们刚刚演完一场讽喻时事的午夜滑稽剧，坐在靠边的餐桌旁，后悔表演完后没有将脸上的脂粉洗掉点。偶尔有几个灰头土脸、贼眉鼠眼的人，与整个画面极不协调，他们疲倦、疑惑、好奇地注视着这些花枝招展的姑娘们。然而，这些灰头土脸的人也是例外。这是五月二日的清晨，空气里五一节的节日气氛犹存。

格斯·罗斯虽然还算清醒，但也有点晕晕乎乎，他必须被划到灰头土脸之人的行列。骚乱结束后，他一直都稀里糊涂的，几乎不知道自己是如何从四十四大街来到五十九大街的。他看见卡罗尔·基的尸体被抬上救护车带走了，然后，他就和两三个士兵离开了闹市。在四十四大街和五十九大街之间的某个地方，其他士兵遇见了一些女人，然后就消失了。罗斯游荡到哥伦布转盘广场，选择了这家灯光闪烁的蔡尔兹饭店，这里有他热衷的咖啡和炸面圈，他要解解馋。他走进饭店，坐下来。

他的周围飘荡着无关紧要的高谈阔论和肆无忌惮的欢声笑语。起初，他无法理解是怎么回事，困惑了五分钟后，方才意识到这是欢乐舞会的余温。一个坐不住的、乐不可支的年轻人友好而亲切地穿梭于餐桌之间，见人就握手，时不时地停下来，贫上几句嘴。激动的侍者们高高地擎着蛋糕和鸡蛋，心中暗暗地诅咒着他，把他从通道上推开。对于坐在最不起眼、人数最少的餐桌旁的罗斯而言，这整个场面就是一场多彩多姿的巡演，关于美和狂欢的巡演。

过了一会儿，他渐渐意识到，坐在他斜对面的一对情侣，背对着人群，是这个餐厅里最无趣的一对。男的喝醉了，他穿着晚礼服，领带和衬衫都皱巴巴的，衣服上满是酒水。他的眼睛呆滞，布满血丝，眼珠机械地左右滚动着，嘴巴急促地喘着气。

“这个人怎么醉成这个样子。”罗斯心想。

女的不算完全清醒，也可以说几乎是清醒的。她很漂亮，黑眼睛，面颊绯红，她那双灵动的眼睛盯着她的伴侣，像鹰一样警觉。她时不时地倾着身子，热切地对他说着悄悄话，而他偏着沉重的头，或者特别像食尸鬼似的、令人厌恶地挤一下眼，算是对她的回应。

罗斯木然地仔细瞧了他们一会儿，直到那个女的唰的一下丢给他一个厌恶的眼神，他才作罢；接着，他把注视的目光转向两个最扬扬得意、最滑稽的人身上，他们不厌其烦地在餐桌间周旋。令他吃惊的是，他认出了其中一个年轻人，他曾经在戴尔莫尼科酒店接受过这个年轻人非常荒唐的款待。这使他开始想念起基来，还带着那么点伤感，其中也不能说没有掺杂着敬意。基死了，他从三十五英尺高的地方摔下去，脑浆迸裂，像烂椰子一样。

“他是个真正的好人，”罗斯伤心地想，“他是个真正的好人，没错。他太不幸了。”

那两个来回穿梭的人走过来，在罗斯的餐桌和旁边的餐桌之间坐下来，和颜悦色地和朋友以及陌生人亲切交谈。罗斯突然看到那个黄头发的龅牙男停下脚步，眼光迷离地看着对面的那对男女，然后开始不以为然地摇起头来。

眼睛布满血丝的那个男人抬头看了看。

“戈登，”那个来回穿梭的龅牙男叫道，“戈登。”

“嗨。”那个满身酒污的男人说道。

龅牙男悲观地朝这对情侣晃晃手指，朝那个女人投去一个高高在上、不屑一顾的眼神。

“要我怎么说你呢，戈登？”

戈登在座位上动了动。

“见鬼去吧！”他说。

迪恩继续站在那里摇着手指。那个女人开始发飙了。

“你，滚开！”她恶狠狠地说，“你喝醉了，你就是个醉鬼！”

“他也喝醉了。”迪恩说，依旧摇着手指，指着戈登。

彼得·希梅尔缓缓地站起来，现在，他面容严肃地准备发表演讲。

“啊，”他说道，好像是要处理孩子们鸡毛蒜皮的争吵一样，“这是怎么回事啊？”

“把你的朋友带走，”朱沃尔泼辣地说，“他在打扰我们。”

“到底是怎么回事啊？”

“你听到我说的话了吗！”她用刺耳的声音说道，“我说，把你那烂醉的朋友弄走。”

她那尖锐的声音响彻整个饭店，把所有的喧闹都压了下去。一名侍者赶忙走过来。

“你们得小点声！”

“那个家伙喝醉了，”她大声叫道，“他在侮辱我们。”

“啊——哈，戈登，”那个受到指责的人继续说道，“要我怎么说你好呢。”他转身对着侍者说：“我和戈登是朋友，我正在想办法帮他。是这样吗，戈登？”

戈登抬头看看。

“帮我？见鬼，根本不是！”

朱沃尔突然站起来，拉住戈登的胳膊，帮他站起来。

“来，戈登！”她说道，她贴近他，几乎是在耳语，“我们走吧，这个家伙喝醉了，在胡言乱语。”

戈登顺从地赶忙站起来，开始往门口走。有那么一刻，朱沃尔扭过头，对使他们不得不离开的肇事者说：

“我知道，这都是拜你所赐！”她凶神恶煞地说，“好朋友，是吧，呸！他可给我讲过你是个什么玩意儿。”

然后，她搀着戈登的胳膊，一起穿过好奇的人群，结了账，出去了。

“你得坐下。”他们走后，侍者对彼得说。

“什么？坐下！”

“是的——否则就出去。”

彼得扭着头看着迪恩。

“来，”他说道，“我们把这个侍者揍扁。”

“好。”

他们绷着脸，朝侍者走过去。侍者向后退着。

彼得突然把手伸到旁边桌子上的一个盘子里，抓起一把肉末抛向空中。肉末像雪花一样，悠然地画着抛物线，落在附近的人们头上。

“喂！老实点！”

“把他赶出去！”

“坐下，彼得！”

“把这些东西弄下来！”

彼得一边大笑，一边鞠躬。

“女士们，先生们，谢谢大家热烈的掌声。如果谁能再给我点肉末和一顶大礼帽，我就继续玩下去。”

门卫立刻赶过来。

“出去！”他对彼得说。

“见鬼，我不出去！”

“他是我朋友！”迪恩愤怒地插话。

一群侍者都聚拢过来。“把他轰出去！”

“最好出去吧，彼得。”

经过短暂的冲突，这两个人被推到门口。

“我的帽子和外套还在里面呢！”彼得叫道。

"好，去拿吧，快点！"

门卫放开彼得，彼得做出一副极其狰狞的荒唐面目，突然朝另一张桌子冲过去，轻蔑地放声大笑，对愤怒的侍者们表示出极度的不屑一顾。

"我想我最好再待一会儿。"他宣布道。

追逐游戏开始了。四个侍者被派遣过来切断一边的退路，另外四个侍者被派遣过来切断另一边的退路。迪恩抓住两个侍者的外套，又一场战斗打响了，追逐彼得的游戏开始了；在打翻一只糖罐和几杯咖啡后，他终于被扭住双臂。接着，在结账处发生了一场新的争吵，彼得想再买一盘肉末带走，准备扔到警察身上。

然而，他离开饭店的隆重仪式所引起的混乱与另一番景象比起来，简直是小巫见大巫。饭店里的每个人对那个景象纷纷投来钦慕的眼光，不由自主地拖着长音发出"啊——啊——啊！"的赞叹声。

饭店前面，一块巨大的厚玻璃变成了深邃的奶油蓝，马克斯菲尔德·帕里什画中的月光蓝——这种蓝色投射到窗玻璃上，似乎还要一股脑地倾泻到饭店里。魔术般令人吃惊的黎明降临到哥伦布转盘广场上，克里斯托弗那永垂不朽的伟大雕像的轮廓已清晰可见。黎明以其神秘、怪异的方式与饭店内微弱的黄色灯光浑然一体。

十

进先生和出先生的名字没有被户口调查员登记在户口簿上。要是想通过社交名人录或是出生登记、婚姻登记、死亡登记或杂货店老板的客户信誉表来调查他们的信息，一定是白费功夫。他们被人遗忘，证明他们活在世上的材料都模糊不清，无法确认，法庭无法认定。而我能够以最权威的证据证明，进先生和出先生曾经短暂地生活过，呼吸过，回应过他们的名字，而且因为鲜明生动的人格魅力而闪耀着光芒。

在他们的有生之年，他们穿着自己国家的服装走在一个伟大民族的一条伟大的公路上，被人耻笑、辱骂、追逐、厌弃。然后，他们就失踪了，再也听不到关于他们的消息了。

当一辆敞篷出租车在五月黎明的微光中轻轻驶过百老汇大街的时候，他们蒙蒙眬眬地有了意识。车上坐着进先生和出先生的灵魂，他们吃惊地议论着蓝色的光这么快就涂满了克里斯托弗·哥伦布雕像后面的天空，疑惑地议论着早起的人们那沧桑、灰暗的脸庞，他们苍白无力地沿着街道轻轻移动，仿佛纸片飘飞在黯淡的湖上。无论什么事情，从蔡尔兹饭店里那个门卫的荒唐行径到人生事业的荒诞不经，他们都能一拍即合。晨光惊醒了他们发烫的灵魂，他们被这脆弱的幸福弄得晕头转向。的确，生活中的快乐是那么新奇，那么生机勃勃，因此他们觉得应该大喊大叫地表达出来。

“耶——噢——噢！”彼得用手当扩音器，扯着嗓子大叫——迪恩也跟着大叫，尽管他的叫声非常含糊，却也同样不同凡响且具有象征意义。

“哟——嗨！耶！哟嗨！哟——嘣啪！”

五十三大街上有一辆大巴，上面坐着一位肤色黝黑的短发美人；五十二大街上有个清洁工，他身子一闪躲开了，同时气恼、痛心地大叫一声：“瞧瞧你们这是要往哪儿奔呢！”第五十大街上，一幢雪白的大楼前雪白的人行道上，有一群男人扭过头来在他们的身后大声喊：

“搭个伴吧，小伙子们！”

在四十九大街上，彼得扭头看着迪恩，眯着严肃的眼睛，一本正经地说：“美丽的早晨。”

“也许如此。”

“哎，吃早餐去吧？”

迪恩同意了——并做了补充。

“早餐和酒。”

“早餐和酒。”彼得重复了一遍，他们看着对方，点点头。“有道理。”

然后，他们俩爆发出一阵狂笑。

“早餐和酒！哦，天哪！”

“早餐没有酒。”彼得大声宣布。

"他们不卖？不要紧，我们强迫他们卖，我们给他们施加压力。"

"我们给他们讲道理。"

出租车迅速驶离百老汇大街，沿着和百老汇大街交叉的一条街道行驶，然后在第五大街上的一个巨型坟墓般的建筑物前停了下来。

"什么意思？"

出租车司机告诉他们，这是戴尔莫尼科酒店。

他们有点疑惑不解，不得不花几分钟时间把注意力集中起来进行思考，因为如果他们下达了这样的命令，就必定是事出有因。

"有人把外套落这儿了。"出租车司机说道。

是这么回事，彼得的外套和帽子，他把它们遗失在戴尔莫尼科酒店了。他们发现事情的原委后，就从出租车上下来，挽着胳膊向酒店门口走去。

"喂！"出租车司机喊道。

"啊哈？"

"你们最好把钱付给我。"

他们摇摇头，生气地予以否定。

"等会儿再说，现在不行——我们命令你等着。"

出租车司机不干，他想马上拿到钱。两个人怀着屈尊的不屑神气，费了九牛二虎之力控制住自己的情绪，把钱付给了出租车司机。

彼得徒劳地在酒店里面黑咕隆咚、空无一人的衣物寄存处摸索着，寻找他的外套和圆顶礼帽。

"丢了，我想，被人偷走了。"

"是谢菲尔德学院的学生。"

"绝对有可能。"

"没关系，"迪恩慷慨地说，"我把我的也扔到这儿——这样，我们俩就穿得一模一样了。"

他脱掉外套和帽子，要把它们挂起来的时候，钉在两扇衣帽间门上的两大块硬纸板引起了他的注意，牢牢地吸引了他那飘忽不定的目光。左边门上用黑体大字写着"进"，右边门上同样写着醒目的大字"出"。

“快看！”他开心地大叫。

彼得的目光顺着他手指的方向看过去。

“什么？”

“快看那两块牌子。我们把它们摘下来吧。”

“好主意。”

“这两块牌子也许非常稀有，非常珍贵，可能会派上用场呢。”

彼得摘掉左边门上的牌子，试图把它藏在身上。牌子太大，这样做有点困难。他想到了一个好主意，要把它背到背上，于是，他庄严而神秘地转过身子。过了一会儿，他又夸张地把身子转了回来，伸出两只胳膊，把自己展示给赞赏的迪恩看。他已把牌子塞进背心里，用衬衫的前襟将它完全盖住。实际上，“进”这个黑体大字是印在他的衬衫上的。

“哟呵！”迪恩兴奋地说，“进先生。”

他把自己的牌子以相同的方式塞进去。

“出先生！”他打了胜仗似的宣布，“进先生和出先生。”

他们走近对方握了握手，爆发出阵阵笑声，高兴得前仰后合、浑身打战。

“哟呵！”

“看来，我们要吃一顿丰盛的早餐。”

“我们走吧——去科莫多尔饭店。”

他们挽着胳膊出了门，向东转到四十四大街上，朝科莫多尔饭店走去。

他们出来的时候，一名又矮又黑的士兵扭头看着他们。士兵脸色苍白，精疲力竭，一直沿着人行道无精打采地晃悠。

他走过来，仿佛要跟他们打招呼，然而当他们立刻目不转睛地向他投来令人难堪的、陌生的目光时，他不吭声了。等着他们歪歪扭扭地沿着街道走了大约四十步远时，才跟在他们身后，呵呵地笑着，小声地自言自语道：“哦，天哪！”他开心地重复了一遍又一遍，好像期待发生点什么似的。

与此同时，进先生和出先生客气地告诉对方接下来的打算。

"我们要喝酒，我们要吃早餐。不喝酒就不吃早餐，吃早餐就必须喝酒。两者是一个整体，缺一不可。"

"我们两样都要。"

"两样都要。"

天已经大亮，路人开始好奇地仔细打量这两个人。显然，他们在讨论，讨论给他们带来极大的乐趣。他们的胳膊仍然互相挽着，时时爆发出一阵狂笑，笑得头都要触到地面了。

到了科莫多尔饭店，他们和睡眼惺忪的门童互相爆了几句粗口，费力地推着十字形旋转门，然后穿过大厅。大厅里的顾客稀稀落落，看到他们都很吃惊。他们来到餐厅，一名困惑的侍者把他们领到角落里一张不起眼的餐桌旁。他们研究了一番菜单，无可奈何地彼此报着听不懂的菜名。

"没看到酒。"彼得责怪地说。

侍者听见他们在说话，既听不清又无法理解他们说的是什么。

"我再重复一遍，"彼得耐心而宽容地继续说，"菜单上没有酒，似乎说不过去，而且很令人不快。"

"看我的！"迪恩信心十足地说，"让我去收拾他。"他扭头对侍者说，"给我们拿——给我们拿——"他紧张地扫视着菜单，"给我们拿一夸脱香槟和一个……一个……大概是火腿三明治。"

侍者一脸茫然。

"去拿啊！"进先生和出先生异口同声地吼道。

侍者咳嗽一声消失了。他们等了一小会儿，这个时候，一名领班在他们浑然不觉的情况下，仔细地观察着他们。接着，香槟就送来了。看到香槟，进先生和出先生高兴起来。

"想想看，如果他们反对我们把香槟当早餐——想想看。"

他们俩都专心致志地想象着可能出现的可怕后果，但这对他们来说太难了。他们两人的想象力合在一起，也想不出一个人反对另一个人把香槟当作早餐的世界会是什么情形。随着"砰"的一声巨响，侍者拔出了瓶塞——他们的杯子里立即冒出了浅黄色的泡沫。

"祝你健康，进先生。"

“也祝你健康，出先生。”

侍者走开了；时间在流逝；酒瓶里的香槟在减少。

“真是——真是丢脸。”迪恩突然说道。

“什么丢脸？”

“一想到他们不让我们把香槟当作早餐就觉得丢脸。”

“丢脸吗？”彼得想了想，“没错，就是这个词——丢脸。”

他们又笑起来，号叫着，摇摆着，坐在椅子里前仰后合，对着彼此絮叨着“丢脸”这个词——每絮叨一遍仿佛都只会将这件事变得更加离奇古怪。

又过了美妙的几分钟，他们决定再要一夸脱酒。他们那位心急如焚的侍者赶紧和他的上司商量，这个谨慎的人下了一道含蓄的指示：不再给他们喝香槟了。他们的账单来了。

五分钟后，他们挽着胳膊离开了科莫多尔饭店，穿过好奇、盯着他们看的人群走在四十二大街上，再经范德比尔特大街到巴尔的摩酒店。在那里，他们突然灵机一动，临时起意，飞快地穿过大厅，然后又直挺挺地站着不动。

一到餐厅，他们就又旧调重弹。一会儿爆发出痉挛般的笑声，一会儿又突然大谈特谈政治、大学以及他们的性格是如何阳光灿烂。他们的手表告诉他们，现在已经九点钟了，他们模模糊糊地记得，他们参加了一个值得纪念的舞会，有些东西他们会铭记不忘。他们又沉迷于第二瓶酒里，他们俩只要谁提到“丢脸”这个词，两个人就会笑得喘不过气。餐厅在旋转，在晃动，一种奇妙的轻松感弥漫开来，也净化了浑浊的空气。

他们结了账，走进大厅。

就在这时，在这个上午，外面的门转到第一千次的时候，大厅里走进一位脸色苍白的妙龄佳人。她眼圈发黑，穿着皱皱巴巴的晚礼服。她由一个相貌平平的胖男人陪同，显然他是个不合适的护花使者。

这两个人在楼梯的最上面遇到了进先生和出先生。

“伊迪丝，”进先生欣喜若狂地朝她走过去，一阵风似的鞠了一躬说道，“上午好，亲爱的。”

胖男人用询问的目光看着伊迪丝，仿佛只要征得她的许可，他就会立刻把这人扔到路边。

“请原谅，这样说有点太随便，”彼得补充道，作为事后诸葛亮式的补充，“伊迪丝，早上好。”

他抓住迪恩的胳膊肘，把他推到前面。

“见见进先生，伊迪丝，我最好的朋友。形影不离的进先生和出先生。”

出先生走上前鞠了一躬；实际上，他走得太近了，腰弯得太低了，因此他朝前栽了一下，把手轻轻地放在了伊迪丝的肩膀上才算找着了平衡。

“我是出先生，伊迪丝，”他愉快地咕哝着说，“我们是进先生和出先生。”

“我们是进先生和出先生。”彼得骄傲地说。

伊迪丝被他们直勾勾地盯着，不过她的眼睛看着走廊上面那无数个黑点。她轻轻地朝胖男人点点头，他像公牛似的走上前，猛然用力地把进先生和出先生一人推到一边，他和伊迪丝从这两个人中间穿了过去。

但是，走了十来步远，伊迪丝又站住了——她指着一名又矮又黑的士兵，他正漫无目的地看着这群人，有点疑惑又有点吃惊地看着进先生和出先生构成的独特画面。

“那儿，”伊迪丝大叫一声，“看那儿！”

她提高了嗓门，声音变得十分尖锐，手指伸着，微微颤抖。

“那个士兵打断了我哥哥的腿。”

十几个人大叫起来；一个身穿燕尾服的人从餐桌旁站起来，机警地走过去；胖子像闪电一样扑向又矮又黑的士兵。接着，大厅里围了一小群人，挡住了进先生和出先生的视线。

但是，对于进先生和出先生而言，这件事在千变万化的大千世界中只是色彩斑斓的一个碎片而已。

他们听到吼叫声，看到胖子跳起来；画面突然模糊不清了。

接着，他们进了向上运行的电梯。

“请问去几楼？”开电梯的工人问道。

“随便。”进先生说。

“顶楼。”出先生说。

“这就是顶楼。”开电梯的工人说。

“再加一层。”出先生说。

“加得更高点。”进先生说。

“去天堂。”出先生说。

十一

就在第六大街旁边，有一家小旅馆。戈登·斯特雷特在旅馆的客房里醒来，后脑勺很疼，浑身的脉搏都在病恹恹地抽动。他看着屋角落满灰尘的阴影，看着旮旯里那张陈旧的大皮椅上的破洞，椅子已经使用很久了。他看着地板上乱七八糟、皱皱巴巴的衣服，闻着香烟和酒精的污浊气味。窗户紧紧地闭着，外面明亮的阳光已经将灰尘飞扬的一束光柱照到窗台上——他躺在木床上，宽大的床头挡住了光束。他静静地躺着——昏昏沉沉、迷迷糊糊，眼睛睁得很大，大脑像一台没有上油的机器嗡嗡作响。

他看到灰尘飞舞的光束和大皮椅上的破洞后，一定又过了三十秒才意识到，他身边还躺着一个人；又过了三十秒，他才意识到他已经不可挽回地和朱沃尔·哈德森结婚了。

半小时后，他出去到体育用品店买了一把左轮手枪。然后，他乘着出租车来到东二十七大街上他的住处，躺在摆着绘画材料的桌子上，将一颗子弹从太阳穴正后方射进了头颅。

返老还童

一

早在一八六〇年，在家里生孩子是天经地义的事情。听说现在，天上的药神下令，孩子应该在空气中充斥着麻药味的医院里发出第一声哭喊，而且最好在时髦的医院里。因此，一八六〇年的一天，当年轻的罗杰·巴顿夫妇决定要在医院里生下他们的第一个孩子时，他们便超前了五十年。人们永远都不知道，这个不合时宜的决定是否影响了我即将记录下来的这桩奇事。

我把事情的来龙去脉告诉你们，你们自行判断吧。

在美国南北战争爆发前夕的巴尔的摩，无论是社会地位还是经济地位，罗杰·巴顿夫妇都令人羡慕。他们和这个家族以及那个家族都有着千丝万缕的联系，每个南方人都知道，这些家族让他们有资格成为庞大的特权阶级——人口众多的南方联盟的成员。在生儿育女这个迷人而古老的传统方面，他们还是头一次经历——巴顿先生自然非常紧张。他希望生个男孩，这样就可以把孩子送到康涅狄格州的耶鲁大学。巴顿先生本人曾在这所大学度过四年时光，当时大家都叫他“卡夫”，这显然是个别名。

九月里的一个清晨，为了这件神圣的大事，他六点钟就紧张地起床了。他穿好衣服，打扮整齐，就匆匆忙忙地穿过巴尔的摩的街道来到医院，心里琢磨着那个新生命是否已经在昨天夜里降生了。

走到距离马里兰男女共诊私立医院大约一百码远的时候，他看见他们的家庭医生基恩正从医院前门的台阶上往下走，他像洗手似的搓着手——所有医生都必须这么做，因为这是他们这个职业不成文的道德准则。

罗杰·巴顿，五金批发公司的总裁罗杰·巴顿先生向基恩医生跑过去，相当不顾在那个富有诗意的时代一位南方绅士应有的风度。“基恩医生！”他喊道，“喂，基恩医生！”

医生听见他的叫声，回过头，站在原地等他。当巴顿先生跑过来的时候，他那严肃的医生脸上流露出奇怪的表情。

“情况怎么样？”巴顿先生气喘吁吁地冲上去问，“生了吗？她好吗？是男孩吗？是男孩还是女孩？什么——”

“到底想问什么！”基恩医生厉声说道，他看起来有点不耐烦。

“孩子出生了吗？”巴顿先生恳求道。

基恩医生皱皱眉头。“哦，是的，我想是这样——算是吧。”他又丢给巴顿先生一个奇怪的眼神。

“我妻子好吧？”

“好。”

“是男孩还是女孩？”

“得了！”基恩医生心里突然蹿起一股怒火，大声吼道，“请您亲自去看看吧。古怪！”他恶狠狠地、几乎只用一个音节喊出最后一个词，然后转身抱怨道，“你以为这种事有益于我的职业声誉吗？要是再有一次就会毁了我——毁了任何人的。”

“怎么了？”巴顿先生问，他吓坏了，“三胞胎吗？”

“不，不是三胞胎！”医生用挖苦的语气回答道，“你还是亲自去看看，然后另请高明吧。是我把你带到这个世上来的，年轻人，我给你们家当了四十年的家庭医生了。可是，到你这儿，该结束了！我再也不想看见你或者你们家的任何人了！再见！”

然后，他突然转身，不再多说一个字，登上停在路边的四轮马车，扬长而去。

巴顿先生站在人行道上，目瞪口呆，浑身颤抖。发生了什么可怕的灾难？他突然失去了要进马里兰男女共诊私立医院的所有渴望——过了一会儿，他费了很大劲儿才强迫自己登上台阶，走进医院大门。

在晦暗的大厅里，一名护士坐在一张桌子后面。巴顿先生把刚才受到的羞辱咽进肚里，走到护士面前。

“早上好。”她愉快地抬头看着他说。

“早上好。我——我是巴顿先生。”

听到巴顿这个名字，女孩顿时一脸惊恐。她站起来，仿佛要拔腿而逃，她显然使出了九牛二虎之力才控制住自己。

“我想看看我的孩子。”巴顿先生说。

护士轻轻地发出一声尖叫。“哦——当然！”她歇斯底里地喊道，“在楼上。就在楼上。上——去吧！”

她指着上楼的方向，巴顿先生出了一身冷汗，他颤抖着转过身，朝二楼走去。二楼大厅里，一名护士端了个盆子朝他走来。“我是巴顿先生，”他努力做到口齿清晰，“我想看看我的——”

当啷！盆子掉到地上，向楼梯口滚去。当啷！当啷！它有条不紊地顺着楼梯往下滚，仿佛它也感受到了这位先生引起的恐惧。

“我想看看我的孩子！”巴顿先生几乎咆哮起来。他已经濒临崩溃了。

当啷！盆子滚到一楼。护士恢复了自控能力，朝巴顿先生抛了个十分轻蔑的眼神。

“好啊，巴顿先生，”她声音沙哑地表示赞同，“很好！但是，你知道今天早上我们都吓成什么样子了！真是稀奇古怪！以后，我们医院再也不会有半点好名声了——”

“快点！”他粗暴地吼道，“我受不了了！”

“那么，跟我来吧，巴顿先生。”

他拖着沉重的身子跟在她的后面。他们穿过长长的走廊，来到走廊尽头的一间屋子前，里面哭声一片——人们后来把这间屋子命名为“啼哭室”，也的确名副其实。他们走进去，只见沿墙摆放了六张漆成白色、带轮子的婴儿床，每张床的床头分别系着一个标签。

“那么，”巴顿先生喘着气说，“哪个是我的孩子？”

“喏！”护士说。

巴顿先生顺着护士的手指看过去，眼前出现这样一幅情景：一个看起来七十岁左右的老头，裹着宽大的白毛毯，勉强地挤坐在一张婴儿床上，几根稀疏的头发几乎全白了，下巴上拖着烟灰色的长胡子，被窗口吹进来的微风吹拂着，可笑地摆来摆去。他抬头看着巴顿先生，昏花的老眼里尽是困惑的疑问。

"我是疯了吗？"巴顿先生吼道。他的恐惧变成了愤怒。"这是医院开的恐怖玩笑吗？"

"对我们来说，这可不像是个玩笑，"护士哭丧着脸说，"而且，你是不是疯了，我不知道——我只知道，这个人的确是你的孩子。"

巴顿先生的额头上又冒出一层冷汗。他把眼睛闭上，再睁开，重新看了看。没错——他眼前的确是个七十岁的老头——一个七十岁的婴儿，他的两只脚耷拉在身子下面的婴儿床沿上。

老人平静地看看这个，又看看那个，过了一会儿，他突然用沧桑的、破锣似的声音说起话来。"你是我父亲吗？"他问道。

巴顿先生和护士大惊失色。

"因为如果你是我父亲的话，"老人气鼓鼓地继续说，"我希望你带我离开这个地方——或者，至少，让他们在这里放一张舒适的摇椅。"

"你到底是从哪里来的？你是谁？"巴顿先生疯了似的大声问。

"我不能准确地告诉你我是谁，"他生气地抱怨道，"因为我才刚刚出生几个小时而已——不过我肯定姓巴顿。"

"你撒谎！你是个江湖骗子！"

老人疲惫地看看护士。"这真是欢迎新生儿的美好仪式。"他用衰弱的声音发着牢骚，"告诉他，他错了，为什么不告诉他呢？"

"你错了，巴顿先生，"护士一本正经地说，"这是你的孩子，你不得不承认这个事实。我们要求你尽快将他带回家——就今天。"

"回家？"巴顿先生难以置信地重复着说。

"是的，我们不能把他留在这里。真的不能，你明白吗？"

"我很愿意回家，"老人满腹牢骚地说，"如果能让这些小孩子安静下来，这儿还是个不错的地方。可是他们鬼哭狼嚎的，我没合一下眼。我想吃点东西，"——说到这里，他提高了嗓门，用刺耳的声音表示抗议，"她们竟然给我一瓶牛奶！"

巴顿先生一屁股坐到儿子身边的椅子上，两只手捂住脸。"天哪！”他用极度恐惧的声音喃喃地说，“人们会怎么说？我该怎么办？”

“你必须把他带回家，”护士坚持说，“立刻带走！”

这个备受煎熬的人眼前不由得浮现出一幅清晰得可怖的怪诞画面——他走在这个城市拥挤的街道上，身边跟着这个令人毛骨悚然的鬼魂。“我不能带他回家，我不能。”他悲叹着说。

人们会停下脚步与他交谈，那么他该怎么说？他不得不向人们介绍这个——这个七十岁的老人，“这是我儿子，今天清晨出生的。”然后，这位老人会把身上的毛毯裹得紧一些，继续缓慢地朝前走，经过熙熙攘攘的商店、奴隶市场——有那么一个黑暗的瞬间，巴顿先生满心希望儿子是个黑人——经过居民区豪华的房子，经过养老院……

“好了！打起精神吧。”护士命令道。

“听着，”老人突然大声说，“如果你以为我准备裹着毛毯回家，你就大错特错了。”

“婴儿通常都用毛毯裹着。”

老人举起一件白色的小婴儿服，恶狠狠地把它抖得唰唰响。“看！”他颤颤巍巍地说，“这就是他们为我准备的。”

“婴儿通常都穿婴儿服。”护士拉着脸说。

“那么，”老人说，“我这个婴儿两分钟后就准备赤身裸体了，裹着毛毯身上痒，他们至少应该给我一条床单。”

“就这样吧！就这样吧！”巴顿先生赶忙说。他扭头问护士：“我该怎么做？”

“到街上去给你儿子买几件衣服。”

巴顿先生出去了，儿子的声音追着他传到走廊里：“再买个拐棍，父亲。我想要个拐棍。”

“咣”的一声，巴顿先生狠狠地关上了医院的大门。

二

“上午好，”巴顿先生紧张地对切萨皮克纺织品公司的售货员说，

“我想给我的孩子买几件衣服。”

“你孩子多大了，先生？”

“大约出生六个小时。”巴顿先生脱口而出。

“婴儿用品部在后面。”

“呃，我不认为——我不确定那是不是我想要的。它是——他是个体形特别大的孩子。格外——呃——大。”

“他们有最大号的婴儿服。”

“男童服装部在哪儿？”巴顿先生问道，他突然改变了主意。他觉得售货员肯定识破了他那丢人的秘密。

“就在这儿。”

“哦——”他犹豫起来。一想到要为儿子穿上大人的衣服他就感到厌恶。哎，要是能找到一套特大号的男童服装就好了，他也许可以把他那又长又丑的胡子剪掉，把他的白头发染成褐色，这样兴许能够把最不堪的局面遮掩过去，兴许能为自己留几分脸面——更不用说保住他在巴尔的摩的社会地位了。

但是他在男童服装部发疯似的寻觅，也没有为新生儿巴顿找到合适的衣服。他责怪这家服装店，当然——在这种情况下，的确是应该责怪服装店的。

“你说你的孩子多大了？”售货员好奇地问。

“他——十六岁了。”

“哦，请原谅。我原以为你说的是六个小时。下一个走道那儿就是青年服装部。”

巴顿先生苦不堪言地走开了。然后他停下脚步，眼前一亮，指着橱窗里套着衣服的人体模型，大声说：“瞧！我要买那套衣服，人体模型穿的那套。”

售货员看了看。“哦，”他表示反对，“那不是儿童服装。也许沾点边，只不过那是参加化装舞会时穿的。你自己倒是能穿！”

“包起来，”顾客紧张地坚持己见，“我就要那套。”

吃惊的售货员照做了。

回到医院，巴顿先生走进育婴室，把包里的衣服可以说是扔给了儿子。“给你买的衣服。”他没好气地说。

老人拆开包装，诧异地看看里面的衣服。

“我觉得这套衣服有点滑稽，”他幽怨地说，“我可不想弄得像耍猴子似的。”

“你是在耍我！”巴顿先生凶神恶煞似的驳斥儿子，“管它看上去滑不滑稽，穿上吧——否则，我就——否则，我就揍你。”倒数第二个字听起很别扭，他咽了口唾沫，但是依然觉得就该这么说。

“好吧，父亲——”他努力表现得孝敬，让人觉得怪怪的，“你经多见广，就听你的吧。”

和以前一样，听到“父亲”这个词，巴顿先生心惊肉跳。

“那么就赶紧穿。”

“我在赶紧穿呢，父亲。”

儿子穿好衣服，巴顿先生失望地看着他。这套衣服包括带有圆点图案的袜子、粉红色的裤子和一件配有腰带的白色大领外套。长长的白胡子差不多垂到腰间，在外套上晃荡着。难看死了。

“等等！”

巴顿先生拿起医院里的剪刀，“咔、咔、咔”三下子，瞬间把儿子的胡子剪掉一大截。但是，即使做了这样的改善，整体效果依然不尽如人意。凌乱的头发，眼泪汪汪的眼睛，摇摇欲坠的牙齿，看上去很怪异，与这身花里胡哨的衣服格格不入。然而，巴顿先生已经铁了心——他伸出手。“走吧！”他厉声说道。

儿子信任地拉住他的手。“你准备怎么称呼我，爸爸？”他们从育婴室出来时，他用颤抖的声音问，“暂时叫我‘宝贝’，然后再起个更合适的名字，是不是？”

巴顿先生咕哝了一声。“我不知道，”他板着脸说，“我想我们就叫你玛士撒拉[①]吧。”

---

① 玛士撒拉是《圣经·创世记》中的人物，据说，他享年969岁，寿命特别长，又称千岁人。

三

即使巴顿家的这位新成员剪短了头发，又把几根稀疏的头发染成不自然的黑色，把脸刮得锃亮，穿上目瞪口呆的裁缝为他量身定做的男童童装后，巴顿先生依然无法忽视这样一个事实：他的儿子作为他的长子还是让人觉得不体面。尽管因为年老体衰而弯腰弓背，然而本杰明·巴顿——他们给他起了这个名字而不是那个虽然恰如其分却会招致怨恨的玛士撒拉——依然有五英尺八英寸高。本杰明身上的衣服无法掩盖这个事实。他的眼睛已经退化，水汪汪的，看上去很疲惫，经过修剪和染过的眉毛也无法掩饰这个事实。实际上，事先请好的保姆看了他一眼，就义愤填膺地甩手不干了。

然而，巴顿先生坚信：本杰明是个婴儿，就应该保持婴儿的样子。首先，他宣布，如果本杰明不喜欢喝热牛奶，他可以什么都不用吃了。然而，他最终被儿子说服，做出让步，允许儿子吃面包、黄油，甚至燕麦片。有一天，他给本杰明买回来一个拨浪鼓，不容商量地坚决让本杰明拿着“玩”。于是，老人一脸倦怠地接过来，每隔一会儿就听话地摇一摇，整个白天屋子里都响着丁零丁零的声音。

毫无疑问，拨浪鼓令他厌烦，然而同样毫无疑问的是，当他独自待在房间里的时候，他找到了比较安静的玩法。比如，有一天，巴顿先生发现他上个礼拜比以前任何时候抽的雪茄都多——这个现象几天以后得到解释，当他出其不意地进入婴儿房的时候，发现屋子里满是淡蓝色的烟雾，本杰明一脸内疚，正想把一个黑色的哈瓦那牌雪茄烟头藏起来。这当然需要狠狠地揍本杰明一顿，但是，巴顿先生发现，他下不去手。他只是警告儿子，这样做会“阻碍他的发育”。

然而，他依然固执己见。他带回铅制的士兵、玩具火车，也带回用棉花填充的、喜气洋洋的大型动物玩偶。而且，为了让自己创造的幻觉完美无瑕——至少是为了他自己——他热切地问玩具店的售货员，“如果婴儿把粉红色的鸭子填进嘴里，上面的漆会不会脱落？”但是，尽管父亲竭尽所能，本杰明却丝毫不感兴趣。他会悄悄地从后面的楼梯溜下去，抱着一卷《大英百科全书》回到婴儿房，全神贯注地看上一个下午，他的棉花奶牛和挪亚方舟则待在地上备受冷落。他这样冥顽不化，使巴顿先生的努力几乎化为乌有。

起初，这件事在巴尔的摩引起的轰动十分惊人。这场灾难可能会让巴顿一家以及他们的亲人付出什么样的社会代价无法估量，因为内战的爆发分散了这座城市的目光。有几个始终彬彬有礼的人想恭维一下这对父母，他们绞尽脑汁——终于想出一个绝妙的说法，他们说这个婴儿很像他的祖父，因为他的这种公认的衰老状态，是所有七十岁的老人所具有的普遍特征，这个事实无法否认。罗杰·巴顿夫妇很不高兴，本杰明的祖父则觉得受到了天大的侮辱。

离开医院后，本杰明就接受了身不由己的生活。几个小男孩被人领来见他，他和他们一起度过了一个别别扭扭的下午，他努力对玩具和弹珠游戏表现出兴趣——他甚至成功地用弹弓射出一块石头，打破了厨房的窗户，这件事虽然是偶然为之，却成为让他父亲心中窃喜的丰功伟绩。

此后，本杰明每天都力图弄坏点什么，然而，他做这些事情只是因为父亲希望如此，而他天生孝顺。

当祖父最初的排斥情绪渐渐消退，本杰明和这位先生开始从彼此的陪伴中得到莫大的快乐。尽管年龄悬殊，经历也很不相同，然而他们却像好朋友一样一坐便是几个小时，枯燥乏味、乐此不疲地慢慢谈论着一天里发生的事情。本杰明觉得在祖父面前比在父母面前更加自在——他们似乎总是对他怀有一种敬畏之情，而且尽管他们对他独断专行，却总称他为“先生”。

对于一出生就这么年老体衰、心智成熟，他和别人一样困惑不解。他翻阅医疗杂志，却发现这种情况没有先例。在父亲的催促下，他诚心诚意地尝试和其他男孩子一起玩，也经常参加比较温和的运动——足球运动太剧烈了，他怕万一骨折了，他这把老骨头就再也无法愈合了。

他五岁的时候被送到幼儿园，开始上艺术课，把绿色的纸粘贴到橘色的纸上，把彩色的地图拼起来，没完没了地用纸板做假项链。这些事情，他常常做着做着就打起瞌睡来，这个习惯让年轻的老师既恼火又害怕。令他释然的是，她向他的父母告状，然后他就被父母领回家了。罗杰·巴顿夫妇告诉朋友们，他们觉得他太小了。

到了十二岁，父母已经对他习以为常。事实上，习惯的力量如此强大，以至于他们不再觉得他和其他任何一个孩子有什么两样——只是有时候，某个怪异现象还能让他们想起这个事实。然而，在他过完十二岁生日后的几个礼拜里，有一天，在照镜子的时候，本杰明有了一个，或者说他自以为有了一个十分惊人的发现。是不是他的眼睛在欺骗他？或者说，是不是在他十二年的生命历程中，他的头发在染发剂的掩护下，从白色变成了银灰色？他脸上像网一样的皱纹是不是变得没有以前明显了？他的皮肤是不是变得健康了，结实了，甚至还有那么一点像被冻红的颜色？他说不上来，他只知道，少年时代的他，不再弯腰弓背了，健康状况也好转了。

“可能——？”他心想，或者更确切地说，他几乎不敢这样想。

他去找父亲。“我长大了，”他毅然决然地宣布，“我想穿长裤。”

父亲犹豫了一下。“哦，”他终于说道，“我不知道。十四岁才能穿长裤子——可你才十二岁。”

“但是你不得不承认，”本杰明抗议道，“我看起来比实际年龄长得高。”

父亲神思恍惚地看看他。“哦，这个我不确定，”他说，“我十二岁时看起来也有你现在这么高。”

这并非事实——这完全是因为罗杰·巴顿认为儿子很正常，默默地做出了自我妥协。

他们终于达成一致意见：本杰明要继续染发，要更加努力地和同龄的孩子玩耍，不能戴眼镜，走路时不能拄拐杖。作为交换条件，他可以平生第一次穿长裤……

四

本杰明·巴顿十二岁和二十一岁之间的岁月乏善可陈，我几乎不打算说什么，只需点明，这些年很正常，他没有继续长高就足够了。

本杰明十八岁时，他的身板像五十岁的人一样挺了起来；头发密了，而且变成深灰色了；步伐稳健了；声音也不再颤抖，不再沧桑了，反而变成年轻而健康的男中音了。因此，父亲送他去康涅狄格参加耶鲁大学的入学考试。本杰明通过了考试，成为一名新生。

入学后的第三天，本杰明·巴顿接到学院教务主任哈特先生的通知，让本杰明到他的办公室，他要为本杰明制定学习进度表。本杰明照照镜子，觉得他的头发需要重新染成褐色，他心急火燎地翻箱倒柜，却发现装染发剂的瓶子不见了。然后，他想起来了——染发剂昨天已经用完，他把瓶子扔掉了。

他左右为难。五分钟后，他就应该到教务主任的办公室了。似乎来不及了——他必须守时，他的确很守时。

“上午好，”教务主任客气地说，“您是来帮儿子咨询情况的吗？”

“哦，实际上，我就是巴顿——”本杰明说，但是哈特先生打断了他的话。

“很高兴见到您，巴顿先生。我正在等您的儿子，他马上就到。”

“我就是！”本杰明突然大声说道，“我是个新生。”

“什么！”

“我是个新生！”

“你肯定在开玩笑。”

“根本没开玩笑。”

教务主任皱起眉头，看看他的胸卡。“喏，这儿写着呢，本杰明·巴顿，十八岁。”

“我就是十八岁。”本杰明毫不含糊地说，他的脸微微泛红。

教务主任不耐烦地看着他。“现在，巴顿先生，你肯定不能指望我相信你的话。”

本杰明无奈地笑了笑。“我就是十八岁。”他重复道。

教务主任绷着脸指着门口。“滚出去，”他说，“滚出这所学校，滚出这个城市。你是个危险的疯子。”

“我就是十八岁。”

哈特先生打开门。“荒唐！”他大声说，“你这把岁数了，还想以新生的身份来上学。十八岁，是吗？好吧，我给你十八分钟，滚出这个城市。”

本杰明·巴顿高傲地走出办公室，在大厅里等候的五六个本科生好奇地望着他的背影。他走了几步，回头对站在门口、怒容满面的教务主任语气铿锵地重复道：“我就是十八岁！”

学生们哄堂大笑，他在这笑声中走开了。

然而，命中注定他没这么容易逃开。在他伤心地去火车站的路上，他发现身后跟了一群大学生，然后变成一大群，最后变成密密匝匝的一大片。人们以讹传讹，说一个疯子考上了耶鲁大学，还企图假装成十八岁的青年。大学里沸沸扬扬，学生们接连不断地跑出教室，足球队也不训练了，加入到乱哄哄的人群中。教授的妻子们不顾身份地跟在队伍后面大喊大叫，帽子也挤歪了，裙撑也扭到一边去了。队伍里议论纷纷，对本杰明·巴顿评头论足，句句戳在他脆弱的心窝里。

“他一定是永世流浪的犹太人[①]！”

“他这把年纪应该去上预备学校！”

“瞧瞧这位神童！”

“他以为这是养老院呐！”

“去哈佛大学吧！”

本杰明加快步伐，很快就飞奔起来。他要让他们看看！他会上哈佛大学，他们会为这些荒谬的嘲弄付出代价！

安全地登上开往巴尔的摩的火车后，他把头伸出窗外。“你们会后悔的！”他大声喊道。

“哈——哈！”大学生们大笑起来。“哈——哈——哈！”这是耶鲁大学犯下的最大的错误……

五

一八八〇年，本杰明·巴顿二十岁。生日这天，他因为去罗杰·巴

① 《圣经》故事，犹太人因为嫉妒拒绝善待受难的耶稣而遭到耶稣的惩罚，永世流浪，不得安居。

顿五金批发公司为父亲工作而变得不同凡响。就在这一年，他开始“出去社交”——也就是说，父亲坚持带他去参加了几个时髦舞会。罗杰·巴顿现在五十岁，他和儿子待在一起的时间越来越多了——事实上，自从本杰明不再染发（他的头发依然是灰色），他们的年龄看上去不相上下，可能会被误认为兄弟。

八月里的一个夜晚，他们穿着晚礼服登上四轮马车，赶往位于巴尔的摩郊外的谢夫林乡村俱乐部参加一个舞会。这是个美妙的夜晚。一轮满月洒着清辉，把道路映照得像白金似的闪闪发亮，晚开的花朵向静谧的空气吐露芳香，仿佛漫不经心的浅笑。铺满花草的乡野非常开阔，到处是明亮的麦田，月色迷离，恰如白天。如此美好的月夜，要是不让人们心醉神迷几乎是不可能的——几乎。

“干货行业大有前途。”罗杰·巴顿说。他没什么精神追求——他的审美处于初级阶段。

“像我这样的老朽学不了新技能了，”他具有深刻的洞察力，“你们这些生龙活虎的年轻人才大有前途啊。”

道路的远处，谢夫林乡村俱乐部的灯光在他们的视野里飘飘忽忽，如泣如诉的音乐不绝于耳——这大概是优雅哀婉的小提琴或是月光下银色的麦浪奏出的乐章。

他们在一辆气派的布鲁厄姆马车后面停下来，上面的人正从马车的门口走出来。先是一位女士，接着是一位年长的绅士，再接着是另一位女士，她年轻貌美，美得简直会让人犯罪。本杰明大吃一惊，体内仿佛发生了神奇的化学反应，身体元素好像被溶解和重新组合。一道电流传遍全身，他面红耳赤，心跳加快。他第一次尝到了恋爱的滋味。

女孩苗条娇嫩，月亮给她的秀发镀了一层银光，而走廊里哔剥作响的煤气灯则把它照得像蜂蜜一样金黄透亮。她的肩上披着一件鹅黄色的西班牙小披风，上面点缀着黑蝴蝶图案；撑开的裙裾下面，一双小脚仿佛两颗闪闪发光的纽扣。

罗杰·巴顿歪着头看着儿子。“那位姑娘，”他说，“是年轻的希尔德加德·蒙克利夫，蒙克利夫将军的女儿。”

本杰明心不在焉地点点头。“漂亮的小东西。”他淡淡地说。然而当黑人男孩为他们引着路走开的时候，他又说：“爸爸，你可不可以把我引荐给她。”

他们来到以蒙克利夫小姐为中心的人群中。由于接受了旧式传统教育，她在本杰明面前显得谦恭有礼。是的，他可以请她跳舞。他向她表示感谢，然后走开了——跌跌撞撞地走开了。

轮到他请她跳舞前的那段时间非常漫长。他站在墙边，沉默地、神秘地、用要置人于死地的目光注视着巴尔的摩那些年轻的纨绔子弟，他们的脸上洋溢着热烈的倾慕之情，围着希尔德加德·蒙克利夫团团转。本杰明觉得他们非常可恶，他们那么兴奋，真是令人受不了！他们那卷曲的棕色胡须在他内心深处激起一种类似于消化不良的情感。

然而，一轮到他自己，他立即和她踏着巴黎最新流行的华尔兹舞曲滑入灯光变幻的舞池，他的嫉妒和焦虑就像覆盖在心头的雪花一样融化了。他意乱情迷，觉得生活才刚刚开始。

“我们到这儿的时候，你和你哥哥也刚好到，是吗？”希尔德加德抬头望着他说，她的眼睛好像明亮的蓝色搪瓷。

本杰明不知如何回答。如果她误认为他是父亲的弟弟，是不是最好向她说明情况呢？他想起耶鲁大学的经历，决定将错就错。反驳女士的见解是不礼貌的；用他那荒唐的身世破坏这良辰美景是有罪的。以后再说吧，也许还有机会。因此他点点头，微笑着听她说话，觉得非常幸福。

“我喜欢你这个年纪的人，”希尔德加德告诉他，“年轻男子非常无知。他们对我说，他们上大学时喝了多少香槟，赌博输掉多少钱。像你这个年纪的人知道如何欣赏女性。”

本杰明觉得自己马上就想向她求婚——他竭力克制住这个冲动。

“你正处在浪漫的年纪，”她接着说，“五十岁的年纪。二十五岁太功利；三十岁过于劳顿；四十岁故事太多，需要彻底吸完一根雪茄才能讲完；六十岁——哦，六十岁又离七十岁近在咫尺；只有五十岁是恰到好处的年纪。我喜欢五十岁。”

本杰明觉得五十岁是个值得骄傲的年纪。他巴不得自己五十岁了。

"我一直说，"希尔德加德继续说，"我宁愿嫁给一个五十岁的人，受他呵护；而不愿嫁给一个三十岁的人，去照顾他。"

这个夜晚余下的时间，本杰明都沉浸在朦朦胧胧的甜蜜之中。希尔德加德又给了他两个和她共舞的机会。那天他们发现，他们在任何问题上都能一拍即合。下个礼拜日，她要和他一起乘车兜风，进一步谈论这些问题。

黎明前，他们乘着四轮马车回家去，第一群蜜蜂已经在嗡嗡歌唱，苍白的月光照在清凉的露珠上，本杰明恍恍惚惚地听见父亲在谈五金批发的事。

"……除了锤子和钉子，你觉得我们还应把重点放在哪里？"老巴顿说。

"爱情。"本杰明心不在焉地说。

"手柄[①]？"罗杰·巴顿吃惊地说，"哦，我刚才已经说过手柄了。"

本杰明眼神迷茫地看着他，这时东方的天空突然射出一道光芒，一只白头翁在一棵生机勃勃的树上打了个哈欠，发出了尖锐的叫声……

六

六个月后，希尔德加德·蒙克利夫小姐与本杰明·巴顿先生订婚的消息传了出来（我之所以说"传了出来"，是因为蒙克利夫将军声称，他宁愿倒在自己的军刀上也不愿公开这件事），巴尔的摩社交界的亢奋程度简直可以用狂热病来形容。人们又想起本杰明原本几乎已经被淡忘了的身世，一时之间，谣言四起，炮制出一桩令人难以置信的丑闻。人们说本杰明实际上是罗杰·巴顿的父亲，也有人说他是罗杰·巴顿蹲了四十年大牢的弟弟，还有人说他是乔装改扮的约翰·威尔克斯·布斯——最后一个说法是，他的头上长了两个锥形的小角。

① 爱情（love）和手柄（lug）压头韵，容易听错。

纽约报纸的礼拜日增补版也极尽夸张之能事，还配上了令人咋舌的速写插图。插图上，本杰明的身体分别是鱼、蛇，甚至是硬邦邦的铜块。新闻界争相报道，他被称作“马里兰的神秘人物”。然而通常情况下，真实的故事总是鲜为人知。

然而，大家都赞同蒙克利夫将军的观点，认为一个可爱的姑娘本来可以嫁给巴尔的摩的任何一个爱慕者，却投进一个毫无疑问有五十岁的老男人的怀抱，真是“罪过”。罗杰·巴顿先生徒劳地把儿子的出生证明用大号字体刊登在巴尔的摩的《火焰》报上，根本没人相信。只要看看本杰明就一目了然了。

而与这件事息息相关的两个当事人却毫不动摇。关于未婚夫的虚假传言如此之多，希尔德加德一概坚决拒绝相信，甚至包括那个真实的故事。蒙克利夫将军向她指出，五十岁——或者说，至少看起来像五十岁的男人死亡率很高，没有用；他告诉她，五金批发行业不稳定，依然没有用。希尔德加德情愿嫁给一个成熟的人——而且，她真的嫁给他了……

七

至少在一件事情上，希尔德加德·蒙克利夫的朋友们判断有误。五金批发生意兴隆得令人吃惊。在本杰明·巴顿结婚的一八八〇年和他父亲退休的一八九五年之间的十五年间，他们家的财富翻了一番——而这主要归功于公司里的这位年轻人。

不用说，巴尔的摩最终敞开怀抱接纳了这对夫妇。甚至是年迈的蒙克利夫将军也和女婿和解了，因为本杰明·巴顿资助他出版了曾被九家著名出版社拒绝的二十卷《内战史》。

本杰明自身在这十五年中也发生了许多变化。他血管里流淌的血液好像获得了新的活力。清晨起床后，他迈着轻快的步子，走在洒满阳光的繁忙道路上，为锤子和钉子的运输问题忙得不亦乐乎。就在一八九〇年，他发起了一场著名的企业变革：他提议，货箱上的所有钉子均归承运人所有，这项提议成为由首席法官福塞尔批准的一道法律条例，而且每年为罗杰·巴顿五金批发公司节省了六百多颗钉子。

另外，本杰明发现，他越来越热衷于声色犬马的生活。特别是作为巴尔的摩城首个拥有并会开汽车的人，他越来越对此事沾沾自喜。同龄人在街上看见他身体健康，精力充沛，都羡慕不已。

“他好像一年比一年更年轻。”他们会这么说。而且如果说现年六十五岁的罗杰·巴顿当初没有以合适的态度欢迎儿子的到来，那么最后，他则以极力奉承的方式对他进行了补偿。

不过在这里，我们要谈一个令人不快的话题，这个话题还是一笔带过的好。只有一件事令本杰明·巴顿烦恼：妻子对他不再具有吸引力了。

当时，希尔德加德已经三十五岁了，儿子罗斯科已经十四岁了。他们刚结婚时，本杰明非常崇拜她。然而，随着时间的推移，她那蜂蜜一样金黄透亮的秀发变成了枯黄色，蓝色搪瓷一般的眼睛变得像廉价的陶罐一样。最重要的是，她太安于现状，太平淡，太知足，太波澜不惊，没有激情，对自己的好恶过于清醒。当新娘的时候，她硬“拖”着本杰明去参加舞会和宴会——现在情况恰恰相反。她虽然和他一起出去应酬，却毫无热情，她的激情永远被惰性吞噬掉了，这种惰性总有一天会降临到我们每个人的身上，而且一直会陪着我们到生命的尽头。

本杰明的不满情绪越来越强烈。一八九八年美西战争爆发时，家庭对他几乎没有任何吸引力了，于是他决定去参军。由于生意上的影响力，他被任命为上尉，实践证明他很称职。于是，他又被提升为陆军少校，最后又提升为陆军中校，正好赶上参加著名的圣胡安山战役。他受了点轻伤，获得了一枚军功章。

本杰明非常热爱军旅生活的生气和刺激，一想到要退伍，就觉得惋惜。但是他要关照家族的生意，因此还是退役回家了。一个军乐队在车站迎接他，并把他护送到家门口。

八

希尔德加德挥着一面大锦旗，在门口迎接他，甚至在吻她的时候，他的心都是沉甸甸的，他觉得这三年时间让他们付出了代价。她现在已经四十岁，头上已经斑斑驳驳地有了些许白发，这个情景让他觉得很沮丧。

他上楼走进房间，看到熟悉的镜子里自己的模样——他又走近些，忧心忡忡地端详着自己的面容，和战争爆发前的一张军装照比较了一会儿。

“上帝！”他大声叫道。这个过程仍在继续。毫无疑问——他现在看起来像个三十岁的男人。他没有感到高兴，相反，他很发愁——他越来越年轻了。他一直希望，如果他的生理年龄和实际年龄相吻合的话，他出生时的古怪现象就不会再发挥影响了。他打了个冷战。他的命运似乎很可怕，很不可思议。

他下了楼，希尔德加德在等他。她似乎很生气，他怀疑她是否终于察觉出什么异常了。他竭力缓和他们之间的紧张气氛，晚饭的时候，他用自以为很委婉的方式想探探她对这件事的态度。

“哦，”他故作轻松地说，“大家都说我看起来比以前任何时候都年轻。”

希尔德加德轻蔑地看着他，冷冷地哼了一声。“你以为这是值得炫耀的事情吗？”

“我不是在炫耀。”他忐忑不安地表明态度。

她又冷冷地哼了一声。“这个念头，”她停了一会儿接着说，“我想但凡你有自尊心，就该断了这个念头。”

“我能怎么办？”他问道。

“我不想和你吵架，”她反驳道，“但是做一件事总是有对有错。如果你下定决心要与众不同，我认为我是管不了你，但是我真的认为这很自私。”

“可是，希尔德加德，我无能为力呀。”

“你完全可以。你就是冥顽不化。你想特立独行，你一直这样，而且你还想一直这样下去。但是请你想想，如果别人都像你一样，将会是什么情形——这个世界会是什么样子？”

因为这个问题是与生俱来的，根本没有答案，本杰明无言以对。从这以后，他们之间的分歧越来越大。他很奇怪，她以前怎么可能对他具有那么大的魅力。

随着新世纪的到来，他发现，他对寻欢作乐的渴望愈发强烈，这进一步加大了他们之间的嫌隙。巴尔的摩的任何一个类型的任何那个一个舞会，都少不了他的影子。他和最漂亮的少妇跳舞，和最受青睐的社交界名媛聊天，他发现和她们在一起令人陶醉。而他的妻子，一脸倒霉相的贵族老婆子，坐在陪伴未婚少女的女监护人中间，一会儿带着目空一切的不满，一会儿又用严厉、困惑、怨愤的眼神盯着他的背影看。

“看！”人们会说，“真是可惜！这么年轻的一个小伙子拴到一个四十五岁的老女人身上。他一定比他妻子年轻二十岁。”他们已经忘了——人们总是善于遗忘——早在一八八〇年，他们的父母对这一对不般配的夫妻做出过同样的评价。

本杰明在家时越来越不开心，他用许多新的爱好来消解烦恼。他打高尔夫球，并且取得了巨大的成功。他热爱跳舞：一九〇六年，他成为“波士顿华尔兹”的专家；一九〇八年，他被公认为“马克西舞”的能手;而一九〇九年，他的“城堡舞”令全城的年轻人都惊叹不已。

他的社交活动当然在某种程度上影响了他家的生意，不过那个时候他已经为五金批发生意努力工作了二十五年，他觉得他很快就可以把生意交给儿子罗斯科打理，不久前罗斯科已经从哈佛大学毕业了。

事实上，他和儿子经常被人认错。这让本杰明很高兴——不久他就忘记了他从美西战场上返回家乡时曾经潜藏在心中的恐惧，开始天真地喜欢上了自己的容貌。春风得意的背后只有一件烦心事——他讨厌和妻子一起出现在公共场合。希尔德加德快五十岁了，看到她，他就觉得非常荒唐……

九

一九一〇年九月的一天——在罗杰·巴顿五金批发公司交给年轻的罗斯科·巴顿几年后——一个看起来大约有二十岁的男人，只身前往剑桥市的哈佛大学，成为一名一年级新生。他没有声明自己五十多岁了，也没有提儿子十年前从这所院校毕业的事，这是明智之举。

他被录取了，而且几乎立刻就成了班级里的领军人物，这在一定程度上是因为他的年龄好像比其他新生稍大一点，他们的平均年龄大约是十八岁。

不过，他的成功主要是因为在和耶鲁大学的足球比赛中，他踢得非常精彩。他骁勇善战，还带着冷酷无情的怒火，为哈佛大学赢得七分触地得分和十四分射门得分，而且还创造了一项纪录。那就是耶鲁队的十一个队员全部累倒在地，被逐个抬出球场。他成了大学里最著名的风云人物。

说来奇怪，到了大学三年级，他几乎无法为球队"建功立业"了。教练说他体重减轻了，而且队员中观察力比较敏锐的人发现，他比以前矮了。他无法再得触地得分了——事实上，他依然被留在球队里，主要是希望他的威名可以给耶鲁队带来恐惧，瓦解他们的信心。

到了大学四年级，他对球队已经没有丝毫贡献了。他变得非常瘦小、柔弱。有一天，他被一个二年级的新队员取而代之，这件事让他感觉自己受到了奇耻大辱。他开始作为天才而知名——一个大学四年级学生，肯定只有十六岁——他经常对一些同学的老于世故感到震惊。学习对他来说似乎比较吃力——他觉得知识太深奥了。他听到同学们谈论著名的圣米达斯预备学校，他们中有很多人都是从这所学校考入大学的。他决定大学毕业后，再去上圣米达斯预备学校，混迹于差不多和他一样高的男孩中间，日子会好过些。

一九一四年，他一毕业就回到巴尔的摩的家，兜里装着哈佛大学的毕业证书。那时，希尔德加德已经定居意大利，因此，本杰明和儿子罗斯科生活在一起。然而，尽管他受到儿子的礼遇，但是罗斯科显然对他并不热情——儿子甚至有一种倾向，他认为本杰明像个正处于青春期的孩子，喜怒无常、百无聊赖地在屋子里晃来晃去，有点碍手碍脚。现在，罗斯科已经结婚，在巴尔的摩社交圈里很有名望，他不想让自己的家族传出丑闻。

本杰明已经不再受初涉社交界的名门闺秀以及年轻的大学生们追捧了，他发现自己被孤零零地甩在一边，只有附近的几个十五岁的男孩子和他为伴。他又想到圣米达斯预备学校去上学了。

“嗨，”有一天他对罗斯科说，“我已经对你说过无数遍了，我想到预备学校上学。”

“那么，去好了。”罗斯科不想多费口舌。这件事让他厌烦，他也不想再做讨论。

“我不能独自过去，”本杰明无助地说，“你得帮我注册登记，再把我送过去。”

“我没时间。”罗斯科粗鲁地说。他眯着眼睛，忧虑地看看父亲。“实际上，”他接着说，“你最好不要执迷不悟了，你最好到此为止，你最好——你最好——”他停住了，他找不出合适的词汇，他的脸因此而憋得通红。“你最好幡然醒悟，回到正确的轨道上来。玩笑开过头了，一点都不好玩。你——你好自为之吧！”

本杰明看着他，几乎要哭出来了。

“还有一件事，”罗斯科接着说，“家里来客人的时候，我希望你叫我‘叔叔’——不要叫我‘罗斯科’，叫‘叔叔’，明白了吗？一个十五岁的孩子叫我的名字听起来很荒唐。也许，你最好一直叫我‘叔叔’，这样的话，你就会习以为常了。”

罗斯科狠狠地看了父亲一眼，转身离开了……

十

这次面谈结束后，本杰明闷闷不乐地在楼上徘徊，看着镜子里的自己。他已经三个月没有刮脸了，但是他发现脸上只有一层淡淡的小绒毛，似乎没有必要去管它。他刚从哈佛大学回来的时候，罗斯科来到他面前，建议他戴上眼镜，脸上粘上假胡须。刹那间，他觉得他刚出生时的闹剧似乎又重演了。但是假胡子让他皮肤瘙痒，而且让他觉得羞耻。他哭起来，罗斯科勉强动了点恻隐之心。

本杰明翻开一本儿童故事书《比米尼海湾的童子军》，开始读起来。但是，他发现自己总是对战争念念不忘。上个月，美国加入了协约国，本杰明想去参军。但是，哎，年龄要求至少是十六岁，而他看起来没那么大。他的实际年龄是五十七岁，即使这个年龄也是不合格的。

有人敲门，管家送来一封信，是给本杰明·巴顿的，信角上有一个很大的公章。本杰明急切地打开信封，高兴地读着信。信上说，许多参加过美西战争的预备军官正在被召回军队，并被授予更高的军衔，信里还附有一张委任状，任命本杰明·巴顿为美国陆军准将，并命他立即前去报到。

本杰明跳起来，他因为热血沸腾而微微颤抖，这正合他的心意。他抓起帽子，十分钟后便来到查尔斯街上的一家大型裁缝铺，用尖声尖气、缺乏底气的童声要求为他量身定做一套军装。

“想扮演士兵吗，小兄弟？”裁缝铺的伙计漫不经心地问道。

本杰明的脸红了。“喂！我想干吗不用你操心！”他生气地反驳道，“我姓巴顿，住在弗农山庄，这样你总该明白我出得起做衣服的钱了吧。”

“好吧，”裁缝铺的伙计犹犹豫豫地认可了他的说法，“如果你没钱，那么，我想你爸爸会有的。”

裁缝铺的伙计为本杰明量好尺寸，一个礼拜后军装就做好了。他大费周章才弄到合适的准将肩章，因为裁缝铺老板坚持认为，一枚精致的基督教女青会的徽章同样好看，而且更有趣，更好玩。

一天夜晚，本杰明瞒着罗斯科，不辞而别。他乘坐火车，来到南卡罗来纳州的莫斯比军营，他要在那里统领一个步兵旅。四月的一个湿热难耐的日子，他来到军营的大门口，付清把他从车站送到军营的出租车钱，转身看着站岗的哨兵。

“叫人帮我拿行李！”他居高临下地说。

哨兵用责怪的眼神看着他。“喂，”他说，“你穿着陆军准将的衣服要去哪里，小兄弟？”

本杰明，美西战争的老兵，怒火中烧的他猛然转过身，但是，哎，他的声音却是尖锐的童声。

“立正！”他大声吼道。他停下来喘气——然后，突然之间，他看见哨兵咔的一声并拢脚跟，把步枪举到胸前。本杰明暗暗露出满意的微笑，然而，他向后一看，笑容消失了。士兵并不是服从他的命令，而是看到了骑在马背上正威风凛凛地赶来的炮兵上校。

“上校！”本杰明尖声尖气地大声喊道。

上校策马勒缰，用炯炯有神的目光冷静地俯视着他。“你是谁家的小孩？”他慈祥地问。

“我马上就证明给你看我是谁家的小孩！”本杰明狠狠地训斥他，“还不赶快下马！”

上校放声大笑。

“你想骑马吗，嗯，将军？”

“放肆！”本杰明失望地吼道，“看看这个。”他唰的一声把委任状递给上校。

上校看完委任状，眼珠子都要鼓出来了。

“你从哪里弄来的？”他一边顺手把文件装进自己的衣袋里，一边问。

“政府寄给我的，你很快就会知道了！”

“跟我来，”上校说，他有点丈二和尚摸不着头脑，“我们到军部去商量一下。来吧。”

上校转过身，牵着马朝军部走去。本杰明只好跟着他，最大限度地保持着尊严——同时暗下决心，要狠狠地报复他。

但是这场报复未能实施。两天后，儿子罗斯科突然从巴尔的摩赶来，他行色匆匆，恼羞成怒，护送哭哭啼啼、被没收了军装的准将，回家去了。

十一

一九二〇年，罗斯科·巴顿的第一个孩子出生了。然而，在随之而来的庆祝活动期间，一个脏兮兮的、看上去十岁左右的小男孩，满屋子跑着玩铅制的士兵和玩偶马戏团，他是这个新生儿嫡亲的祖父。没有人觉得“这件事”值得一提。

没有人不喜欢这个小男孩，他那粉嫩可爱的脸上笼罩着淡淡的悲伤，但是对于罗斯科·巴顿而言，他的存在则是一种煎熬。用他这一代人的语言习惯来说，罗斯科觉得这件事非常“窝囊”。在他看来，父亲似乎拒绝接受六十岁该有的模样，他表现得不像一个“血气方刚的男子汉”——这是罗斯科最喜欢的说法——而是表现得不可思议，有悖常理。事实上，这件事只要他考虑半个小时就几乎会发疯。罗斯科相信“生龙活虎的人”应该保持年轻的心态，但是弄到这个份上是——是——是窝囊的表现。罗斯科不愿往下想了。

五年后，罗斯科的儿子已经长大，能够和小本杰明在同一个保姆的照看下做些简单的游戏了。罗斯科把他们两个同时送到幼儿园。本杰明发现，用彩色小纸条编成垫子、链子和奇怪而美丽的图案是世界上最令人着迷的游戏。一旦他表现不好，就得去站墙角——于是他就号啕大哭——但是大部分时间，这个赏心悦目的教室里都充满欢乐，阳光从窗子里射进来。时不时地，贝莉小姐将她那温柔的手放在他那乱蓬蓬的头发上，抚摸一会儿。

一年后，罗斯科的儿子升入小学一年级，但是本杰明依然待在幼儿园里。他非常开心。有时，当其他小孩谈论他们长大后想做什么的时候，他的小脸上就会蒙上一层阴影，仿佛他那幼小的心灵隐隐约约地感到这些事情是他永远都无法分享的。

日子过得单调乏味，他已经上了三年幼儿园了，但是现在他太小了，他不知道这些亮闪闪的小纸条有什么用。别的小男孩都比他大，他因为害怕他们而哭泣。老师和他讲话，尽管他努力去听，却根本听不懂。

他被人从幼儿园里接出来。保姆娜娜穿着浆过的条纹裙子，成为他小小世界的中心。在阳光灿烂的日子里，他们到公园里散步；娜娜会指着一个灰色的大怪物说“大象”，本杰明就会跟着她重复一遍。晚上，当保姆帮他脱衣睡觉时，他会大声地、一遍遍地对她重复着：“大象，大象，大象。”有时，娜娜让他在床上蹦着玩，这很有趣，因为如果你蹦完后立刻坐下来，它会把你重新弹起来。如果你在蹦起来的时候，拖着声音喊“啊”，你就会得到一种令人心醉的断断续续的声乐效果。

他喜欢从衣帽架上取下一根大拐杖，随处敲打桌椅，边敲边说：“打，打，打。”有人的时候，老太太们会对他咯咯地笑，他觉得挺有趣，年轻女士们想亲亲他，他不大情愿地接受了。下午五点钟的时候，漫长的一天结束了，他就会和娜娜一起上楼，娜娜用汤勺喂他吃燕麦片和又香又软的饭糊。

在他那童真的睡梦中，没有烦恼的回忆，他丝毫不记得大学时代的峥嵘岁月，也不记得那些让许多姑娘都心旌摇曳的光辉日子。洁白而安全的婴儿床壁、娜娜、一个经常来看他的男人以及一个巨大的橙色球，构成了他的整个世界。太阳快落下的时候，他就要睡觉了，娜娜就指着这个巨大的橙色球大声说“太阳”。太阳一落，他就睁不开眼睛了——没有梦，没有不开心的梦。

过去——他身先士卒，不顾一切地冲上圣胡安山；刚结婚那些年，为了他钟爱的、年轻的希尔德加德，他在这座城市的繁华中心整日工作到黄昏；结婚以前，他和祖父一起坐在门罗街老巴顿那座昏暗的房子里抽烟到深夜——所有这些记忆都从他的脑海里渐渐消失了，就像一场场虚无缥缈的梦，仿佛从来都没有存在过。

他的记忆模糊了，他记不清最后一顿饭，牛奶是热的还是凉的，记不清日子是怎样过去的——只有婴儿床和娜娜熟悉的身影。接着，他什么都不知道了。饿了，他就哭——仅此而已。一连几天的中午和晚上，他都只剩一口气了。周围充斥着喁喁细语，他也几乎听不见了，他只能模模糊糊地分辨出气味、光明和黑暗。

然后是一片漆黑，白色的婴儿床、在他头上晃动的影影绰绰的脸庞、牛奶温暖甜蜜的香味，一起从他的脑海里消失了。

钻石山

一

约翰·T. 昂格尔出生于哈德斯——密西西比河岸的一个小城镇——他家世代是当地的名门。约翰的父亲拥有业余高尔夫冠军称号，打过许多激烈的比赛；昂格尔太太擅长发表政治演说，她的大名，用当地人的话来说，就是“从普通人到达官显贵”[①]无人不知，无人不晓；年轻的约翰·T. 昂格尔刚刚十六岁，在穿长裤之前[②]，他就跳过从纽约流行开来的各种舞步。而现在，他要离家一段时间。对新英格兰教育的尊重是各省的祸根，他们每年都把最有前途的年轻人全部送去学习。这种想法在约翰的父母那里一样根深蒂固。除了波士顿附近的圣米达斯学校，别的学校都不合他们的心意——哈德斯太小了，装不下他们那才华横溢的宝贝儿子。

现在在哈德斯——假如你去过那里，就会知道——比较时髦的预备学校和大学的名字都无足轻重。居民们与世隔绝的时间太长，尽管他们的穿着、礼仪和文学表面上看起来与时俱进，然而在一定程度上，这些都是道听途说的产物。哈德斯人煞费苦心举办的宴会，连芝加哥牛肉铺里的小姑娘都会毫无疑问地泼他们一头冷水，认为“也许有点不像话”。

约翰·T. 昂格尔离开家的前一天晚上，昂格尔太太由于母爱而变得有点糊涂，在他的行李箱里塞满了亚麻西服和电扇，昂格尔先

---

① 原文是“from hot-box to hot-bed”，前者可能是指吸食大麻的人，喻指普通饮食男女；后者指温床，可能是喻指养尊处优者。

② 根据菲茨杰拉德的小说《返老还童》，可知男孩子十四岁才能穿长裤子，所以这里应该指约翰·T. 昂格尔十四岁之前。

生则送给儿子一个装满钱的石棉皮夹子。

“记住，我们永远欢迎你回来，”他说，“你放心，孩子，我们会让家里的火炉一直燃烧着。”

“我知道。”约翰哽咽着回答。

“别忘了你是谁，你的家乡在哪里。”父亲骄傲地接着说，“你不能做伤害自己的事情，你是昂格尔家族的一员——你来自哈德斯。”

于是，这一老一小握手道别，约翰泪流满面地离开了家乡。十分钟后，他已经走到城外，他停下脚步，最后一次回头张望。大门上那句维多利亚时代的古老格言似乎对他有着奇特的吸引力。父亲曾经几次想把它换成更加有气势、有活力的词句，比如“哈德斯——你的机遇”；或者在热烈相握的手上树一块醒目的“欢迎”招牌，在灯光的映衬下，直指苍穹。那句古老的格言有点让人提不起精神，昂格尔先生曾经这么想——然而，现在……

约翰就这么看了一眼，然后一脸决绝地朝目的地走去。当他转身离去的时候，哈德斯的灯光在天空下显得异常美丽，似乎充满了温暖和激情。

乘坐“罗尔斯-皮尔斯”牌汽车，从波士顿出发半个小时就到圣米达斯学校。没有人知道实际上到底有多远，因为除了约翰·T.昂格尔，别人都是乘坐“罗尔斯-皮尔斯”牌汽车去的，而且以后也许不会再有人像他那样去了。圣米达斯学校是世界上最昂贵、最高级的男子预备学校。

约翰的头两个学年过得很愉快。所有男孩的父亲都是土皇帝，暑假的时候，约翰去参观了时髦的旅游胜地。他很喜欢拜访过的那些男孩，他们的父亲给他的印象简直一模一样，他常常孩子气地感到奇怪：他们怎么会如此相像。他告诉他们他的家乡在哪里，他们就会嘻嘻哈哈地问：“那里很热吗？”约翰会挤出一丝微笑回答道：“当然。”如果他们所有人都不以这种方式开玩笑的话，他可能会表现得热情一点——他们最多改变一下说法，“你受得了那里的炎热气候吗？”这个说法他同样不喜欢。

第二学年过了一半的时候，约翰的班里来了一个插班生，他安静、帅气，名叫珀西·华盛顿。新来的同学待人谦恭有礼，穿着打扮即使在圣米达斯学校也依然显得气派非凡。然而，不知道是什么缘故，他总是和其他同学格格不入。唯一和他亲近的人就是约翰·T. 昂格尔，然而即使是对约翰，他也绝口不提他的家乡和家庭。他很有钱，这不言而喻，然而，除了这点推论，约翰对他的朋友几乎一无所知。因此，当珀西邀请约翰到自己“西部”的家乡度暑假的时候，就好像为他饥饿的好奇心提供了一顿美味佳肴一样，于是，他毫不犹豫地接受了。

他们一坐上火车，珀西就一反常态，变得健谈起来。有一天，他们在餐车里边吃午餐边谈论学校里几个学生的性格缺点时，珀西突然改变口气，道出了一句惊人之语。

“我父亲，”他说，“是世界上最富有的人。”

“哦。”约翰礼貌地说。对于珀西给予他的信任，他不置可否。他想说“很好”，但听起来很空洞。他想说“真的吗”，但是没有说出口，因为这样说似乎是在质疑珀西的话。而他的这句惊人之语几乎是无可置疑的。

“最富有的人。”珀西重复道。

“我正在看《世界年鉴》，”约翰说，“上面说，在美国，有一个人的年收入超过五百万，有四个人的年收入超过三百万，而——”

“哦，他们简直不值一提。”珀西的嘴巴弯成半月形，作嘲弄状，“他们只不过是有几个小钱的资本家、金融界的小人物、微不足道的商人和债权人。我父亲不费吹灰之力就可以把他们的财产全部买下来，而且他们还不知道是谁干的。”

“可他怎么——”

“为什么他们没有他的所得税记录？因为他压根没有交过。至少可以说，他交了一点——但是根本没有根据他的实际收入交税。”

“他一定很有钱，”约翰单纯地说，“我很高兴。我喜欢有钱人。”

“人们越有钱，我就越喜欢他们。”他黝黑的脸上流露出热烈率真的表情，“复活节的时候，我拜访了施内策-墨菲。维维安·施内策-墨菲有许多鸡蛋那么大的红宝石和许多地球仪那么大、里面会发光的蓝宝石——”

“我喜欢宝石，”珀西饶有兴趣地表示赞同，“当然我不想让学校里任何人知道这一点，我自己就收集了许多。我以前一直都在收集宝石，我不集邮。”

“还有钻石，”约翰热切地继续说，“施内策-墨菲家有核桃那么大的钻石——”

“没什么了不起的。”珀西凑到约翰的耳朵旁，压低声音悄声说，“那简直不值一提。我父亲有一颗钻石，比丽兹-卡尔顿[①]饭店还大。”

二

蒙大拿的落日悬挂在两座大山之间，像一块巨大的瘀斑，在中了毒似的天空中伸出无数条黑色的动脉。费西村蜷缩在苍茫的天空下，渺小凄凉，无人问津。据说，村里有十二个人，这十二个忧郁而神秘的灵魂，是由一种神秘的生育力量所生，他们喝着几乎是光秃秃的岩石分泌出的、几乎没有营养的奶汁长大成人，繁衍成一个与世隔绝的民族。费西村的这十二个人和某些物种一样，最初由自然孕育而成，却又被自然抛弃，任其自生自灭。

远处，在瘀斑般的落日下，在苍凉的大地上，游弋着一长串闪烁不定的灯光。费西村的那十二个人像鬼魂似的聚在简陋的车站旁，看着这列七点钟的火车。这列从芝加哥出发的横贯大陆的特快列车从他们身旁飞驰而过。这列横贯大陆的特快列车通过某种不可思议的管辖权，每年在费西村大约停下六次。每当它停下来的时候，就会有一两个人从火车上下来，再登上一辆总是在黄昏的时候才会出现的轻便马车，朝瘀斑般的落日驶去。观看这个毫无意义、有悖常理的现象已经变成费西村村民的一种宗教仪式。为了观看而观看，仅此而已。他们当中没有人拥有至关重要的、能够激发好奇心或让人思考的想象力，否则，这些神秘的天外来客就有可能形成一种宗

① 指巴黎的一家著名饭店，开创了豪华饭店的先河。

教。然而，费西村的人们生活在所有的宗教之外——甚至是最浅显、最原始的基督教教义也难以在这个寸草不生的石头山上挣得一席之地——因此，这里没有祭坛，没有牧师，没有祭品；只有每天晚上七点钟在简陋的车站旁聚集的那群悄无声息的人们，这群人在祈祷一个看不清的、毫无生机的奇迹。

在这个六月的夜晚，了不起的司闸员发出号令，这列七点钟的火车奉命停在费西村这个地方，让上面的人走下来（或让上面的货物卸下来）。如果费西村的村民想要将谁奉为神明的话，他们完全可以选择这位司闸员作为他们神圣的主宰。七点零二分，珀西·华盛顿和约翰·T. 昂格尔下了火车，匆匆地从费西村那十二个被施了魔法、目瞪口呆、战战兢兢的人身旁走过，登上一辆显然不知道是从哪儿开来的轻便马车，绝尘而去。

半个小时后，暮色加重，变成一片黑暗，沉默的黑人司机向前面黑暗中的一个黑影喊了一声。一个光环应声射出，像一只邪恶的眼睛从深不可测的夜色中注视着他们。当他们驱车走近时，约翰才看清楚，那是一盏巨大的汽车尾灯。这辆汽车巨大、气派，是他之前见所未见、闻所未闻的。车身是由明晃晃的金属制成的，那金属比镍珍贵，比银轻便，轮毂上镶着亮闪闪的、绿色和黄色相间的几何图形——约翰不敢妄下断语，那究竟是玻璃还是宝石。

两个黑人如同人们在照片里看到的伦敦皇家仪仗队队员，穿着闪闪发光的制服，直挺挺地立在车旁。当两个年轻人从轻便马车上下来的时候，两个黑人用客人听不懂的语言向他们致意问候，这种语言似乎是南方的黑人方言中土得掉渣的那种。

“上车吧。”珀西对朋友说，话音未落，他们的行李箱已经被人扔到豪华轿车的乌木色车顶。“抱歉，我们不得不让你坐在那辆破车里走这么远的路，但是我们自然不能让火车上的乘客以及费西村里的那些倒霉蛋看到这辆汽车。”

“天哪！好气派的车啊！”车内突然传出一声惊呼。约翰看到，车内装饰着无数块以金线织物打底、点缀着宝石和刺绣、精美绝伦的真丝织锦。供两个男孩子尽情享受的两把座椅，铺着毛茸茸的坐垫，仿佛是用五彩缤纷的鸵鸟羽尾织成的。

“好气派的车啊！”约翰又发出一声惊叹。

“你是指这个玩意儿吗？”珀西笑了，“哦，一个老古董而已，只是用它往返于车站，接接人、送送人罢了。”

这时，他们正在黑暗中朝两座大山之间的裂缝行驶。

“一个半小时后，我们就到了。”珀西看看表说道，“我不妨告诉你，这里的一切你之前都没有见过。”

如果这辆汽车是约翰将要见识到的豪华景象的先兆，那么他的确需要做好大吃一惊的准备了。哈德斯盛行一种简单的虔诚，对财富的顶礼膜拜是那里的人们最重要的信仰——如果约翰在财富面前没有表现出卑躬屈膝，他的父母会认为这是对神灵的亵渎，会因此而仓皇逃走的。

现在，他们已经到达并已进入两座大山之间的裂缝中，路面几乎立刻变得更加崎岖不平了。

“如果月光能照进来，你就会看到我们正置身于大峡谷之中。”珀西费力地盯着窗外说。他朝对讲机说了几个字，男仆立刻将探照灯打开，一道强光照亮了整个山坡。

“到处都是石头，看到了吧。普通汽车在半个小时内就会被颠成碎片。实际上，如果路不熟的话，要想从这里通过，最好开辆坦克。看好了，我们现在正在上山。”

他们显然在向山上行驶，几分钟后，汽车就翻过一道山梁，他们看到远方升起一轮惨淡的新月。汽车突然停下来，车旁出现了几个从黑暗里冒出来的人影——他们也是黑人。两个年轻人再次接受黑人们的虔诚问候，他们的话语同样含糊不清、不知所云；然后黑人们便忙活起来，四根异常粗壮的电缆从半空中垂下来，用钩子勾住镶满宝石的汽车轮毂。随着雄壮有力的“嗨——哟！”声，约翰感到汽车缓缓地离开了地面——越来越高——已经脱离了两边最高的石峰——然后继续升高，直到能够看见洒满月光的山谷像波浪一般在眼前伸展，与刚刚抛至身后的乱石迷阵形成鲜明的对比。只有一面是石峰了——然后突然之间，他们的身旁以及四周全都空空如也，再也看不到岩石了。

显然，他们已经在一个刀刃般直插云霄的石峰之上了。过了一会儿，他们又开始下降，最后轻轻颠了一下，他们便落在平坦的地面上了。

“最糟糕的行程结束了，”珀西眯着眼看着窗外说，“只有五公里了，我们自己家的路——用饰面砖铺的——一路都是。这是我们的私家道路。父亲说，这里已经出了美国的地界了。”

“我们在加拿大吗？”

“我们不在加拿大。我们在蒙大拿的洛基山脉中段。不过现在，你在这个国家绝无仅有的、从来没有被测量到的五平方英里的土地上。”

“为什么没有被测量到？他们把它遗忘了吗？”

“非也，”珀西咧开嘴笑着说，“他们试图测量了三次。第一次，我爷爷贿赂了国家测量部的所有成员；第二次，他让人把美国官方地图随意涂抹了几下——就这样一直维持了十五年。最后一次比较麻烦。是我父亲搞定的。他让他们的指南针处在一个最强大的人工磁场中，又找人制造了一整套稍有误差、测量不出这块土地的仪器，然后用这套仪器与官方即将使用的那套仪器调了包。接着，他把一条河流改道，而且在河岸上建了一处貌似村庄的房舍——为的是让他们看见，并且让他们以为，在河流上游十英里远的山谷深处有一个小城镇。我父亲只担心一样东西。”他总结似的说道，“世界上只有一样东西可以用来找到我们。”

“是什么？”

珀西压住嗓门。

“飞机，”他低声说道，“我们有六架高射炮，而且到目前为止，我们一直都严阵以待——不过打死了几个人，还有许多人被关了起来。你知道，我和父亲，这种情况我们都无所谓，只是母亲和女孩子们很紧张。我们总会有猝不及防的时候。”

绿月当空，云彩一缕一缕的，犹如栗鼠身上脱落的毛团，从绿色的月亮上悠然飘过，仿佛鞑靼可汗视察时东方人献出的珍贵丝绸。约翰觉得恍如白昼，他仿佛看见几个少年在空中飞行，扔下的传教手册和专利药品传单犹如雨下，为那些被岩石阻断的绝望村庄带来希望的福音。他仿佛看见他们从云层里俯身凝视——观察着他要去的那个地方的一切——接着会发生什么呢？他们可能会被阴谋诡计诱导着陆，然后被囚禁起来等着被处死，再也无法顾及传教手册和专利药品传单——或者，他们可能没有落入陷阱，而那突然射出的烟雾和爆炸的子弹也能把他们击落到地面上——使珀西的母亲和妹妹们很“紧张”。约翰摇摇头，张开的嘴唇间悄然发出一阵空洞而诡异的笑声。这里隐藏着怎样令人毛骨悚然的交易？一个阴阳怪气的大富豪在耍什么样的花招？这里到底有着怎样可怕而又令人欲罢不能的秘密？……

此刻，栗鼠毛似的云彩已经飘远，蒙大拿的夜晚亮如白昼。巨大的车轮安然行驶在饰面砖砌的路上，他们环绕着静谧的、洒满月光的湖泊行驶；有一阵子，他们驶入黑暗之中，那是一片松林，散发着浓郁的木香，非常凉爽。接着，他们出了松林，驶入一条宽阔的林荫大道上，路面绿草萋萋，约翰欢呼起来，珀西向他示意，“我们到家了。”

一座沐浴着星光的精美城堡从湖边拔地而起，城堡依山势而建，有旁边山峰的一半高。大理石墙壁熠熠生辉，光影流淌，既匀称又优雅，既柔美又慵懒。城堡掩映于松海之中，与黑暗融为一体。众多高塔，沿山而建的护墙上镶嵌着纤巧的窗花，无数扇闪着金光的椭圆形、多角形和三角形的黄色窗户，无不展示出精雕细琢的鬼斧神工。闪着星光和蓝光的平台纵横交错，柔和得令人心醉。所有这一切像一首乐曲撩人的和弦,令约翰的心灵为之震颤。其中有一座塔，那座最高、基座最黑的塔，塔顶外面张灯结彩，营造出一种飘飘欲仙的境界——正当约翰心潮澎湃地仰望高塔的时候，从上面隐隐飘来一阵小提琴悠扬、有力的和弦声，这种洛可可式和谐的优美音乐，他以前从来没有听到过。接着，汽车突然停在宽阔雄伟的大理石台阶前，夜晚的空气中弥漫着花香。台阶上，两扇大门无声地打开了，明亮的灯光驱散了黑暗，映出一位女士优雅的身影，她将黑发高高绾起，向他们敞开了怀抱。

“母亲，”珀西说，“这是我朋友约翰·昂格尔，从哈德斯来。”

后来，约翰记得，他到那里的第一个夜晚，被满世界的绚丽色彩、摄人心魄的感官刺激、如情话般轻柔的音乐、美轮美奂的摆设、迷离的灯光、摇曳的人影弄得头晕目眩。一个白头发的男人端着饰有水晶圈的金色酒杯，站在那里，品尝着色彩斑斓的甘露酒。一位貌美如花的姑娘，打扮得像泰坦尼娅[①]似的，戴着用蓝宝石编成的发饰。有一间房子，墙壁是用软金和赤金砌成的，用手按一下，就会留下印记。还有一间房子，仿佛是按照柏拉图的终极监狱理念制造的——天花板、地板以及所有地方都由整块大小不同、形状各异的钻石砌成，和每个角落里高高的紫色灯光交相辉映，折射出无与伦比、连做梦都想象不到的白色光芒，令人眼花缭乱。

两个男孩在这些房子组成的迷宫中徜徉。有时，地板下面的灯光会打出奇妙的图案。这些图案有的粗犷奔放，色彩冲突明显；有的轻柔雅致；有的是一片白光；有的是繁复微妙的马赛克。这种图案肯定来自亚得里亚海域的某个清真寺。有时，在一层厚厚的水晶下面，他会看到一潭或湛蓝或碧绿的水打着旋，里面有活泼的鱼儿和彩虹般的水草。然后，他们踏着质地各异和色彩纷呈的人造皮毛，或者沿着乳白色的象牙游廊行走。象牙完好无损，简直像是用史前灭绝的巨型恐龙的整个牙齿雕刻而成的……

接着，记忆的场景依稀中发生了变化，他们在吃晚餐——每个盘子都是用两层实心钻石做成的，然而几乎很难看出它是两层。而且，两层钻石之间还嵌进去一层祖母绿宝石，祖母绿宝石被精心雕刻成奇特的图案，简直像一层薄薄的绿色气体。如泣如诉、柔肠百转的音乐不经意地从远处的游廊飘来——他坐在铺着羽绒的椅子上，椅子根据背部的曲线而微呈弧形，当他喝下第一杯波尔多葡萄酒的时候，他仿佛被椅子抱进怀里，被它征服。他恹恹欲睡，试图回答被问到的一个问题，然而，这甜蜜的奢华紧拥着他的身体，使他的睡意更浓了——珠宝、织物、美酒、金属器具使他眼神迷离，犹如坠入甜蜜的雾中……

---

① 传说中的仙后，在莎士比亚的《仲夏夜之梦》中出现过。

"是的，"为了不失礼节，他勉力做出回答，"我的确觉得那里很热。"

说完，他还勉强地微笑了一下，接着，便一动不动、毫无反应了。他似乎轻飘飘地飞走了，餐桌上还有一道没有吃完的冰淇淋，像一个粉红色的梦……他睡着了。

醒来的时候，他才意识到已经过去了几个小时。他躺在一个非常安静的房间里，乌木墙壁，黯淡的灯光，灯光微弱得几乎无法感觉到，因而不能称之为灯光。年轻的主人就站在他的身旁。

"吃晚餐的时候，你睡着了，"珀西说，"我也快睡着了——在学校上了一年学，重新感受如此舒服的生活，真是莫大的享受。你睡着的时候，仆人们已经帮你脱了衣服，并帮你洗了个澡。"

"我这是躺在床上还是躺在云彩上？"约翰问，"珀西，珀西——趁你还在这儿，我想向你道歉。"

"为什么道歉？"

"因为当你说你家有一颗像丽兹-卡尔顿饭店那么大的钻石时，我曾经怀疑过你。"

珀西笑了。

"我本来就不指望你相信我的话。就是这座山，你知道的。"

"什么山？"

"城堡后面的这座山。作为一座山，它不算大。但是除了山顶大约五十英尺厚的草皮和砾石之外，剩下的全部都是实心钻石。一颗完整的钻石，一立方英里，没有一点瑕疵。你在听我说话吗？喂——"

然而，约翰·T. 昂格尔又进入梦乡了。

三

早上。醒来的时候，他昏昏沉沉地感到房间里洒满了阳光。一面乌木墙壁沿着滑道推向一边，他的卧室一半沐浴在日光中。一个大个子黑人穿着洁白的制服站在他的床边。

"晚上好。"约翰收起信马由缰的思绪，含含糊糊地说。

"早上好，先生。该洗澡了，您准备好了吗，先生？哦，不用起床——我会将您放进浴池的，您只要解开睡衣就行了——很好。谢谢您，先生。”

仆人为约翰脱睡衣的时候，他依然静静地躺在床上——他觉得很好玩，也很快乐。他等着自己像小孩子一样被侍候他的这个黑不溜秋的庞然大物举起来，然而这种事情并没有发生。相反，他觉得床在慢慢地朝一边倾斜——他开始向墙边滚去。刚开始他大吃一惊，然而当他滚到墙边时，墙上挂的帘子自动收起。他顺着一个表面柔软的斜板向下滑了两码远，便轻轻地落进和他体温相同的温水中。

他看向四周，刚才把他送到水中的那个滑道轻轻地恢复了原位。他已经身处另一个房间，坐在一个凹陷的浴池里，头刚好露在地板上面。他的四周是由房间的墙壁、浴池壁和浴池底所围成的一个蓝色的水族馆。从他身下的水晶池底部望下去，可以看见鱼儿在琥珀色的灯光下游动，甚至悠然自得地从他张开着的脚指头下面游过去，他的脚趾和这些鱼儿只隔了一层水晶石。阳光透过头顶碧海般的玻璃照射进来。

“我想，先生，您今天早上可能会喜欢洗个玫瑰花加香皂泡沫热水浴，先生——最后也许可以再用冷盐水冲一下。”

黑人就站在他身旁。

“好的，”约翰傻傻地笑着表示赞同，“听候你的安排。”根据自己那点少得可怜的生活经验来吩咐别人如何给自己洗澡，会显得很自负，也很不识趣。

黑人按下一个按钮，温暖的水流便喷了出来，这水流显然是来自头顶。然而过了一会儿，约翰发现，水流实际上是从旁边的一个喷泉里喷出来的，水流变成了浅玫瑰色。浴池的四角安装了四个小小的海象头，香皂水从海象头里喷到浴池里。过了一会儿，装在浴池壁上的十二个小浆轮立刻将喷泉喷出的水和肥皂水搅拌成粉红色的泡沫，像一道五彩缤纷的彩虹，闪着迷人的亮光，轻柔地将他裹起来，在他的身体周围化作光彩熠熠的粉红色泡泡。

“先生，我把电影放映机打开，好吗？”黑人毕恭毕敬地说，“今天我还在里面放了一部好看的喜剧。或者，如果您喜欢的话，我可以马上将它换成严肃的片子。”

“不用了，谢谢。”约翰礼貌但态度坚决地答道。他太享受洗澡的感觉，不想分心。然而让他分心的事出现了。一阵悠扬的长笛声从远处传来，他马上全神贯注地倾听起来。一支空洞的短笛在为它伴奏，乐声仿佛一道瀑布，如这间房屋本身一样让人感到凉爽而澄碧，似乎比裹在他身上令他陶醉的一串串泡泡更加轻柔。

用冷盐水冲完身子，洗浴结束了，他浑身冰爽地走出浴池，穿上毛茸茸的睡袍，躺在同样毛茸茸的长沙发上，听任仆人为他涂抹精油、酒精和香料。然后，他坐在一张奢华舒适的椅子上让仆人为他修面、理发。

“珀西先生在起居室等您，”所有程序进行完毕后，黑人说，“我叫吉格瑟姆，昂格尔先生。我每天早上都负责照料昂格尔先生。”

约翰走出浴室，来到空气清新、阳光普照的起居室里，他发现早餐已经摆好了。珀西穿着白色的小羊皮灯笼裤，风流倜傥地坐在安乐椅里抽着烟。

四

吃早餐的时候，珀西给约翰简略地讲述了华盛顿家的家史。

如今当家的这位华盛顿先生的父亲，巴尔的摩勋爵，是弗吉尼亚人，是乔治·华盛顿的直系后代。内战结束时，他是一位二十五岁的陆军上校，拥有一个破败的庄园和大约价值一千元的金币。

年轻的陆军上校名叫费茨-诺尔曼·卡尔佩珀·华盛顿，他决定把弗吉尼亚的资产赠予他的弟弟，然后到西部去。他挑选了二十四个最忠实的黑人——当然，这些人都非常崇拜他——买了二十五张去西部的车票，打算在那里开垦一片属于他们自己的土地，开一个牛羊农场。

他在蒙大拿待了不到一个月，情况就变得非常糟糕，就在此时，他无意中有了一个重大发现。他在山里骑行时迷路了，一天没有吃东西，他已经饥肠辘辘。因为没有带枪，他不得不去捉松鼠。在追赶松鼠的时候，他发现，松鼠嘴里有一个东西在发光。就在它要钻进洞里的一刹那——上帝并不打算让他的饥饿者拿这只松鼠来果腹——它把嘴里的东西弄丢了。当费茨-诺尔曼坐下来考虑如何应对目前的情况时，却在无意中看见旁边的草丛里发出一道光芒。十秒钟后，他完全失去了食欲，却得到了十万美金。那只松鼠，虽然令人生气地坚持不肯成为他的美味佳肴，却赠给他一颗完美无瑕的大钻石。

那天深夜，他找到了回宿营地的路，十二个小时后，他带着所有黑人男子返回到松鼠洞边，在山坡上疯狂地挖掘。他告诉他们，他发现了一个莱茵石矿。因为他们当中仅有一两个人曾经见过一颗小钻石，所以他们对他的话深信不疑。当他的这一重大发现变得毫无悬念的时候，他发现自己反倒不知所措了。这座山是一颗完整的钻石——一颗没有任何杂质的完完整整的实心钻石。他把闪闪发光的样品装满四个马鞍袋，骑着马去了圣保罗。他想方设法在那里卖了六颗小钻石——当他想卖掉一颗大钻石时，一个商店店主吓得昏了过去。费茨-诺尔曼因为扰乱公共秩序而被捕入狱。他越狱逃走，乘着火车去了纽约。在纽约，他卖了几颗中等大小的钻石，换了大约价值二十万元的金币。他再也不敢出售特别大的宝石了——事实上，他不失时机地离开了纽约。珠宝界一片哗然，与其说是因为钻石大得异乎寻常，不如说是因为钻石的来历不明。一时间，谣言四起：在卡茨基尔山、泽西海岸、长岛、华盛顿广场下面都发现了钻石矿。从纽约出发的游览火车每小时一趟，上面挤满了扛着锄头和铁锨的人，奔往临近的各个黄金国[①]。而此时，年轻的费茨-诺尔曼已经踏上回蒙大拿的归程。

两个礼拜后，他估计这座钻石山大约相当于世界上已知的其他所有钻石的总量。然而，常规的计算方法无法计算出它的价值，因为它是一颗实心钻石——假如将它拿到市场上售卖，市场根本就无能为力。而且，如果根据一般的算术级数按照体积大小来计算的话，世界上所有的金子加起来也不够买这颗钻石的十分之一。而且，这

① 指钻石矿。

么大一颗钻石，谁能拿它怎么办呢？

这个困境真是非同寻常。一方面，他是有史以来最富有的人——然而，他真有那么大的身价吗？如果这个秘密泄露出去，不用说，政府会采取什么措施来阻止人们淘金或挖宝的狂热。他们可能会立刻宣布对它拥有所有权并施行绝对管控。

他别无选择——他必须秘密地售卖这座宝山。他派人到南方把弟弟叫来，让他管理他的黑人随从——这些黑人，压根不知道奴隶制度已经被废除。为了让他们确信奴隶制度依然存在，他向他们宣读了一份自拟的声明，宣称福瑞斯特将军将溃败的南方军队重新整合，在一次激战中打败了北方的军队。黑人们信以为真，他们通过了一项决议，认为这是一件好事，并且立刻举行了奋兴仪式[①]。

费茨-诺尔曼带了十万元美金和两大箱大小不一、未经雕刻的原石，只身前往国外。他乘坐一艘中国平底船去了俄国。离开蒙大拿六个月后，他来到圣彼得堡。他租了一处不起眼的房子，立刻拜访了一位宫廷珠宝商，声称他有一颗钻石要卖给沙皇。他在圣彼得堡住了两个礼拜，历经无数次杀身之祸，从一个地方搬到另一个地方。整整两个礼拜，他都战战兢兢，只开了三四次宝石箱。

他承诺一年后带着更大、更好的钻石返回俄国，才被获准离开俄国，前往印度。然而，在他动身前，俄国宫廷的财务大臣分别用了四个不同的化名，将一千五百万美金存入他在几家美国银行的账户上。

他于一八六八年返回美国，这时已经过去了两年多。他去过二十二个国家的首都，和五个皇帝、十一个国王、三个王子、一个伊朗王、一个可汗以及一个苏丹约谈过。那个时候，费茨-诺尔曼估计，他的财富已经多达十个亿了。有一个守住秘密的方法他屡试不爽。他的每一颗大钻石出现在公共视野中不到一个礼拜的时候，他便开始放出风声，将他的钻石赋予了悠久的历史性和丰富多彩的故事性：自第一个巴比伦帝国以来，人们为了占有它，历经无数次死亡、奸情、革命和战争。

---

① 基督教新教的一种仪式，旨在激励信众重新皈依。

从一八七〇年一直到他辞世时的一九〇〇年，费茨-诺尔曼·华盛顿的经历简直就是一部漫长的、史诗般的发家史。当然，也有些无关痛痒的问题——他逃避土地测量，娶了弗吉尼亚州的一位淑女，并和她生下他唯一的儿子。由于一系列不幸的事件，他不得不杀死自己的亲弟弟。他弟弟不幸染上酗酒的恶习，酩酊大醉后，言语轻狂、目光呆滞，有几次差点危及他们的安全。不过，除了这些，几乎没有其他谋杀案来玷污他奋斗的幸福岁月。

就在他死前，他改变了策略。他拿出几百万元作为家用，把其余的所有资产用于买进大量的稀有矿石，再把这些稀有矿石以古玩的名义存在世界各地银行的保险库里。他的儿子布拉道克·塔莱顿·华盛顿沿袭了他的做法，甚至比他有过之而无不及。他把这些稀有矿石换成最珍贵的元素——镭——以便这些与十亿金币等价的东西可以装进一个和雪茄盒一样大的容器里。

在费茨-诺尔曼逝世三年后，他的儿子布拉道克决定收手。他和父亲从钻石山上得到的财富已经多得无法精确计算。他有一个密码本，他在上面记录了他在所惠顾的上千家银行中大致存入了多少镭，以及分别以什么化名存在哪家银行。接着，他做了一件非常简单的事情——他封了这座钻石山。

他封了钻石山，他从山上获取的财富足以支撑华盛顿家族的所有成员以及未来几代人无与伦比的奢华生活。他唯一关心的是，必须守住这个秘密。否则，如果秘密泄露，就有可能引起恐慌，他就会和他的家人——拥有钻石山的所有人，一起变得一无所有。

这就是约翰·T. 昂格尔所拜访的家族。这就是他到达后的第二天清晨，在四面银墙的起居室里听到的故事。

五

吃过早饭，约翰走出雄伟的大理石大门，好奇地看着眼前的景色。整个山谷，从钻石山到五英里外怪石嶙峋的花岗岩峭壁，依然弥漫着一层淡淡的金色薄雾，悠然自得地飘荡在令人心旷神怡的草地上、湖泊上和花园上。随处点缀着一丛丛榆树，形成一片片优雅的小树林，和那将远山笼罩在墨绿色之中的大片浓密、挺拔的松树林形成了妙不可言的反差。约翰正在欣赏风景，只见三只小鹿，一只接着一只地从半英里外的树林里嗒嗒地跑出来，然后又笨拙而欢快地消失在另一片半明半暗、影影绰绰的树林里。在这片林子里即使看见一只山羊，或者在苍翠欲滴的叶子之间瞥见一个金发飘飘、面如桃花的仙女，约翰也不会觉得奇怪。

约翰一边这样美滋滋地想着，一边走下大理石台阶，稍稍惊扰了睡卧在台阶下面的两只毛皮丝滑的俄国猎狼犬。然后，他沿着一条蓝白相间的砖路向前走，这条路似乎并非特意要伸向哪个方向。

他玩得非常尽兴。这正是年轻的幸福之处，也是它的不足之处。年轻人从不活在当下，而往往一定要拿当下与寄寓着丰富想象的未来过不去——鲜花与金子、姑娘与星辰，这些只是无可比拟、无法企及的年轻梦想的预言和先兆而已。

约翰来到一个舒服的角落，这里有一大片玫瑰，散发着馥郁的芳香。他穿过一个公园，朝几棵树下的一片苔藓走去。他从未在苔藓上躺过，他想看看苔藓是不是真的很柔软，想验证一下人们把它作为形容词来使用是否有道理[①]。然后，他看见一个姑娘穿过草地朝他走来。他从来没有见过如此标致的姑娘。

她穿着洁白及膝的长裙，头上戴着一个木犀草编成的花环，花环上装饰着一片片晶莹的蓝宝石。她那粉红色的脚上露珠点点，这是她刚刚走过草地时沾上的。她比约翰小——最多十六岁。

"你好，"她柔声问候，"我叫吉斯敏。"

对约翰而言，她的意义已经远远超出这个名字本身了。他向她走去。走到她身边的时候，约翰几乎一动都不敢动了，因为他生怕踩到她那光溜溜的脚趾。

"你没见过我。"她轻柔地说。她那蓝汪汪的眼睛补充道："哦，不过，你错过的真是太多了！"……"昨天晚上，你见过我姐姐佳斯敏。我因为对莴苣过敏，身体不舒服。"她继续轻柔地说。她的眼睛接着说：

① 苔藓作为形容词时意为"像天鹅绒一样柔软的"。

“我生病时很可爱——不生病时，也一样可爱。”

“你让我心动，”约翰的眼睛说，“我自己可没那么迟钝。”——“你好？”约翰用声音说，“希望你今天早上好多了。”——“我亲爱的。”约翰的眼睛颤抖着继续说。

约翰发现，他们已经沿着小径走起来。在她的提议下，他们一起坐到苔藓上，约翰心旌摇曳，已经无法判断苔藓有多柔软了。

他对女人很挑剔，哪怕有一点不足——脚踝粗啦，嗓子沙哑啦，眼睛无神啦——都足以使他失去兴趣。而此时此刻，他平生第一次和一位姑娘肩并肩坐在一起，而她在他看来简直是完美无瑕的典型化身。

“你来自东部吧？”吉斯敏饶有兴趣地问。

“不，”约翰直截了当地答道，“我来自哈德斯。”

也许是因为她没有听说过哈德斯，也许是因为她不知道如何赞美它，总之，她不再谈论这个问题。

“今年秋天，我要去东部上学。”她说，“你觉得我想去吗？我打算去纽约布尔琪女子学校。这所学校很严格。不过，你知道，我可以回到我们纽约的家，和那里的家人一起度周末。因为父亲听说，女孩走路时得有个人陪着。”

“你父亲希望你成为高贵的姑娘。”约翰说。

“我们的确高贵。”她答道，眼睛里闪着自豪的光芒，“我们没有任何人受过惩罚。父亲说，我们永远不该受到惩罚。我姐姐佳斯敏小时候曾经把他推到楼下，他只是爬起来，一瘸一拐地走开了。”

“当母亲听说你来自——来自你们的那个地方，你知道的。”吉斯敏接着说，“她——呃，有点吃惊。她说她还是个年轻姑娘的时候——不过，你知道，她是西班牙人，跟不上时代了。”

“你要在这儿待很久吗？”约翰问，他想掩饰吉斯敏的话对他的伤害。她的话似乎很不友好，在暗示他没见过世面。

“珀西、佳斯敏和我每年夏天都会来这儿，但是明年夏天佳斯敏要去纽波特。从今年秋天开始，她要去伦敦一年，她要进皇宫呢。”

“你知道吗，”约翰吞吞吐吐地说，“你和我第一眼看到的不一样，你挺老于世故的。”

“哦，不，不是这样的，”她吃了一惊，赶忙说道，“哦，我可不愿意这样。我想，老于世故的年轻人太平淡无奇了，是吗？我真的一点都不老于世故，真的。如果你这么认为，我会哭的。”

她伤心得嘴唇都在颤抖。约翰只得为自己辩解：

“我是开玩笑的，我只想逗逗你。”

“因为如果我真的老于世故，我反倒不介意，”她坚持说，“可我不是这样的。我很单纯，很孩子气。我从来不抽烟，不喝酒，除了诗歌别的书我都不看。我几乎不懂数学和化学。我的穿着很简单——实际上，我几乎不怎么讲究穿着打扮。我想，你说的老于世故根本和我不沾边。我认为，女孩们应该保持身心健康，尽情地享受她们的青春。”

“我也这么认为。”约翰真诚地说。

吉斯敏又快乐起来，她看着他笑了笑，一滴委屈的眼泪从她的眼角滚落下来。

“我喜欢你，”她亲昵地轻声说，“你在这儿的时候，打算一直和珀西在一起吗？或者，你会对我好吗？想想看——我一点恋爱经验都没有。这辈子连一个爱我的男孩都没有。父母甚至不让我单独和男孩子见面——除了珀西。我大老远跑出来，走进这片树林，是希望能碰见你，而且我的家人不会到这个地方来。”

约翰感到受宠若惊，他深深地鞠了一躬，腰弯得太低，屁股都翘起来了。这个动作是他在哈德斯的舞蹈学校里学来的。

“现在，我们该走了，”吉斯敏甜甜地说，“十一点的时候，我必须和母亲在一起。你还没有请求我吻你呢。我还以为，现在的男孩子通常都会这么做呢。”

约翰骄傲地挺直了身体。

“有些男孩子会这么做，”他答道，“不过，我不会。在哈德斯——女孩们不做这种事。”

他们肩并肩地回城堡去了。

六

阳光下，约翰站在布拉道克・华盛顿先生的面前。这位长者大约四十岁，表情高傲而茫然，眼光睿智，体格强健。每天早上，他的身上都散发着马——最好的马的味道。他拄着一根朴实无华的灰色桦木手杖，手柄上镶嵌着一大块蛋白石。他和珀西带着约翰正在四处参观。

"'奴隶'们住在那边。"他用手杖指着左边沿着山坡优雅伸展的哥特式大理石回廊说。"我年轻的时候，有一段时间，曾经醉心于荒谬的理想主义而偏离了我一生的事业。那个时候，他们都过着奢华的生活。比如，他们每个人的房间里都有我为他们安装的瓷砖浴缸。"

"我想，"约翰讨好地笑了笑，揣摩着说，"他们用浴缸装煤炭了，施内策-墨菲先生告诉我，他曾经——"

"我觉得，施内策-墨菲先生的观点无足轻重，"布拉道克・华盛顿冷冷地打断了他的话，"我的奴隶是不会将煤炭装到浴缸里的。我命令他们每天都洗澡，他们都照做不误。如果他们没有洗澡，我就会命令他们用硫酸洗头。我不再让他们洗澡另有原因。他们有几个人患了感冒，死了。水对某些种族来说并不是好东西——只能饮用。"

约翰笑起来，接着，他决定用点头来明确表示赞同。布拉道克・华盛顿让他感到很拘谨。

"这些黑人都是我父亲当初带到北方的那些黑人的后代。现在大概有二百五十个人。你知道，他们与世隔绝的时间太长了，因此，他们当初的语言几乎已经无人听得懂了。我们从他们当中培养了几个人学说英语——我的秘书和家里的两三个贴身仆人就是这样。

"这是高尔夫球场，"当他们沿着四季常青、天鹅绒般柔软的草地漫步的时候，他接着说，"这里完全是一片绿地，你看——没有球道，没有深草区，没有障碍。"

他看着约翰愉快地笑了笑。

"笼子里有很多人吗，父亲？"珀西突然问道。

布拉道克・华盛顿惊得目瞪口呆，随口骂了句脏话。

“应该还少了一个。”他阴沉着脸突然说道——过了一会儿，又说道，“我们遇到麻烦了。”

“母亲告诉我，”珀西吃惊地说，“那个意大利老师——”

“一个可怕的错误，”布拉道克·华盛顿生气地说，“不过，当然，我们抓到他的可能性很大。也许，他在树林里晕倒了，也许跌下山崖摔死了。不过，即使他真的逃跑了，也没人相信他的话。不过，我已经派了二十四个人在附近各个城镇搜捕他。”

“还没有找到？”

“有点眉目。他们中有十四个人向我的代理人汇报说，他们每人杀死了一个和他长得一模一样的人。不过，当然，他们也可能只是为了得到赏金——”

他不说话了。他们已经来到一个大坑边。这个坑大约有一个旋转木马的圆周那么大，上面盖着一张牢不可破的铁网。布拉道克·华盛顿示意约翰过来，他将手杖插进铁栅栏里指着下面。约翰来到大坑边往下看，一片疯狂的叫嚣立刻从下面袭来。

“到下面的地狱里来吧！”

“喂，孩子，上面的空气怎么样？”

“嗨！给我们一条绳子吧！”

“有吃剩的面包圈吗，伙计。或者，弄几个吃剩的三明治来，好吗？”

“嗨，小伙子，如果你把和你在一起的那个家伙推下来，我们会给你表演一场让这个家伙马上消失的戏。”

“帮我把他剁成肉酱，好吗？”

天太黑了，看不清坑里的情况，但是根据他们奔放的语言和声音里透出的乐观精神和粗犷的活力，约翰断定他们属于精力充沛的美国中产阶级。然后，华盛顿先生收回手杖，碰了一下草地上的一个按钮，坑里顿时明亮了。

“这些人是爱冒险的海员，他们运气不好，发现了我们的‘黄金国’。”他说。

在他们的脚下，有一个碗状的大坑，坑壁好像是抛光玻璃，很陡。

在微微凹陷的坑底，大约站着二十多个飞行员，他们一半身上穿着便服，一半穿着制服。他们仰起的脸上长满了胡子，有的怒气冲冲，有的咬牙切齿，有的悲观绝望，有的愤世嫉俗但不失幽默。除了几个面容憔悴的人之外，其他人看上去都营养良好，身体健壮。

布拉道克·华盛顿把一张花园椅拉到大坑边，坐了下来。

“嗨，你们好吗，伙计们？”他亲切地问道。

除了几个意志消沉而无法大喊大叫的人外，其他人一起破口大骂，骂声传到上面阳光灿烂的空气里。然而，布拉道克·华盛顿泰然处之。当他们谩骂的最后一点回声归于平静，他才重新开口说话。

“你们想出摆脱困境的方法了吗？”

他们当中不时有人对着上面大喊。

“为了爱我们和我们爱的家人，我们决定就住在这里！”

“让我们上去，我们就能找到办法！”

布拉道克·华盛顿等待着，直到他们重新归于平静。然后，他说道：

“我已经把情况告诉你们了，我并不想让你们待在这里，我对天发誓，我宁愿从来没有见过你们。是你们自己的好奇心把你们领到这里来的。无论什么时候，只要你们能想出一个可以保守我和我的秘密的万全之策，我都会给予考虑。然而，只要你们一意孤行，非要挖什么地道——是的，我知道，你们已经开始动手挖一条新的地道了——你们就不会有多大希望。理解这一点对你们来说并不难。你们整天在这里鬼哭狼嚎，说是为了你们亲爱的家人，但是，如果你们真的担心你们亲爱的家人，就永远不会干飞行这个行当。”

一个高个子挺身而出，举起一只手，想让囚禁者注意听他讲话。

“我来问你几个问题！”他大声说，“你是在假装正经。”

“太荒唐了。像我这种身份的人怎么可能对你们假装正经？你最好说西班牙人对排骨假装正经呢。”

听到这番刺耳的话，那二十多根排骨都低下了头，然而，高个子继续说道：

“好极了！”他大声说，“我们之前已经把这个问题谈清楚了。你不是个人道主义者，你也不是个正人君子，但是，你还是个人吧——

至少你自以为如此——那么，你应该能够设身处地地替我们想想，这么久以来，你是多么——多么——多么——”

“多么什么？”华盛顿冷冷地问道。

“多么没有必要——”

“我可不认为这没有必要。”

“哦，多么残忍——”

“这个我们已经谈过了。如果是出于自我保护，那就算不上残忍。你们是军人，你们懂的。换个说法吧。”

“那么，好吧，多么愚蠢。”

“好吧，”华盛顿表示认可，“我同意你这么说。不过，想想看还有哪些办法。我说过，如果你们愿意，我会让你们所有人或者任何一个人死得毫无痛苦。我还说过，把你们的妻子、心上人、孩子和母亲绑到这里来，我会把这个地方弄得宽敞些，好让你们衣食无忧地度过余生。如果有什么办法可以让你们患上永久性健忘症，我会给你们所有人动手术，然后立刻释放你们所有人，让你们走出我的领地。不过，我能做的仅限于此。”

“你放了我们，我们不告发你，怎么样？”有人大声喊着说。

“你的这个提议没有诚意，”华盛顿面带嘲弄地说，“我的确将一个人放出来教我女儿意大利语，上个礼拜他逃跑了。”

二十多个人同时爆发出一阵疯狂的欢呼，接着出现了一个沸反盈天的欢庆场面。囚徒们跳起木屐舞、欢呼、用真假嗓音交换着唱约德尔调、摔跤，迸发出勃勃生机。他们甚至用尽全力冲上玻璃坑壁，再把自己的身体当作天然的肉垫子，滑回坑底。高个子开始唱歌，众人齐声附和——

我们要把皇帝吊死
在酸苹果树上——

布拉道克·华盛顿坐在那里，一言不发，显得神秘莫测，直到歌声停止。

“你们明白，”当他稍微能够引起这些人的一点点注意的时候，他才说道，“我对你们没有恶意。我喜欢看到你们自得其乐。这就是我没有马上把整个故事告诉你们的原因。那个人——他叫什么名字来着？科里奇迪切罗？——被我的代理人在十四个不同的地方枪毙了。”

他们没有料到刚才提到的地方都是城市，欢闹声立刻停止了。

“尽管他死了，”华盛顿突然暴跳如雷，“可他当初竟然企图逃跑。有了这样的教训，你们还指望我拿你们中的任何人来冒险吗？”

下面再次爆发出一阵阵欢呼声。

“当然！”

“你女儿想学汉语吗？”

“喂，我会说意大利语，我母亲是意大利人。”

“也许她想学纽约话！”

“如果她就是那个长着蓝色的大眼睛的小美人，我可以教给她许多比意大利语更好的东西。”

“我会唱爱尔兰歌——而且，我还会演奏铜管乐器。”

华盛顿先生突然伸出手杖，戳了一下草地上的按钮，下面的画面一下子就消失了，只留下那个巨大的黑窟窿，被铁网的黑牙阴郁地覆盖着。

“嗨！”从地下传来一个人的叫声，“你还没有祝福我们就准备一走了之了吗？”

但是华盛顿先生已经迈着悠闲的步子向高尔夫球场的第九个球洞走去，他的身后跟着两个男孩子。仿佛那个坑和坑里的一切只不过是高尔夫球场上的一道障碍，而他轻轻地挥一下灵巧的球棒，就取得了胜利。

七

在钻石山的守护下，七月的夜晚需要躲进毛毯里，白天却温暖而明亮。约翰和吉斯敏坠入了爱河。他不知道，他送给她的那枚小小的金橄榄球（上面刻着“为了上帝、祖国和圣米达”的铭文）已经挂在她的白金项链上，躺在她的胸口上了。不过，那枚金球却知道。而她也不知道，有一天，从她那朴素的头饰上掉下来的一大块蓝宝石已经被约翰温柔地保存在他的珠宝盒里了。

一天午后，当那间用红宝石和白貂皮装饰的音乐房安静下来的时候，他们一起在里面待了一个小时。他握着她的手，她含情脉脉地看了他一眼，他便忘乎所以地悄悄呼唤了一声她的名字。她朝他靠过去——然后又犹豫起来。

“你刚才叫我‘吉斯敏’了，是吗？”她温柔地问，“或者——”

她想求证一下，因为她觉得她可能是听错了。

他们俩以前谁都没有接过吻，一个小时的相处虽然短暂，似乎也不妨碍什么。

午后的时光悄然而逝。晚上，当最后一阵音乐从最高的塔楼里游丝一般地飘下来的时候，两个人睁着眼睛，各自躺着，幸福地回味着白天度过的分分秒秒。他们决定尽快结婚。

八

华盛顿先生和两个男孩子每天都去森林深处打猎或钓鱼，或者在让人昏昏欲睡的高尔夫球场上打高尔夫球——比赛的时候，出于一种外交策略，约翰总是让主人赢——或者在山间清凉的湖水中游泳。约翰发现华盛顿先生的性格有点严苛——他对除了自己以外的任何人的观点都完全不感兴趣。无论什么时候，华盛顿太太都高高在上，不苟言笑。很显然，她对两个女儿漠不关心，而把全部精力都放在儿子珀西身上，吃饭的时候，她用西班牙语开机关枪似的和儿子聊个没完没了。

大女儿佳斯敏和吉斯敏长得很像——只是她有点罗圈腿，而且手脚都很大。然而，她的气质却完全不能和妹妹相提并论。她最喜欢看穷人家的女儿为鳏居的父亲料理家务之类的书。约翰从吉斯敏那里了解到，正当佳斯敏准备动身前往欧洲专门负责行军伙食的时候，世界大战结束了，这使她大为震惊和失望，从此再也没有从这种状态中走出来。有一阵子，她甚至非常憔悴，布拉道克·华盛顿想办法在巴尔干地区重新发动了一场战争——但是，她看到一张塞尔维亚伤兵的照片，便对战争失去了兴趣。不过，珀西和吉斯敏似乎遗传了他们父亲的所有刻薄的秉性中目空一切的态度。他们的每一个想法都一成不变地透着毫不掩饰、始终如一的自私自利。

约翰陶醉在城堡和山谷的奇观之中。珀西告诉他，布拉道克·华盛顿派人绑架了一名景观园艺师、一名建筑师、一名舞台背景设计师和一名上世纪遗留下来的法国颓废派诗人。他允许他们随意使唤所有的黑人奴隶，保证给他们供应世界上能找到的任何材料，让他们将他们自己的想法付诸实施。然而，他们一个接一个地证明自己是废物。那位颓废派诗人马上开始哭诉他与春天的林荫大道无缘相见了——他弄出一大堆模棱两可的辞藻，什么香料啦，类人猿啦，象牙啦，却没有任何实际价值。那位舞台背景设计师一厢情愿地要用整个山谷来展现他的专业技巧，并要让它产生轰动效应——华盛顿一家很快就厌倦了这套东西。至于那位建筑师和那个景观园艺师，他们的脑子里全是些老掉牙的东西，他们只能弄出些依样画葫芦的玩意儿。

然而，他们至少解决了一个问题，就是如何葬送他们自己——一天晚上，他们待在一个房间里，想就一口喷泉的选址问题达成一致意见，他们整整熬了一个通宵，第二天清早全都疯了。现在，他们被舒舒服服地关在康涅狄格州的韦斯特波特疯人院里。

“可是，”约翰好奇地问，“你们那些奇妙的会客室、厅堂、通道和浴室是谁设计的——？”

“哦，”珀西回答说，“说来惭愧，是一个电影制片人设计的。他是我们找到的唯一人选，他花钱如流水，尽管他把餐巾塞进领子里，不会读书，也不会写字。”

八月即将结束，约翰开始为不得不返回学校而感到遗憾。他和吉斯敏决定明年六月一起私奔。

“在这儿结婚比较好，”吉斯敏承认，“不过，当然，父亲是永远也不会同意我嫁给你的。既然如此，我宁愿私奔。现如今，有钱人在美国结婚非常可怕——他们一定要让媒体发表公告，说什么他们结婚时要秉承节俭的遗风，他们的意思是，他们只有一堆别人戴过的旧珍珠和一些欧仁妮女皇穿过的旧蕾丝。”

“我知道，”约翰心有戚戚焉地说，“我去施内策-墨菲家做客的时候，他的大女儿格温朵琳嫁给了一个人，这个人的父亲拥有弗吉尼亚的半壁江山。她在家书上说，她靠丈夫作为银行职员的那点工资艰难度日，苦苦挣扎——然后，在信的结尾处，她说：‘感谢上帝，幸好我有四个能干的女仆，日子还算好过点。’”

“可笑，”吉斯敏说，“想想世界上千千万万的人，劳动者和其他所有人，他们只有两个女仆，日子也过得好好的。”

八月末的一个下午，吉斯敏的一句无心之语改变了整个局势的情态，将约翰置于极度惶恐之中。

他们待在最喜爱的小树林里，一旦停止接吻，约翰就会想入非非，对他们的浪漫爱情有种不祥的预感。这种感觉在他的心头徘徊不去，为他们的关系增添了几分心酸。

“有时候我想，我们永远都结不了婚，”他伤感地说，“你太富有，太高贵。像你这样富贵的姑娘和其他女孩都不相同。我应该和一个奥马哈或者苏城某个富裕的五金批发商的女儿结婚，她有五十万元财产我就知足了。”

“我曾经认识一个五金批发商的女儿，”吉斯敏说，“我觉得你看不上她。她是我姐姐的朋友，到这儿来玩儿过。”

“哦，这么说，你们这里还来过别的客人？”约翰吃惊地说。

吉斯敏似乎后悔说了这句话。

“哦，是的，”她慌慌张张地说，“我们有几个客人。”

“可是，难道你们——你父亲不怕他们到外面去说什么吗？”

“哦，从某种程度上来说，多少有点，”她答道，“我们说点愉快的事吧。”

然而，这勾起了约翰的好奇心。

“愉快的事！”他咄咄逼人地说，“难道有什么不愉快的事吗？难道她们不是好姑娘吗？”

令他十分吃惊的是，吉斯敏哭了起来。

“她们都是好姑娘——可——可麻烦也在这里。她们中有几个我非常喜欢，佳斯敏也一样。可是，尽管如此，她还是不停地邀——邀请她们到这里来。我无法理解。”

约翰的心中生出不祥的疑团。

“你的意思是，她们说出去了，你父亲把她们——赶走了？”

“比这更糟，”她语不连贯、嘟嘟哝哝地说，“父亲从不冒险——而佳斯敏又执意写信邀请她们来，她们也玩得非常开心！”

她突然感到一阵悲伤。

这可怕的事实使约翰大为震惊，他目瞪口呆地坐在那里，感到浑身的神经在鸣响，好像脊柱里停了无数只麻雀一样。

“现在，我告诉你了，可是我不该这么做的。”她突然平静下来，擦干了她深蓝色的眼睛。

“你的意思是说，你父亲在她们离开之前就把她们谋杀了？”

她点点头。

“通常在八月——或者九月初。对我们来说，一开始从她们身上得到极大的快乐是自然而然的事情。”

“太可恶了！太——哦，我准是要发疯了！你刚才果真承认——”

“没错，”吉斯敏耸耸肩，打断了他的话，“我们不能将她们像那些每天都对我们责骂不休的飞行员一样严严实实地关起来。杀了她们总会让我和佳斯敏心里好受一点，因为父亲动手的时间比我们想象的要早，那样的话，就不会有永别的悲伤场面了——”

“你们就这样杀了她们！天哪！”约翰叫道。

“事情干得很漂亮。趁她们睡着的时候，把她们毒死——总是有人告诉她们的家人，说她们在比优特死于猩红热。”

“但是——我不能理解，你们为什么还要不停地邀请她们！”

“我没有，”吉斯敏急得大叫起来，“我从来都没有邀请过一个人，是佳斯敏邀请的。她们一直都玩得非常开心。她一直送给她们最好的礼物，直到最后。没准我也会邀请客人来——我也会狠起心来这么做的。死亡是不可避免的，我们不能让它妨碍我们拥有快乐的生活。

想想看，如果我们没有一个人陪伴，那我们在这里该有多么孤独。哦，父亲和母亲和我们一样，也牺牲了一些最好的朋友。”

“因此，”约翰恶狠狠地吼道，“因此，你让我爱上你，你假装也爱我，装模作样地和我谈婚论嫁，而你自始至终都清清楚楚地知道，我永远都无法活着离开这里——”

“不，”她激动地表示反对，“刚开始的时候是这样的，可是现在我已经改变想法了。你已经来了，我无能为力，我本来以为，在你最后的日子里，我们俩不妨快活一下。可是，然后，我就爱上你了，而且——而且，我真的觉得很难过，你就要——就要被处死——尽管我宁愿你被处死，也不愿你去亲吻别的女孩。”

“哦，你愿意，你愿意吗？”约翰暴躁地说。

“非常愿意。另外，我常听说，一个女孩和一个她明知永远不能嫁给他的男人在一起会更开心。哦，我为什么要告诉你这些？我现在可能已经把你所拥有的所有快乐时光都破坏了，在你不知情的时候，我们玩得真是开心极了。我就知道，你要是了解了事情的真相，准会有点难过的。”

“哼，你知道，是吗？”约翰气急败坏地颤抖着说，“我已经听够了。如果你不顾尊严和体面，要和一个差不多就要变成尸体的家伙谈情说爱的话，我可不想再和你有任何关系了！”

“你不是尸体！”她恐惧地表示反对，“你不是尸体！我不允许你说我和尸体接吻！”

“我可没说那种话！”

“你说了！你说我和尸体接吻了！”

“我没说！”

他们提高了嗓门，但是突然意识到有人来，便马上默不作声了。脚步声沿着那条小径朝他们这边传过来。过了一会儿，玫瑰花丛被人扒开，布拉道克·华盛顿出现在他们面前，在他那英俊而空虚的脸上，一双锐利的眼睛正紧紧地盯着他们。

“谁和尸体接吻了？”他问。显然，他对这个说法很反感。

“没人这么说，”吉斯敏赶忙回答，“我们只是在开玩笑。”

“你们到底在这里干什么？”他口气粗暴地问，“吉斯敏，你应该——应该去看书，或者，和你姐姐打高尔夫球去。看书去！打高尔夫球去！我回来的时候，别让我再在这个地方看到你！”

然后，他向约翰鞠了个躬，沿着小径走开了。

“看见了吧？”等父亲的脚步声听不见了，吉斯敏生气地说，“你把事情搞砸了。我们再也不能见面了。他不会让我见你了。如果他知道我们在谈恋爱，会把你毒死的。”

“我们没有谈恋爱，不可能再谈恋爱了！”约翰穷凶极恶地说，“因此，他尽管放心好了。而且，你别再自欺欺人了，别以为我还会在这里继续待下去。最多需要六个小时，我就能翻过这些大山，哪怕我得用嘴巴啃出一条通道来，我也会踏上回东部的路。”

他们两个人都站了起来，听到这些话，吉斯敏走到他身边，挽起他的胳膊。

“我也要去。”

“你一定是疯了——”

“我当然要去。”她生气地打断了他的话。

“你肯定不能去，你——”

“很好，”她平静地说，“我们现在就追上父亲，和他摊牌。”

约翰拗不过她，挤出了一丝苦笑。

“好吧，最最亲爱的，”他无力地敷衍了一声，算是同意了，“我们一起走。”

他对她的爱又回来了，他对她的爱已经静静地驻扎在他的心头了。她是他的了——她要和他一起走，要和他患难与共。他拥抱着她，激动地亲吻她。毕竟她爱他；事实上，是她救了他。

他们一边商量着出走的事，一边慢慢地回到城堡里。他们决定，既然布拉道克·华盛顿已经看到他们在一起了，他们最好第二天夜里就离开。尽管如此，吃晚饭的时候，约翰的嘴唇干得要命，他还紧张地将一大勺孔雀汤倒进了左肺，不得不被人抬进绿松石和紫貂皮装饰的棋牌室里，让一个男管家给他拍背。珀西觉得这件事非常好笑。

九

后半夜，约翰的身体紧张地抽搐了一下，突然直挺挺地坐起来，盯着房间里令人昏昏欲睡的纱幔。他隐隐约约地听见一个声音透过几个蓝墨色的方块，即房间里开着的几扇窗户，从远处传来，这个声音一到床边便随风而散。他迷迷糊糊的，似乎还在做着可怕的梦，因而无法做出判断。但是，紧接着，从较近的地方——就在房间外面，传来一个刺耳的声音——是转动门把手的声音、脚步声，还是有人在窃窃私语，他也无法做出判断；他紧张地听着，此时此刻他备受煎熬，浑身疼痛，胃部堵了一块硬邦邦的东西。然后，有一幅纱幔似乎飘散了，他看见一个模糊的黑影站在门口，黑影在黑暗中若隐若现，和纱幔的皱褶缠绕在一起，看起来有些变形，好像从一块脏兮兮的窗玻璃里看到的一个映象。

不知是突然感到了一阵恐惧，还是突然做出了什么决定，约翰按下床边的按钮。刹那间，他坐进了隔壁房间凹陷的绿色浴池里，被半池冷水猛然一激，彻底清醒了。

他从浴池里跳出来，湿淋淋的睡衣水星乱溅，身后水流如注。他朝那扇蓝色的水晶门跑去，他知道，这扇门通向二楼的象牙楼梯平台。门无声地打开了，一盏红色的灯在巨大的屋顶下燃烧着，将富丽堂皇、精雕细镂的楼梯照得格外美丽。周围一片寂静、一片辉煌，约翰犹豫了片刻，被眼前的景象吓得毛骨悚然。这个落汤鸡似的、孤独而渺小的身影在象牙楼梯平台上瑟瑟发抖，仿佛被眼前巨大的空间和明暗交错的光影吞没。接着同时发生了两件事：他住的那间起居室的转门打开了，三个一丝不挂的黑人突然出现在大厅里——当约翰惊恐万状、蹒跚着冲向楼梯的时候，另一扇门滑进走廊另一面的墙壁里，约翰看见布拉道克·华盛顿站在明亮的电梯里，穿着一件裘皮大衣和一双及膝的长筒马靴，马靴上面露出一截鲜艳的玫瑰色睡衣。冲向约翰的三个黑人——约翰之前从来没有见过他们中的任何一个，他的脑海里闪过一个念头，他们一定是职业杀手——立刻停住了脚步，期待地转身望着电梯里的那个人。那人大喝一声，专横地命令道：

“进来！你们三个！马上进来！”

然后，眨眼间，三个黑人倏地钻进笼子一般的电梯。电梯门滑动着关上了，那个像灯笼一般明亮的长方形电梯看不见了，大厅里又剩下约翰孤单单的一个人了。他虚弱无力地一下子瘫倒在象牙楼梯上。

显然发生了什么严重的事情，这件事至少暂时推迟了他自己微不足道的灾难。是什么事情呢？是黑人们奋起反抗了吗？是那些飞行员将铁网冲破了吗？或者，是费西村的人贸然闯进山中，用他们那黯淡又凄楚的眼神窥见了这个华丽的山谷吗？约翰不得而知。当电梯再次飙升、继而又降落下去的时候，他听到电梯运行时所带动的一阵阵风声。可能是珀西急匆匆地赶去给父亲帮忙。约翰灵机一动，觉得他正可以趁此机会去找吉斯敏计划马上出逃的事情。他等待着，直到几分钟后电梯安静下来。夜晚的寒意透过他那湿淋淋的睡衣，像鞭子一样一阵阵地袭来，他微微颤抖着，回到自己的房间，迅速穿好衣服。然后，爬上长长的楼梯，拐进铺着俄国紫貂皮的走廊里，朝吉斯敏的套房走去。

她的起居室的门敞开着，灯也都开着。吉斯敏穿着一件安哥拉山羊皮和服式晨衣，站在窗户边，在倾听什么。当约翰蹑手蹑脚地进来时，她转过身看着他。

“哦，是你！”她一边小声说，一边穿过房间向他走来，“你听到他们的声音了吗？”

“我听见你父亲的奴隶在我的——”

“不，”她激动地打断他的话，“我说的是飞机的声音。”

“飞机？可能就是飞机的声音把我吵醒了。”

“至少有十二架。刚才，我就清清楚楚地看见一架飞机在月光下飞呢。山崖后面那个警卫举起步枪射击，他的枪声惊醒了父亲。我们马上就要和他们交火了。”

“他们是故意到这儿来的吗？”

“是的——是那个逃跑的意大利人——”

话音未落，一阵刺耳的噼里啪啦的声音从敞开的窗口传进来。吉斯敏小声叫了一声，从化妆台上的一个盒子里摸了一枚硬币，朝一盏电灯奔去。刹那间，整个城堡陷入黑暗之中——她切断了保险丝。

“快走！”她朝他喊道，“我们到屋顶花园上去，从那里观看！”

她披了一件斗篷，拉起他的手，一起走到门口，离塔楼的电梯只有一步之遥。她按下按钮，电梯立刻像火箭一般将他们射入高空。黑暗中，他将她拥入怀中，亲吻她的双唇。约翰·昂格尔终于交上了桃花运。一分钟后，他们走出电梯，来到星光如水的平台上。天空中，朦胧的月亮在一片片随意翻卷的云彩之间钻来钻去，月亮下面，十二架飞机驾着黑色的翅膀，不停地盘旋着。山谷中一团团火焰从各个地方喷向飞机，并伴随着刺耳的爆炸声。吉斯敏开心地鼓起掌来。然而，过了一会儿，她又害怕起来，因为按照事先做好的部署，飞机开始投放炸弹，整个山谷变成了一幅隆隆回响、火光冲天的全景图。

不久，攻击的飞机开始将目标集中在安装高射炮的区域，一架高射炮几乎瞬间便化作一大堆黑炭，冒着烟倒在玫瑰花园里。

“吉斯敏，”约翰恳求道，“要是你知道，这次进攻发生在我被谋杀的前夜，你会很高兴的。如果我没有听见后面要塞处那个警卫开枪的声音，我现在恐怕已经是一具僵尸了——”

“我听不见，”吉斯敏大声喊，她正全神贯注于眼前的情景，“你得大声点！”

“我只是说，”约翰大声说，“趁他们还没来得及轰炸城堡，我们最好赶快离开。”

突然，黑人居住区的所有门廊都噼里啪啦地化为碎片，从石廊下面腾起一团火焰，将大理石炸成巨大的、不规则的碎片，纷纷飞向湖边。

“那儿有‘价值五万元’的奴隶呢，”吉斯敏叫道，“是战前的价格呢，根本没几个美国人尊重私人财产。”

约翰再次做出努力，催她离开。飞机的攻击目标分分秒秒都在变得更加精准，而且只剩下两架高射炮在反击了。显然，守卫队已经被炮火团团围困，已经撑不了多久了。

“快点！”约翰扯着吉斯敏的胳膊，大声叫道，“我们必须离开。难道你还不知道，那些飞行员如果发现你，会毫不留情地杀了你？”

她勉强同意了。

“我们得叫醒佳斯敏！”他们慌慌张张地走向电梯时，她说。然后，她天真快乐地说：“我们会很穷，是吗？就像书中的人物一样。我将成为孤儿，完全自由自在。自由而贫穷！多有趣啊！”她停下脚步，嘟起嘴唇，开心地吻了他一下。

“两者不可兼而有之，”约翰一本正经地说，“人们明白这个道理。如果可以在两者中任选其一，我宁愿选择自由。为了万无一失，你最好将珠宝盒里的东西装到口袋里。”

十分钟后，两个女孩在漆黑的走廊里与约翰会合，他们下楼来到城堡的底层，最后一次穿过金碧辉煌的豪华厅堂，在外面的露台上站了一会儿，看着熊熊燃烧的黑人居住区和落在湖对岸燃着余烬的两架飞机残骸。只剩一架高射炮还在突突射击，继续顽强抵抗，攻击的飞机似乎不敢冲下来，只在它的四周投射电闪雷鸣般的炸弹，直到哪颗炮弹碰巧命中目标，将黑人射击手炸死为止。

约翰和两姐妹下了大理石台阶，突然转到左边的一条羊肠小道上，小道像一条吊袜带似的绕着钻石山蜿蜒而下。吉斯敏知道，半山腰有一片密林，他们可以在那里藏身，还可以观察夜晚山谷中的疯狂景象——最后，必要的话，还可以沿着这条置于溪谷乱石中的秘密小道逃生。

十

他们到达目的地的时候已经凌晨三点钟了。娴静沉着的佳斯敏立刻靠着一棵大树干睡着了。约翰搂着吉斯敏坐下来，眺望着山谷中的景象：前一天早上还是花园的地方如今已经成为一片废墟，那里还在令人绝望地进行着拉锯战，不过看样子战斗即将结束了。刚过四点钟，最后的那架高射炮在一阵迅速升腾起的红色烟雾中轰然倒塌，失去了战斗力。虽然月亮已经西沉，但是他们依然能够看见那些飞机在离地面更近的地方盘旋。这些飞机一旦确定被围困者再也没有能力反抗，就会降落到地面上，届时，华盛顿家族黑暗而光辉的统治也就宣告结束了。

停火之后，山谷里一片沉寂。两架飞机的残骸像趴在草丛里的怪兽的眼睛，闪着可怕的火光。城堡静静地立在黑暗中，虽然没有光，但它像在阳光中一样优雅标致。树林沙沙作响，似乎在进行公证的判决，空气中充斥着此起彼伏的哭诉声。这时，约翰发现，吉斯敏和她姐姐一样进入了甜蜜的梦乡。

四五点钟的时候，他听到他们刚刚走过的那条小道上有脚步声，他屏住呼吸，静静地等待着，他看见一拨属于钻石山一方的人从他们所在的有利地点经过。现在，空气里隐约有点天籁之声了，露水很凉，他知道天很快就要亮了。约翰等待着，直到那拨人走得远远地上了山，脚步声消失了，他觉得安全了，才跟踪过去。大约在陡峭的半山腰处，树木倒向一边，一大块马鞍一样的岩石遮在下面的钻石上。快走到这个地方的时候，他放慢了脚步，本能地感觉到前面有人。他走到一块椭圆形的大石头后面，慢慢地伸出头，他的好奇心得到了满足。他看到了如下的情景：

布拉道克・华盛顿悄然无声、毫无生气地站在那里一动不动，苍茫的天空映出他的身影。东方渐白，给大地蒙上一层清冷的绿色，使这个形单影只的人与新的一天形成微不足道的反差。

约翰观察着的时候，有一会儿，他的东道主在沉思冥想，显得神秘莫测。接着，他朝两个蹲在他脚边的黑人发出指令，让他们抬起横在他们中间的东西。当他们吃力地站起来的时候，第一缕金色的阳光立刻照在一颗精雕细琢的巨钻的无数个钻面上，巨钻立刻释放出一道道银色的光芒，像启明星的碎片一般在空中熠熠放光。两个黑人抬着钻石，打了几个趔趄——然后，他们身上的一块块肌肉在汗津津的皮肤下面绷得紧紧的。然而，三个人面对上苍，回天无力，又站着不动了。

过了一会儿，那个白人抬起头，慢慢地举起两只胳膊，摆出让人安静的姿势，好像要面对广大观众演讲一样——不过，没有广大观众，只有茫茫的大山和沉寂的天空，只有林中的小鸟发出微弱的叫声，来打破这天地的寂静。站在石鞍上的那个人以不容置喙的傲慢姿态有板有眼地开腔说话了。

“上边的，听着——”他声音颤抖地大声说，“你——听着——！”他不说了，依然举着胳膊，神情专注地抬着头，仿佛在等待回应。约翰睁大眼睛，想看看是否有人从山上下来，可是，山上空无一人，只有苍茫的天空和从树梢上吹来的嘲笑的笛声。华盛顿是在祈祷吗？约翰好奇地想了一会儿。接着，他就不再这么想了——这个人所有的言谈举止都和祈祷大相径庭。

“喂，上边的，你听着！”

他的声音很强硬，很自信，根本不是在哀求。要说有那么一点“求”的意思的话，那也是一种狂傲的屈尊。

“你，听着——”

他叽叽呱呱地说了一大通，根本无法听懂……约翰屏着呼吸仔细倾听，偶尔听懂一两个字。他的声音时断时续——一会儿强硬，像是在吵架；一会儿低沉困惑，怒气冲冲。然后，这唯一的听众开始明白是怎么回事了，他顿时觉得血脉偾张。布拉道克·华盛顿在贿赂上帝！

就是这么回事——毫无疑问。他的奴隶抬着的钻石只是预付的样品，他许诺以后会源源不断地供应。

过了很久，约翰才明白，这就是贯穿于他那一大堆话里的线索。大富大贵的普罗米修斯正在见证绝对在耶稣降生之前就被人们遗忘了的牺牲、祭拜仪式和祈祷。有一会儿，他提醒上帝，不要忘记自己曾经半推半就地从人类那里接受过的这样那样的礼物——上帝将城市从瘟疫之中救出时，人类为他建造的大教堂；人类因为贪欲和杀戮而犯下滔天罪行，为了祈求上帝平息、缓和怒气而将没药和黄金、人类的生命、美丽的女人、俘获的军队、孩子、王后、森林和田野里的野兽、绵羊和山羊、粮食蔬菜、城池以及征服的所有土地都献给了上帝——而现在，他，布拉道克·华盛顿，钻石皇帝、黄金时代的国王和牧师、享尽奢华的独裁者，愿意奉献的财宝就连以前的君王们都从来不敢奢望，他不是在哀求而是在骄傲地奉献这些财宝。

他继续祈祷，开始论及具体事宜。他愿意把这颗世界上最大的钻石献给上帝，这颗钻石可以切出比树上的叶子还要多出不知多少的钻面，而整颗钻石则可以雕刻得和蝇子一样大小的钻石一样精美无暇。不计其数的人将长年累月地为这颗钻石耗尽心血。它可以镶嵌在雄伟的、贴着金箔且雕饰华美的教堂圆顶上，再用蛋白石和古老的蓝宝石装饰教堂的大门。中间再建一个私人祈祷室，上面再用彩虹色的、能腐蚀一切的、永远变幻不定的镭石建造一个祭坛。祈祷的人只要在祈祷的时候胆敢抬头看一眼，他的眼睛立刻就会被烧坏——而且，为了能让神圣的救世主开心，在这个祭坛上，可以宰杀上帝所选中的任何一个牺牲品，哪怕他是拥有至高无上的权力的、最伟大的活人。

作为交换，他只有一个小小的要求，这对上帝而言，简直不费吹灰之力——只要将目前的一切恢复如初，直到永远。这非常简单！只要将天庭打开，把那些人和飞机吞没——然后再关上天庭的门就万事大吉了。让他重新拥有奴隶，恢复原来的生活和财富。

除了上帝，他不需要酬劳任何人，也不需要和任何人讨价还价。

他只怀疑他贿赂的东西是否够分量。上帝当然有他的价格标准。上帝以人的形象创造而来，人们如是说：他一定有他的代价（价格）[①]。而且这个价格一定非常昂贵——绝不是长年累月才建成的教堂，也绝不是上万工人建成的金字塔，而是他今天许诺给上帝的这座教堂和这座金字塔。

他停下来不说了，那便是他的建议。他声称，一切都会按照高标准办理，绝对货真价实，绝不会有任何流俗之处。他的言外之意是说，上帝是接受还是拒绝，悉听尊便。

快要说完的时候，他开始语不连贯，他的话既简短又迟疑，他似乎浑身紧张，似乎要用尽所有力气抓住周围空间里的空气和最细微的声音。说着说着，他的头发变白了。现在，他对着天庭，高高

---

① 原文为 He must have His price，price 在这里语意双关，既有“价格”的意思，又有“代价”的意思。

地昂着头，像古代的先知，疯狂之态无与伦比。

然后，正当约翰出神地看着这一切的时候，他仿佛感到一种奇怪的现象在他周围的某个地方发生了。天空仿佛在顷刻之间黯淡下来，一阵阵的风声中似乎夹杂着低沉的呼啸，远处有喇叭的声音，还有一声叹息，犹如宽松柔软的睡袍发出的窸窸窣窣的声音——一时之间，天昏地暗；鸟儿不再歌唱；树木也停止了摇动，远山传出沉闷、骇人的隆隆声。

一切都结束了。风躲进山谷里的深草丛中休息去了。黎明和白天很快又找准了自己的位置，初升的太阳释放出朦胧的黄色热浪，照亮了前方的道路。树叶在阳光下欢笑，树木和着笑声跳舞，枝条摇摆得像众仙女柔软飘逸的腰肢。上帝拒绝接受贿赂。

约翰又欣赏了一会儿白天取得的胜利，然后，他转过身，看见湖边相继飘落了一个个褐色的物体，好像从云彩里飘然而下的金色天使在跳舞。飞机已经着陆了。

约翰从大石头上滑下来，跑到山坡下的那片树林里，两个姑娘已经醒了，正在等他。吉斯敏跳起来，口袋里的珠宝发出叮叮当当的响声，她张开嘴，想要问什么，然而，本能告诉约翰，没有说话的时间了。他们必须立刻下山，一秒钟都不能耽搁。他分别抓住她们的一只手，悄悄地在树林中穿行，现在他们沐浴在阳光和山岚中。他们身后的山谷悄无声息，只有远处传来的孔雀的叫声和清晨欢乐的气息。

他们走了大约半英里，避开公园，踏上一条狭窄的小径，朝下一个山头走去。他们爬到山顶，停下脚步，回头张望。他们的目光落在刚刚离开的山坡上——那里感觉不妙，一场悲剧即将上演。

天空清晰地衬托出一个落魄的白发男人，他正慢慢地顺着陡峭的山坡往下走，身后跟着两个体格庞大、面无表情的黑人，他们抬着那颗在阳光下依然华光四射的巨钻。走到半山腰处，另外有两个人同他们会合——约翰看得出来，他们是华盛顿太太和搀扶着她的儿子。几个飞行员已经从飞机上下来，走到城堡前面一览无余的草坪上了。他们手里握着步枪，开始以小规模战斗的队形朝钻石山上攀登。

但是，那五个人的小队已经遥遥领先，而且吸引了所有观察者们的注意。他们在一块突出的岩石边停下脚步。黑人弓着腰，推开一扇像是装在山坡上的活板门。他们都进到里面，看不见了。白发男人先进去，接着是他的妻儿，最后是两个黑人。在活板门落下将他们吞没之前的那一刻，他们头饰上的钻石棱角在阳光的照射下发出璀璨的光芒。

吉斯敏紧紧抓着约翰的胳膊。

“哦，”她疯狂地叫道，“他们要去哪里？他们要干什么？”

“那肯定是一条可以逃生的地道 ——”

两个女孩的轻声尖叫打断了约翰的话。

“你没看见吗？”吉斯敏号啕大哭，“山上布了电线！”

听到她的话，约翰抬起两只手遮住刺目的阳光。只见整个山体表面突然燃烧起炫目的黄色火光，这些光是从草皮下面射出来的，好像是从指缝里漏出来的一样。这令人难以忍受的光继续燃烧了一会儿，然后像熄灭了的灯丝一样，消失了，留下一片黑色的垃圾，慢慢地冒着蓝烟，夺去了山上残留的植被和血肉之躯的生命。飞行员们连一滴血、一根骨头都没有留下 ——他们连同那进入山中的五个人的灵魂一样，彻底地不复存在了。

与此同时，随着一阵地动山摇，整个城堡飞入空中，被炸成无数燃烧的碎片，再跌回烟雾弥漫的废墟里，一半落入湖水中。没有火 ——只有那和阳光交织在一起的烟雾，缭绕着飘散了，从那曾经是珠宝堆砌的华屋豪舍而今却成为一大堆平淡无奇的废墟里腾起的大理石粉尘整整弥漫了几分钟之久。万籁俱寂，只剩下他们三个人孤独地待在这偌大的山谷中。

十一

夕阳西下，约翰和他的两个同伴来到那座高高的山崖上，这里曾经是华盛顿王国的边界，他们回头望去，发现黄昏的山谷安静而美丽。他们坐下来，把佳斯敏带的一篮子食物吃得干干净净。

“瞧，”她铺开桌布，将三明治整整齐齐地摆在上面说，“不是很诱人吗？我常常想，在野外吃东西会更香。”

“说出这句话，”吉斯敏说，“说明佳斯敏步入中产阶级了。”

“现在，”约翰急不可待地说，“翻开你们的口袋，看看你们都带了什么宝贝儿。如果你们的品味够好，那么，我们三个人应该可以舒舒服服地度过余生了。”

吉斯敏顺从地将手放进口袋,将两捧闪闪发光的宝石放到他面前。

“还不错，”约翰充满热情地叫道，“不是很大，不过——嗨！”他拿起一颗宝石对着夕阳余晖看了看，脸色立即大变。

“哎，这些都不是钻石！有点不对劲儿啊！”

“天哪！”吉斯敏一脸诧异地叫道，“我真傻！”

“哎，这些都是莱茵石！”约翰叫道。

“我知道。”她突然大声笑起来，“我开错抽屉了。这些石头原本是来拜访佳斯敏的一个女孩缀在裙子上的，我用钻石和她做了交换。以前，除了珍贵的钻石，别的什么我都没有见过。”

“这就是你带的东西吗？”

“恐怕是这样。”她愁眉不展地用手指抚弄着这些宝石，“我想，我更喜欢这些东西，我有点讨厌钻石了。”

“很好，”约翰心情沉重地说，“我们不得不生活在哈德斯了。你会一边对那些满腹狐疑的女人们说你开错抽屉了，一边渐渐地老去。不幸的是，你父亲的银行簿和他同归于尽了。”

“呃，哈德斯有什么问题吗？”

“要是我这么个年纪就带个老婆回家，我父亲肯定不会拿块热炭阻止我，就像南方人常说的那样。”

佳斯敏开口说话了。

“我喜欢洗衣服，”她平静地说，“我总是自己洗手帕。我去找份洗衣服的活，养活你们俩。”

“哈德斯有洗衣服的女工吗？”吉斯敏天真地问。

“当然有，”约翰回答说，“和别的地方一样。”

“我原来以为——也许，天太热了，人们就不用穿衣服。”

约翰哈哈大笑。

“你就试试看吧！”他提议道，“你脱到一半，人们就会把你赶出去。”

“父亲会去吗？”她问道。

约翰大吃一惊，转身看着她。

“你父亲已经死了，”他脸色凝重地说，“为什么他要去哈德斯？你把哈德斯当成另一个地方了，而那个地方早就不复存在了。”

吃完饭，他们收起桌布，铺上毛毯，准备睡觉。

“我们刚刚经历了一场多么可怕的梦啊！”吉斯敏仰望星空，叹了一口气说，“而且现在，和一个身无分文、只有一套衣服的未婚夫一起待在这个地方，看起来也非常奇怪。”

“在星星下面，”她继续说，“我以前从未意识到这些是星星，我一直以为它们是属于某个人的大钻石。现在，它们让我感到恐惧，它们让我觉得，过去的一切都只是一场梦，而我在那个梦里耗尽了我的青春。”

“那的确是一场梦，”约翰平静地说，“每个人的青春都是一场梦，是一种化学物质的疯狂形态。”

“那么，发疯一定非常快活！”

“人们都这么说，”约翰闷闷不乐地说，“我弄不懂了。无论如何，让我们，你和我，相爱一段时间吧，比如说一年左右的时间。那是一种神圣的迷幻药，我们谁都可以尝试。整个世界只有钻石，钻石，或许可以说是让幻想破灭的卑鄙礼物。哦，我终于拥有钻石了，我以后对这俗不可耐的东西再也不会动心了。”他瑟瑟发抖，“把你的外套领子竖起来，小丫头，夜晚寒意袭人，你会患上肺炎的。最先创造意识的上帝真是犯下了弥天大罪。让我们抛开意识过上几个小时吧。”

于是，他将自己裹进毛毯，酣然睡去。

冬天的梦

一

一些高尔夫球童穷得要命，他们只能住在单间的房子里，前边的院子里还养一头无精打采的母牛。不过，德克斯特·格林的父亲却拥有黑熊镇上规模排在第二的大杂货店——“焦点”杂货店是最大的，是雪莉岛上的有钱人光顾的地方——而德克斯特做球童只能赚些零花钱。

秋天，当白天变得冷飕飕、阴沉沉的时候，漫长的冬天就像白色的盒盖子一样，“咔嗒”一声就把明尼苏达州关在里面了。高尔夫球场平坦的球道上积雪皑皑，德克斯特的滑雪板就在这里纵横驰骋。每当此时，他会为这片乡土感到深深的忧伤——漫长的冬季，这片海滨高尔夫球场一直都处于休耕期，上面落了些营养不良的麻雀，这样的情景让他感到很不愉快。发球区内死气沉沉，夏季的时候这里到处飘扬着色彩鲜艳的小旗帜，如今只剩下凄凉的沙箱埋在及膝的冰盖下。翻过山峦的时候，凛冽的寒风呼呼地吹在他的身上；太阳出来的时候，强烈的阳光毫无遮拦地刺得他睁不开眼睛，他就徒步在这里游游逛逛。

一到四月，冬天便戛然而止。冰雪消融，汩汩地流入黑熊湖，几乎等不及那些勇于挑战季节，拿着黑红相间的高尔夫球，早早到来的高尔夫球爱好者们。没有大张旗鼓，也没有一场声势浩大的降雨，寒冷就这样销声匿迹了。

德克斯特知道，北方的春天有点孤凄惨淡，正如他知道，这里的秋天却有点令人心花怒放。秋天让他紧握拳头，让他浑身颤抖，让他自言自语地重复着几句傻话，还会突然振臂高呼，对想象中的观众和部队下达命令。十月使他充满希望，十一月使他有点得意忘形，他想象着自己取得了令人欣喜若狂的辉煌成就。怀着这样的心情，夏天在雪莉岛上经历的那些稍纵即逝的精彩瞬间在他的脑海里酝酿发酵。在一次激烈的比赛中，在他想象中的平坦的高尔夫球道上，经过一百个回合，他击败了 T. A. 赫德里克先生，成为高尔夫球冠军。这场比赛的每一个细节，他都不知疲倦，拿捏有度，技法变换自如——有时，他不费吹灰之力就赢了一场比赛，轻松得简直可笑；有时，他出奇制胜，后来者居上。他再一次从“皮尔斯-银箭”牌汽车上走下来，像莫蒂默·琼斯先生那样，面无表情地迈着悠然自得的步子，走进雪莉岛高尔夫俱乐部的会客室里——或者，他没准会被一群崇拜者团团围住，在众人赞叹的目光中，从俱乐部充气码头的跳板上展示了一次花式跳水……在这些崇拜者中，有一个人一脸诧异、目瞪口呆地看着他，他就是莫蒂默·琼斯先生。

有一天，发生了一件事，琼斯先生——是他本人而不是他的幻影——眼泪汪汪地来到他面前，说德克斯特是——俱乐部里最优秀的球童，如果琼斯先生付给他足够的报酬，他是不是就决定不辞职了，因为俱乐部里其他所有的——球童都会让他在每个球洞里丢掉一个球——通常都会这样——

“不，先生，”德克斯特斩钉截铁地说，“我不想再做球童了。”他顿了一下接着说：“我年龄太大了。”

“你最多才十四岁。见鬼，你为什么偏偏在今天上午决定辞职？你不是还答应我下个礼拜要和我一起去参加锦标赛的州赛吗。”

“我还是觉得我年龄太大了。”

德克斯特交了他的“优秀”球童胸牌，领取了球童主管付给他的工资，便回了黑熊村的家。

“这个小子是我见过的——最好的球童，”那天下午，莫蒂默·琼斯先生喝酒的时候大声说，“从来没丢过一个球！勤快！聪明伶俐！不多嘴！安分！懂得感恩！”

事情缘于一个十一岁的小姑娘——作为小姑娘，她还是只丑小鸭，但实际上她可是只白天鹅。用不了几年，她就一定会漂亮得无以复加，给为数众多的男人带来没完没了的痛苦。然而现在，那白天鹅的影子已经清晰可见了。她浑身上下透出的气息总让人觉得她不够淑女，她微笑的时候，嘴唇自嘴角处向下弯成两道弧线。她的眼睛——天哪——简直是一潭热情激荡的秋水。这样的女人，她们从小就活力四射。现在她那单薄的身体里已经燃起一团火焰，这一点已经一目了然了。

上午九点钟，她就早早地来到高尔夫球场上，由一个身穿白色亚麻服的保姆陪同，保姆提着一个白色的帆布球袋，里面装着五根崭新的小高尔夫球棒。德克斯特第一眼看到她时，她就站在球童的房舍旁，显得无所适从，装模作样地与保姆聊天，想以此来掩饰她的紧张，并一惊一乍地做着不合时宜的鬼脸，想以此来显示她的优雅。

“哦，希尔达，今天天气真好。”德克斯特听她这么说。她的嘴角一动，嘴唇一弯，嫣然一笑，偷偷地朝四周看了一圈，眼神落在德克斯特身上，停留了片刻。

然后，她对保姆说：

“哦，我想，今天上午出来打球的人不是很多，是吧？”

她又笑了——笑得风情万种，却完全是装模作样——又是那么摄人心魄。

“现在，我不知道我们该怎么办了。”保姆说，她故意哪儿都不看。

“哦，没关系，我知道怎么办。”

德克斯特一动不动地站在那里，嘴巴半张着。他知道，如果他向前挪一步，他的目光就会与她的视线相遇——如果后退一步，他就无法完整地看到她的脸庞了。一时之间，他竟没有意识到她还这么小。现在，他想起来了，去年他曾经见过她几次——当时，她还穿着灯笼裤呢。

突然，他不由自主地笑出声来，笑声短促而唐突——他被自己的笑声吓了一跳，因此，他转过身，想赶紧走开。

“球童！”

德克斯特停住了脚步。

“球童——”

毫无疑问，这是在叫他。不仅如此，他还得到了那种难以名状的微笑，非同寻常的微笑——这样的微笑，至少能让一打男人到了中年还记忆犹新。

“球童，你知道高尔夫教练在哪儿吗？”

“他在上课。”

“哦，你知道球童主管在哪儿吗？”

“今天上午他还没来。”

“哦。”她一下子不知所措，用一只脚站着，左脚和右脚来回替换着。

“我们想找个球童，”保姆说，“莫蒂默·琼斯太太让我们出来打高尔夫球，可是，没有球童，我们不知道怎么打。”

琼斯小姐狠狠地白了她一眼，马上又恢复了原来的笑容，保姆知趣地打住了话头。

“这里除了我，就没有球童了，”德克斯特对保姆说，“主管来之前，我得待在这里值班。”

“哦。”

现在，琼斯小姐和她的随从走开了，与德克斯特保持着不远不近的距离，然后两个人开始叽叽咕咕地说起话来。说着说着，琼斯小姐抽出一根球棒，拼命地朝地上抽了一下，总结性地结束了谈话。她还不解气，再次举起球棒，准备朝保姆的胸脯抽去，保姆眼明手快地抓住球棒，来回拽了几下，把它从她的手中夺了过来。

“你这个该死的卑鄙龌龊的老东西！”琼斯小姐疯狂地大喊大叫。

接着，又一场争吵开始了。德克斯特觉得她们的争吵很好玩，有几次都忍不住笑起来，但是每一次还没等笑出声，他就忍住了。他情不自禁地产生了一个不可思议的想法，他觉得小姑娘打保姆是合情合理的。

球童主管的突然出现结束了这场风波，保姆立刻向他抱怨。

“琼斯小姐需要一个小球童，这个人说他去不了。”

“麦肯纳先生让我待在这里等你来。”德克斯特赶紧说。

“那么，他已经来了。”琼斯小姐对主管粲然一笑，撂下球袋，高傲地踏着莲花步，开始朝第一个发球区走去。

“呃？”球童主管转身对德克斯特说，“你还像个木头人似的站在那里做什么？去把那位年轻小姐的球棒捡起来。”

“我今天不想干活了。”德克斯特说。

“你不——”

“我想辞职。”

这个非同小可的决定把他自己也吓住了。他是最受青睐的球童，整个夏天，他每个月都能挣到三十美元，换到任何其他一个湖滨高尔夫球场他都不可能挣这么多。然而，他的情绪受到了强烈的打击，他得马上找到一个出口，将肚子里的烦心事一股脑地宣泄出去。

情况可没有这么简单。正如德克斯特后来常常遭遇的情况一样，他是在冥冥之中受到了冬日梦想的驱遣。

二

现在，当然，他当初那些冬日梦想的性质已经发生了变化，也和季节没什么关系了。然而，这些梦想给他的心灵带来的震撼以及所激发的他对美和财富的向往却永驻心田。几年后，这些梦想使德克斯特放弃了到州立大学攻读商学课程的机会，就读了东部的一所历史更悠久、更有知名度的学校。他父亲现在生意很红火，本来可以为他支付学费的，然而实际上，他却在上大学期间为囊中羞涩而苦恼，而且上这所学校并不见得有什么好处。不过，千万不要因为这个孩子的冬日梦想一开始就碰巧是一门心思地想当有钱人，就觉得他纯粹就是个势利眼。他并不贪婪，他并没有鱼与熊掌兼而有之的想法，并不是既想要纸醉金迷的物质生活，又想和地位显赫的人们交往——他只想过纸醉金迷的物质生活。他常常渴望最好的东西，却又不知道要来做什么——有时候，他会和一种不可知的神秘力量相碰撞，使他的梦想落空，使他的生活陷入不可自拔的境地。这个故事讲述的就是使他的梦想落空的其中一种神秘的力量，而非概述他的整个人生。

他开始挣钱了，真是不可思议。大学毕业后，他去了那个对黑熊湖青睐有加的富人们聚居的城市。年仅二十三岁的他到那里还不到两年，人们就常常欣慰地说："瞧，这个小伙子——"他的周围到处都是富家子弟在冒着风险兜售债券，或者是拿着祖宗的家产做风险投资，或者埋头研读二十四卷本的《乔治·华盛顿商业课程》，而德克斯特却凭着一张大学文凭和一张信心十足的嘴巴借了一千块钱，在一家洗衣店入伙当了合伙人。

他加盟的时候，这家洗衣店还很小，但是德克斯特专门钻研了英国人洗涤优质高尔夫羊毛长筒袜不缩水的秘诀，一年之内，他的洗衣店便深得人心，迎合了穿灯笼裤的高尔夫爱好者们的需求。男人们一定要将"喜乐蒂"长筒袜和毛衣送到他的洗衣店，就像当年他们一定要找那个能帮他们找到高尔夫球的球童一样。不久，他又开始为这些男人们的太太们洗涤贴身内衣——并在这个城里的不同地方开了五家分店。还不到二十七岁，他就拥有了当地最大的洗衣连锁店。就在那时，他卖掉了自己在洗衣店的份额，去了纽约。不过，我们所关心的，是他刚刚飞黄腾达的那段日子。

他二十三岁的时候，哈特先生——是喜欢说"瞧，这个小伙子"的那群白发老先生中的一个——给了他一张雪莉岛高尔夫俱乐部的周末贵宾卡。于是，有一天，他在贵宾出席名单上签上了自己的名字。那天下午，哈特先生、桑德伍德先生、T. A. 赫德里克先生和他进行了高尔夫球四人对抗赛。他觉得没有必要告诉大家，就在这同一个高尔夫球场上，他曾经为哈特先生拎过球袋；也没有必要告诉大家，他闭着眼睛就知道每一个障碍、每一道沟槽的位置——有四个球童跟在他们身后，他看着他们，力图从他们的音容笑貌和一举一动捕捉到自己当年的影子，以缩短横亘在他的过去与现在之间的鸿沟。

那天真是奇怪，熟悉的往事总是突如其来，又稍纵即逝。这一刻他还感觉自己是个偶然的闯入者——下一刻，面对 T. A. 赫德里克先生，他又有一种高高在上的优越感，因为赫德里克先生这个人不仅讨厌，而且连高尔夫球都永远打不好。

接着，因为哈特先生在第十五果岭附近丢了一个球，牵出了一件大事。正当他们在深草区的粗草地上找球的时候，一个清亮的声音从后面的山丘上传来："闪开！"当所有人停止找球，猛然转过身来的时候，一只颜色鲜艳的右击球突然越过山丘打在T.A.赫德里克先生的小肚子上。

"天哪！"T. A. 赫德里克先生叫道，"应该把这些疯女人从球场上赶出去。越来越不像话了。"

山丘上露出一个人头，同时传来一个声音：

"我们要从这里过去，介意吗？"

"你打到我的肚子了！"赫德里克先生歇斯底里地嚷道。

"是吗？"姑娘走到这群男人身旁，"抱歉，我叫你们'闪开'了！"

她的眼神漫不经心地对着每个男人看了一眼——然后便扫视着球道去寻找她丢的那只球了。

"我的球是不是蹦到粗草[1]区里了？"

难以判断她是真的有疑问还是含沙射影，另有所指。不过，片刻之后，她就将答案揭晓了，因为她的搭档也爬上山丘了，她兴高采烈地大声叫道：

"找到了！如果不是有东西挡住，我的球就上了那道果岭了。"

她摆好姿势，准备用五号铁头球杆打短球的时候，德克斯特正在细细地打量她。她穿着一条蓝底方格纹棉布裙，领口和双肩处都镶着白边，更加突出了她那被晒黑了的肤色。她在十一岁时的故作姿态，单薄的身体，秋波盈盈的眼睛以及向下弯成两道弧线的嘴唇组合在一起的那种极不协调的感觉消失不见了，现在的她看起来楚楚动人。她双颊上的两点颜色就像丹青妙手的神来之笔——这颜色不是"红润"，它会流淌，会释放暖意，而且时明时暗，时隐时现，仿佛随时都会消退、消失一般。这奇妙的颜色和笑意盈盈的嘴巴无不让人觉得，她时而气韵流转，时而生机勃发，时而激情四射，而且种种感觉连续循环，不断变化——她顾盼生辉的眼睛中透着忧伤，

① 这里的英文单词是rough，语义双关，既指高尔夫球场障碍区域的粗草或深草区，又指赫德里克的粗鄙。

只有这一点才将她给人的感觉减弱了几分。

她不耐烦地挥起五号铁头球杆，毫无兴致地将球击进对面果岭上的一个沙坑里。接着，脸上立刻露出了那种虚假的微笑，漫不经心地说了声“谢谢！”，便追了过去。

“那个朱迪·琼斯！”隔壁发球区的赫德里克先生说，他们等待着——等了一会儿——让她先打，“她就是欠揍，要是有人照着她的屁股，揍她个半年，再把她嫁给一个过气的骑兵队长当老婆，就万事大吉了。”

“天哪，她漂亮极了！”刚刚三十岁出头的桑德伍德先生说。

“漂亮极了！”赫德里克先生轻蔑地说，“她总是一副急着让人亲嘴的样子！转着母牛似的大眼珠子盯着城里的每一头小牛犊！”

要是以为赫德里克先生指的是母性的本能，这可值得怀疑。

“如果她好好打，她的高尔夫会打得很出色的。”桑德伍德先生说。

“她没那体形。”赫德里克先生一本正经地说。

“她的身材很好。”桑德伍德先生说。

“我们应该庆幸，她的球打得还不够快。”哈特先生朝德克斯特眨了一下眼说。

将近黄昏的时候，太阳落山了，洒下一片金色的余晖，放射出变幻不定的蓝色和紫色光线，将西部的天空交给了清爽多风的夏夜。德克斯特站在高尔夫俱乐部的露台上眺望，看着湖面被微风吹起的层层涟漪，在满月下面犹如银色的糖浆。然后，月亮似乎默默地做出暗示，让天地万物归于平静，于是，湖水变成一个清澈的游泳池，月色迷离，一片静谧。德克斯特穿上泳衣，朝最远处的充气码头游去，他浑身滴着水，伸展四肢，躺在跳板湿漉漉的帆布上。

一条鱼儿跳出水面，一颗星星在闪耀，湖的周围灯火通明。暗夜中的一个半岛上，一架钢琴在弹奏去年夏天以及前几年夏天流行的乐曲——从《请一请》《卢森堡公爵》到《巧克力士兵（无愁丘八）》——对德克斯特来说，在一望无际的湖面上，飘荡着悦耳动听的钢琴曲，这场景似乎总是妙不可言的，因此他一动不动地躺在那里，侧耳倾听。

这会儿，钢琴正在演奏一首快乐的曲子，这是五年前的一首新曲子。那时，德克斯特还在读大学二年级。有一次，他们在毕业舞会上演奏这首曲子，但是那时他没钱参加豪华的舞会，只能站在体育馆外面倾听。一听到这首曲子，他就会感到一阵猝然的狂喜，他带着这份狂喜，来看待他目前的际遇。他真是感到心满意足，他觉得天遂人愿，日子过得一帆风顺，周围的一切都让人觉得明媚和灿烂，这种感觉恐怕这辈子也就这么一次了。

一个灰蒙蒙的长方形物体突然沿着地面离开了黑漆漆的岛屿，发出赛艇才有的那种轰鸣声，在它身后划开两条浪花翻滚的白色水带。眨眼间，一艘汽艇便出现在他的身旁了，哗哗的水浪声淹没了钢琴激越而清脆的音乐声。德克斯特用胳膊支起身体，看到一个人站在机轮旁，两只黑溜溜的眼睛正隔着水面注视着他，两人渐行渐远——接着，汽艇呼啸而去，在湖心处漫无目的地绕起大圈子来，绕了一圈又一圈，所到之处水浪席卷而起。同样奇怪的是，汽艇的速度慢了下来，缓缓地转了一圈后，又驶回了充气码头。

“谁在那儿呢？”她关掉马达，大声问道。现在她离德克斯特非常近，近得他都能看清她穿的泳衣了，显然她穿的是粉红色的连体泳衣。

汽艇鼻子撞了一下充气码头，充气码头突然颠簸了一下，使他失去平衡，猛地朝她滚过来。他们互相认出了对方，然而他们心思却各不相同。

“今天下午打高尔夫球的那几个人当中就有你吧？”她问道。

他做了肯定回答。

“哦，你会开汽艇吗？因为要是你会的话，我希望你来开，这样的话，我就可以在后面用冲浪板冲浪了。我叫朱迪·琼斯——”她赏了他一个怪怪的傻笑——更确切地说，她有意做出傻笑的样子，比如说，她尽量把嘴歪到一边，可是这并不让人感到奇怪，反而可爱极了——“我住在岛那边的一幢房子里，有个男人在房子里等我。看到他把车开到门口，我就开着汽艇离开码头了，因为他说我是他的目标[①]。”

一条鱼儿跳出水面，一颗星星在闪耀，湖的周围灯火通明。德克斯特坐在朱迪身旁，她教他怎么开她的汽艇。然后，她跳进水里，用美人鱼一样的泳姿向漂在水上的冲浪板游去。看着她游泳，对眼睛来说是一种休息，就像看树枝在摇曳，海鸥在飞翔。她的胳膊晒得像灰胡桃果一样，在乳白色的涟漪间优雅地摆动，胳膊肘先露出来，接着小胳膊向后一摆，弹奏出抑扬顿挫的落水声，然后再向前一划，落入水中，在前面划出一条水痕。

他们行到湖的深处；德克斯特回头一看，只见她跪在翘起的冲浪板上，身子悬在冲浪板低下去的那头。

“开快点，”她喊道，“能开多快就开多快。”

他顺从地将操作杆往前猛地一推，船头便立刻腾起雪白的浪花。当他再次回头看的时候，这个姑娘已经站在冲浪板上，乘风破浪，双臂舒展，抬头看着月亮。

“快冻死了，”她大喊，“你叫什么名字？”

他告诉了她。

“哦，明天过来吃晚餐吧？”

他的心脏就像汽艇的飞轮一样跳得飞快，而她这随随便便的心血来潮再次为他的人生指出了一个全新的方向。

三

第二天晚上，德克斯特在等待朱迪·琼斯下楼的时候，开始胡思乱想起来，他仿佛觉得在这间幽深的、温情脉脉的湖滨避暑居室里以及和房间相通的阳台上到处都是比他先爱上朱迪·琼斯的男人们。他了解他们是什么样的人——他刚上大学那会儿，这些人已经

① 这句话的原文是：because he says I'm his ideal. Ideal 在这里有两层意思，其一是指“心上人”，其二还保留有“目标”之意，所以朱迪借用其“目标”之意，说了句俏皮话。即因为他说我是他的目标，所以我不可能在家里等着他，而要远远地离开他，让他遥望、追求。

穿着光鲜的衣服从久负盛名的预备学校里先他一步进入那所大学了，他们一个个皮肤黝黑，被夏季的太阳晒得油光发亮。一方面，他明白，他比这些人更有优势。他更年轻，更身强体壮。然而在他的内心深处，他承认他希望他的孩子们能和他们一样，这实际上是在承认他只不过是一介莽夫，而他的孩子们永远都摆脱不了他这样的出身。

当他终于可以衣着体面的时候，他已经知道哪些人是美国最好的裁缝，而今天晚上他身上穿的就是美国最好的裁缝为他量身定做的衣服。他已经秉承了他上的那所大学历来都具有的鲜明特征，即对细节一丝不苟的本领，这一点与其他大学截然不同。他意识到对细节一丝不苟的言行举止对他的意义非同一般，于是一开始就在刻意培养；他知道在穿着和礼仪方面粗枝大叶比谨小慎微更需要信心。不过，还是让他的孩子们粗枝大叶去吧。他的母亲名叫克利姆斯里奇，属于波西米亚的农民阶级，一辈子都没有说过一句流利的英语。她的儿子必须符合规范，改变一下门风。

七点钟刚过，朱迪・琼斯就下楼来了。她穿着蓝色的真丝套裙，一开始，看到她没有穿得更精致一点，他觉得有些失望。简单地寒暄了几句后，她走到厨房门口，推开门，叫道：“可以开饭了，玛莎。”他又多了几分失望。他觉得应该有一个男管家宣布开饭，而且饭前还应该喝点开胃酒。然而，当他们肩并肩地坐在长沙发上四目相对时，他的这种想法早就被抛到九霄云外了。

“父亲和母亲都不会来这里。”她善解人意地说。

他记得上次见到她父亲的情景，因此，他很高兴她的父母今晚不会来这儿——他们可能想知道他是谁。他在明尼苏达州的吉波尔村出生，一个从这里向北五十英里的地方。有人问起的时候，他总说他的家乡是吉波尔村而不说是黑熊村。乡村小镇如果能够眼不见心不烦，而且不与时尚的湖滨地带作陪衬，拿它来做自己的出生地也不见得丢人。

他们谈论他上的那所大学，她这两年也经常去；他们还谈论了附近的城市，这些城市的人们不断到雪莉岛来游玩，为雪莉岛带来金钱，德克斯特第二天也要到这些城市去打理他那红红火火的洗衣店生意。

吃晚饭的时候，她的心情很低落，这让德克斯特感到很紧张。她那嘶哑的声音说着任性的话，这让他感到坐立不安。无论她怎样微笑——看着他笑，看着鸡肝笑，或者什么也不看只管笑——都让他感到很惶恐。她的微笑里没有欢乐，甚至连开心都谈不上。当她的红嘴唇弯下去的时候，与其说她在笑，不如说她在发出亲吻的请柬。

接着，吃过晚饭，她把他领到黑漆漆的阳台上，她有意改变一下气氛。

“我想哭会儿，你介意吗？”她说。

“恐怕我让你心烦了。”他反应很快。

“没有的事。我喜欢你。只是，今天下午我过得糟透了。有一个人，我很在乎他，今天下午，青天白日的，他却告诉我，他穷得像个叫花子。以前，他哪怕暗示我一下也好。你说这个人是不是太有心机了？”

“也许他是不敢告诉你。”

“就算是他不敢告诉我，”她答道，“他一开始就不坦荡。你知道，如果我本来就认为他是穷人——哦，穷人有很多也挺招人喜欢的，我完全愿意和穷人结婚。但是，在这种情况下，我可不想嫁给他，我对他的兴趣还没有强烈到能够承受住这个打击。好像一个姑娘心平气和地告诉她的未婚夫，说她是个寡妇。他可能并不反对和寡妇结婚，只是——

“我们俩就坦坦荡荡地开始吧，”她突然转变话题，“你到底是怎样的人？”

德克斯特犹豫了一会儿，然后大声说道：

“我是无名小辈，从很大程度上来说，我的事业取决于未来。”

“你穷吗？”

“不穷，”他坦率地说，“我可能比西北部的任何一个同龄人都能挣钱。我知道这句话令人讨厌，不过，你说过，要以诚相待。”

一阵沉默过后，她笑了，她的嘴唇弯下去了，身体难以察觉地歪了一下，离他更近了。她仰起头，看着他的眼睛。德克斯特咽了口唾沫，屏住呼吸，等着做那个化学实验。他要看看，他们嘴唇上的化学元素会发生怎样神秘的反应，将会形成怎样不可预知的化合物。紧接着，他就看到了——她用排山倒海、来势汹汹的亲吻向他传达了她的激动之情，这不是一句口头承诺，而是真真切切地付诸行动了。亲吻在他的内心深处激起的感觉不是因为饥渴而渴望得到补充，而是过于富足却依然不能满足……亲吻就像做慈善，为了满足需求而慷慨解囊，毫不犹豫，毫无节制。

没过几个小时，他就断定，从那个骄傲的、充满梦想的少年时代开始，他就一直想得到朱迪·琼斯了。

四

爱情就这样开始了——并以这样的节奏一直持续到结束，其间，他们爱得起起伏伏。她这样直截了当、肆无忌惮的性格，德克斯特是见所未见、闻所未闻的。他在一定程度上把自己交付给她了。不管朱迪想要什么，她都会毫不保留地施展她的魅力，不达目的誓不罢休。她的方法一成不变，决不会为了谋取地位或达到预先设定的结果而要手段——她和任何人谈恋爱几乎都不动什么心思。她只是最大限度地让男人们意识到她的美貌与可爱。德克斯特无意改变她。她的缺陷和她那澎湃的激情是合二为一、不可分割的，而且激情远远超越了缺陷，并让缺陷也似乎变得可爱起来。

就在那第一天晚上，她枕着他的肩膀，小声对他说："也不知道是怎么回事，昨天晚上，我还以为我爱上了一个人，而今天晚上，我却觉得我爱上了你——"这些话在他看来似乎很美，很浪漫。一时之间他不由得热血沸腾，他努力控制着，幸福地品味着。然而，一个礼拜后，他不得不重新审视她的这种德行。一天晚上，她开着跑车带他去参加野餐派对，吃完晚饭，她开着同一辆跑车带着另一个男人不见了。德克斯特火冒三丈，当着在场的其他人，也几乎无法顾及最起码的斯文了。虽然她向他保证，她没有和那个人接吻，但是他知道她在撒谎——然而，她肯劳神费心地向他撒谎，他还是觉得挺欣慰的。

夏天结束前，他发现围着她团团转的竟有十二个不同的人，他只是这十二个人中的一个。他们中的每一个人都曾经独领风骚，从她那里得到的宠爱超过其他所有人——他们中大约有一半人依然满足于她那一星半点的施舍。一旦谁因为受到长时间的冷落而流露出想要放弃的迹象，她就会与他卿卿我我一番，赏给他一个小时的柔情蜜意，这样就能让他受到鼓舞，继续用一年或者更长的时间黏在她的身边。朱迪将这十二个无计可施、垂头丧气的人玩弄于股掌之间，却也没有恶意，她也的确几乎不知道她的这些作为有任何恶劣之处。

一旦有个新人粉墨登场，其他人都得靠边站——他们的约会就自动取消了。

要想对这一点做些什么的话，最难办的地方在于，局面全凭她掌控。而要想“赢得”她的青睐，靠拍马钻营这一套可行不通——她对小聪明和施展魅力之类的手腕具有免疫力。如果有谁咄咄逼人、来势汹汹的话，她就直接用身体来应付了事，她那令人意乱情迷的身体具有一种魔力：在这种魔力的迷魂阵中，任凭你多么强硬，多么富有才华，都会纷纷落入她温柔的陷阱里，迷失方向，无法自拔。只要她的个人欲望得到满足，充分施展了她的个人魅力，她就会快乐无比了。也许，她从这么多年轻人对她的爱慕中，从这么多年轻的情人身上渐渐地得到了彻底的滋养，而且她也很会自我保护。

在德克斯特的第一次兴奋过后，继之而来的是坐卧不安和不满足。他极度兴奋，难以克制，完全沦陷在她的城堡里，与其说他是中了毒，不如说他是吸食鸦片上了瘾。幸好，那个冬天他还有工作要做，这样极度兴奋的时刻来袭的次数并不是太多。他们相识之初，似乎一度深情地、发自内心地相互倾慕过——比如他们相识那年的八月——在她那夜色朦胧的露台上度过的三个久久不忍分离的漫漫长夜。那些在傍晚时分，在幽静的凉亭里或者在花园里花木掩映的格子棚架后面的那些奇妙销魂的长吻，她带着清新如梦的气息和娇羞欲滴的姿态迎接他的那些曙光初照的清晨。所有的一切都是人们订婚时才会有的狂喜和兴奋，而意识到他们并没有订婚，于是，他就愈加欢喜，愈加激动。就在那三天里，他第一次向她求婚。她的态度风云变幻，捉摸不定，一会儿说“没准哪一天我就会嫁给你”，一会儿又说“吻吻我吧”，一会儿说“我愿意嫁给你，只是……”，一会儿又说“我爱你”——一会儿她——她却什么也不说。

三天后，他们这种情意缠绵的约会便给人搅黄了。九月，一个纽约人到她的住所来访，并在她家待了半个月。令德克斯特苦恼的是，他们俩的绯闻被传得沸沸扬扬。这个纽约人是一家大信托公司总裁的儿子。但是到了月底，又传出朱迪和他已经玩腻了。在一天晚上的舞会上，她和一个当地的情郎在一艘汽艇里坐了一个晚上，而那个纽约人在俱乐部里到处疯狂地寻找她的踪迹。她告诉那个当地的情郎，她厌倦了她的那个客人，于是，两天后，那个客人便离开了。有人看见她送他去了车站，据说，他看起来伤心欲绝。

夏天就在这种基调中结束了。德克斯特二十四岁了，他发现自己的事业做得越来越风生水起。他参加了城里的两个俱乐部，并住在其中的一个俱乐部里。尽管他决非一定要成为这两个俱乐部里没有女伴的单身客，可他还是随时出现在朱迪·琼斯可能去的那个俱乐部里。他本可以随心所欲地到别处去参加社交活动——他现在是个有能耐的年轻人，很受那些家有女儿的商界大佬们的青睐。他对朱迪·琼斯的一片赤诚更让人觉得他对感情专一，更增加了人们对他的好感。然而他在社交方面并没有多大抱负，并且非常瞧不起那些总是泡在礼拜四或者礼拜日舞会上的男人们，他们和已婚的年轻人挤在一起进餐。他已经在考虑去东部的纽约了。他想带朱迪·琼斯一起去。在她从小到大生活的那个世界里，任凭你抱有什么幻想都得成为泡影，然而这一点却始终无法消除他对她抱有的幻想。

请记住这一点——因为只有明白了这一点，我们才能理解他为她付出的一切。

从他上次见到朱迪·琼斯的时候算起，又过了十八个月，他和另一个女孩订婚了。她的名字叫艾琳·谢雷尔，她的父亲是始终信任德克斯特的众多父亲中的一个。艾琳长着浅色头发，温柔大方，稍微有点胖，拥有两个追求者，当德克斯特正式向她求婚的时候，她便同他们和和气气地分手了。

夏秋冬春，四季已逝，接着，夏去秋来——他将如此多的大好年华慷慨地献给了朱迪·琼斯那无药可救的嘴唇。她对他时而兴致勃勃，时而引诱蛊惑，时而心怀叵测，时而冷若冰霜，时而又极尽鄙夷和嘲弄。她就这样让他受尽了冷落和羞辱——仿佛她喜欢过谁就得狠狠地报复谁似的。她对他呼之即来挥之即去，他常常痛心疾首，眯着眼睛疑惑地看着她。她把他带到幸福之巅，也把他带到精神的炼狱。她给他造成了难以启齿的痛苦,令他不胜其烦。她侮辱他，骑在他的头上作威作福，她——为了快活——玩弄他对她的感情，使他无法专心工作。除了谴责他，她对他无所不做。她没有谴责他，他觉得这似乎只是因为，这样做可能会玷污她那表里如一的冷血动物的英名。

秋天来了又去，他终于意识到他不可能拥有朱迪·琼斯了。经过反反复复的思考，他终于说服了自己。他曾经夜不成寐地躺在床上，同自己争论不休，他提醒自己她给他带来的烦恼和痛苦，他列举出她作为妻子的严重缺陷。可是，紧接着，他又喃喃自语，他爱她，爱她，说了一会儿，便睡着了。一个礼拜以来，为了不去想她打电话时的沙哑嗓音，不去想午饭时她从对面投来的目光，他就拼命工作，拼命加班；夜里，他到办公室处理事务以打发时间。

到了周末，他去参加舞会，插进去和她跳了一支舞。这一次，他没有请她一起出去坐坐，也没有对她说她很迷人之类的话，这几乎是自从他们认识以来的第一次。而她身边这样恭维她的可大有人在呢，他不这样说，有什么关系呢。这种情况更让他伤心——一切都结束了。今天晚上，他看见她又有了一个新的男朋友，他也不嫉妒。他早就练就一身刀枪不入的真功夫，早就嫉妒不起来了。

他在舞会上待到很晚，陪着艾琳·谢雷尔坐了一个小时，他们又谈书又谈音乐的。而他对书和音乐都知之甚少。不过，现在他是时间的主人了，可以自由安排自己的时间了。他突然有了一个相当自负的想法，他——年轻又事业有成的德克斯特·格林——应该多培养一些诸如此类的雅趣。

这些事情都发生在十月份，当时他二十五岁。到了一月，德克斯特和艾琳订了婚，订婚的消息准备在六月公布，然后再过三个月他们就准备完婚。

明尼苏达州的冬天长得没完没了，终于等到和风吹拂，积雪融化流入黑熊湖的时候，差不多已经是五月了。德克斯特一年来第一次开始领略心灵上的平静。朱迪·琼斯先去了佛罗里达，后来又去了温泉城，一会儿在某个地方订了婚，一会儿又在某个地方分了手。当初，当德克斯特决心要斩断与她的那段情思的时候，人们依然把他们联系在一起，依然向他打听她的消息，为此他感到很悲哀。然而吃饭的时候，他的位子和艾琳·谢雷尔的位子总是紧挨着，人们就再也不向他打听她的消息了——他们反而把她的消息告诉他。因为关于她的消息，他已经不再是权威了。

终于到了五月。晚上的空气潮湿如雨，德克斯特走在黑漆漆的街上，纳闷地想到，他还几乎没干出什么名堂呢，他就兴奋不起来了，再也找不到那种欣喜若狂的感觉了，似乎在一夜之间，整个人就变了。而一年前的那个五月，他的感情还处于风云激荡之中，还烙下了朱迪那尖酸刻薄、不可饶恕但最终还是被他饶恕了的印记——那时候他还抱着幻想，认为她会渐渐地爱上他，现在想来，这样的时候也还是挺难得的。为了得到那泛滥的满足，他葬送了自己无比珍贵的幸福。他知道艾琳只不过是挂在他身后的窗帘，是一只在闪闪发光的茶杯中间忙活的手，是一个召唤孩子们的声音……此情不再，伊人远去，那些令人意乱情迷的夜晚，那每个季节、每个时辰都不一样的奇妙感受……那向下一弯便落在他唇上的两片薄薄的嘴唇，那让他看一眼便可以飘飘欲仙的眼神……这些印象都深深地埋藏在他的心底，如此刻骨铭心，如此欲罢不能，他自然不会说忘记就忘记。

五月中旬，有几天天气处于向盛夏过渡的平稳期。一天晚上，他来到艾琳家。那时他们订婚的消息一个礼拜后就要宣布了——没有人会对这个消息感到奇怪的。这天晚上，他们会一起坐在大学俱乐部的长沙发上，准备坐上一个小时，作为旁观者看着人们跳舞。和她一起出去，他的心里总是充满了敬意——她太讨人喜欢，太出类拔萃了。

他登上台阶，走进这座上流社会的府邸。

"艾琳。"他喊道。

谢雷尔太太从起居室里出来迎接他。

"德克斯特，"她说，"艾琳头疼得厉害，上楼去了。她本来打算和你一起去的，不过我让她睡觉去了。"

"不要紧，我——"

"哦，别这样。她明天早上就能陪你打高尔夫球。你能批准她休息一个晚上吗，就一个晚上，可以吗，德克斯特？"

她笑容可掬。她和德克斯特互有好感。他们在起居室里聊了一会儿，然后他就道别了。

回到他租住的大学俱乐部，在门口站了一会儿，看着那些跳舞的人。他靠在门柱子上，朝一两个人点头致意——然后打了个哈欠。

"嗨，亲爱的。"

他的肘边传来了那个熟悉的声音，他吓了一跳。朱迪·琼斯从一个男人身边走开，穿过舞厅来到他身边——朱迪·琼斯，一个身材苗条的搪瓷娃娃，浑身金光闪闪的：头上戴着金色发带，裙裾下的两只轻便舞鞋尖也金灿灿的。她对他微微一笑，面如娇花，散发着动人的光晕。舞厅里立刻和风习习，一片光明。他插在晚礼服口袋里的手紧紧地握着，一阵一阵地痉挛，他一下子便激情迸发、心潮澎湃了。

"你什么时候回来的？"他若无其事地问。

"跟我来，我告诉你。"

她转身离去，他紧跟其后。她已渐行渐远——如今却回心转意，他要为这场邂逅痛哭一场才是。她一定在魔法城堡里修炼了一身蛊惑人心的本事。所有的那些曾经有过的神秘体验，所有的那些让人死而复生的新的希望，都曾经随着她的离去而消失，如今又随着她的归来而重现。

她在门口处转身问道：

"你有车吗？如果你没有，我有。"

"我有一辆小轿车。"

她随即上了他的车，身上金光闪闪的衣饰窸窣作响。他关上车门，不由得想，她不知上过多少人的车——这样的——那样的——她总是像这样靠在皮座椅上，胳膊肘搭在车门上等待着。这么久以来，除了她自己，但凡有人想玷污她，她绝对避免不了——因为她本性如此。

他努力收回脱缰的思绪，强迫自己发动车子，上了路。他必须记住，这没有任何意义。她以前也是这么干的，他已经将她抛之脑后了，仿佛将一段写坏了的文字从书中删除了似的。

他装作心不在焉的样子，穿过商业区悄无声息的大街，朝市区缓缓开去。商业区的街上，偶尔有三三两两的人从电影院里走出来，或者有几个小青年在桌球房前面晃荡着，有的蔫得像得了肺痨病似的，有的兴奋得像打了鸡血似的。酒吧传出叮当作响的碰杯声和用手猛击柜台的声音，回廊的彩釉玻璃透出昏暗的灯光。

她定定地瞧着他，沉默使两个人都很尴尬，然而面对这样的情感危机，他却不能随随便便找出几个词来亵渎此时此刻的气氛。在一个方便拐弯的地方，他七拐八绕地开回了大学俱乐部。

“想念我吗？”她突然问。

“大家都想念你。”

他不知道她是否已经听说艾琳·谢雷尔了。她才回来一天——他订婚的时候，差不多是她不在这里的时候。

“说得真好！”朱迪伤心地笑了笑——却看不出有什么可悲伤的。她审视着他，而他则专心致志地看着仪表盘。

“你比以前更帅了，”她若有所思地说，“德克斯特，你的眼睛最让人忘不了。”

听到这些话，他本可以一笑置之，但是他没有笑。这种话应该说给大二学生听。然而，他却中招了。

“我对什么都厌倦透了，亲爱的。”谁都是她的亲爱的，她会将这种代表个人交情笃厚的亲热话漫不经心地赐予每一个人，“我希望你娶我。”

她这样直白倒使他一下子反应不过来了。此时此刻，他应该告诉她，他马上就要和另一个姑娘结婚了，然而他却没能说出口。他倒真想向她发誓说，他从来都没有爱过他那个准新娘。

“我想我们能够和睦相处，”她继续说着，还是那副老样子，“除非你可能已经把我忘了，而爱上了另一个姑娘。”

很显然，她非常自信。实际上，她还说，她觉得他不可能爱上另一个姑娘，但如果他真的爱上了另一个姑娘，那也是犯了小孩子脾气，做了轻率幼稚的事——可能是为了炫耀一下，逗她吃醋。她会原谅他，因为这没什么大不了的，只要轻轻地把它拨到一边就行了。

“当然，除了我，你永远不可能爱上任何人，”她继续说，“我喜欢你爱我的样子。哦，德克斯特，你忘记去年我们在一起的情景了吗？”

“不，我没忘。”

“我也没忘！”

她是动了真情——还是表演太投入而被自己的演技感动了？

“我希望我们还能够像以前那样。”她说。他只好强迫自己做出回答：

“我想我们回不去了。”

“我也觉得我们回不去了……听说你正在对艾琳·谢雷尔穷追猛打呢。”

她一点都没有刻意强调这个名字，然而德克斯特却突然感到羞愧难当。

“好了，送我回家吧，”朱迪突然哭起来，“我不想和——和那些乳臭未干的小屁孩去跳那种愚蠢的舞了。”

于是，他拐了个弯，将车开到通向居民区的那条路上时，朱迪开始自顾自地小声抽泣起来。他以前从来没有看见她哭过。

黑漆漆的大街亮了起来，周围到处都兀立着有钱人的宅邸。他将小轿车停在莫蒂默·琼斯家门前。这座庞大的白色建筑物颇为气派，沐浴在润泽明亮的月光中，显得富丽堂皇。它的坚固程度让他大吃一惊。结实的墙壁，钢做的房梁，宽敞的空间，明亮的灯光，很是壮观。这与他身旁这个青春貌美的人儿形成了强烈的对比。它的雄壮突出了她的娇小轻盈——如同一只小小的蝴蝶的翅膀扇起的一缕微风。

他纹丝不动地坐着，而大脑却在翻江倒海地运转着。他怕稍稍动一下，她就会势不可挡地扑进他的怀抱。两颗泪珠顺着她那湿润的面颊扑簌簌地滚落下来，在她的上嘴唇上颤动着。

“我比任何人都漂亮，”她哽咽着说，“为什么我却过得不幸福？”她那泪汪汪的眼睛粉碎了他的平静——她的嘴唇慢慢地弯下去，一脸楚楚可怜的哀伤。“如果你想拥有我，我很愿意嫁给你，德克斯特。我想，你是不是觉得我不值得你拥有。可是，为了你，我会一直这么漂亮下去的，德克斯特。”

愤怒、骄傲、激动、憎恨、柔情蜜意，这千言万语都在他的唇上挣扎。接着，一阵剧烈的感情浪潮席卷而来，将积存已久的理智、传统舆论、顾虑和荣誉都席卷一空。说话的这个姑娘是他的女人，她属于他，她的美丽是献给他的，她就是他的骄傲。

“怎么不进来？”他听见她猛地吸了一口气。

她翘首以待。

“好，”他声音颤抖着说，“我这就进来。”

五

很奇怪，无论那天的事结束以后还是过了很久以后，他都不曾后悔过。朱迪对他的激情之火仅仅燃烧了一个月就熄灭了，这件事放在十年的漫漫人生路上实在是无足轻重。他对朱迪的臣服最终使他陷入更深的痛苦之渊，而且给艾琳·谢雷尔以及一直把他当作朋友的艾琳的父母都带来了严重的伤害，这在他心里也同样无关紧要。艾琳那无法形容的悲恸丝毫也没有打动过他。

德克斯特简直是冷血透顶。这个城市对他的这一举动持有的态度他也毫不在乎，不是因为他打算离开这个城市，而是因为关于这件事，任何外界的态度都显得过于肤浅。他对那满城风雨完全置若罔闻。当他明白，他凭一己之力，既不能感动朱迪·琼斯的心，也不能拥有她的人，他觉得对她怀有任何恶意也都无济于事。他爱她，而且这份爱将一直持续到地老天荒——只是，他无法拥有她。因此，他咀嚼着牢牢地驻扎在他内心深处的痛苦滋味，就像他偶尔品尝过的深深的幸福滋味一样。

甚至当最后朱迪以“不想把他从艾琳身边抢走”这个虚假的借口为由而结束了他们俩的关系时——朱迪，曾经为了得到他而不顾一切——也没有引起他的愤怒，他已经不知愤怒或欢乐为何物了。

二月，他去了东部，打算卖掉洗衣店，定居在纽约——然而，到了三月，美国爆发了战争，改变了他的计划。他返回西部，将生意交给合伙人打理，并于四月参加了首期军官培训营。他和那千千万万的年轻人一样，战争的到来反倒让他们感到有些如释重负，因而对战争抱着欢迎的态度，希望摆脱那张剪不断理还乱的情网。

六

记住，这篇故事并不是他的传记，尽管其中的有些事情与他青春年少时的梦想毫无关系，却也被我不知不觉地写进来了。现在，关于他们或他的事情，该说的差不多已经说完了，最后只有一件事还需要在这里提一提，这件事发生在七年之后。

事情发生在纽约。他在纽约混得很成功——简直是势如破竹，春风得意。他三十二岁了，除了战后立马飞回西部的那次行程之外，七年中他再也没有回去过。一个名叫德福林的人从底特律来到他的办公室谈生意，而这件事就发生在那个时候，那个地点。可以说，它终结了他人生当中的这特殊的一面。

“这么说，你来自中西部，”这个叫德福林的人漫不经心地说道，“很有趣——我本来以为，像你这样的人大概都是在华尔街那种繁华之地出生并长大的呢。你知道——我在底特律有个最好的朋友，他的妻子和你来自同一个城市。我是他们婚礼上的引座员。”

德克斯特等着他往下讲，不知道他要说什么。

“她叫朱迪·西蒙斯，”德福林淡淡地说，“原名叫朱迪·琼斯。”

“哦，我认识她。”一种厌烦情绪立刻传遍他的全身。他当然听说她结婚了——其他的事情，他也许是有意不想知道得太多。

“这姑娘好极了，”德福林若有所思地说，他并非别有用心，“我真有点为她感到惋惜。”

“为什么？”这句话触动了德克斯特的某根十分敏感的神经，于是他马上做出了反应。

“哦，不知道拉得·西蒙斯是不是哪根神经出问题了。我不是说他虐待她，我是说他总是喝得醉醺醺的，整天在外边游荡不着家——”

“她不是也一天到晚游荡在外不着家吗？”

“不，她待在家里带孩子。”

“哦。”

“对他而言，她已经是明日黄花了。”德福林说。

“明日黄花！”德克斯特大叫一声，“喂，伙计，她只不过二十七岁。”

他突然产生了一个疯狂的念头，他要冲出去，冲到大街上，乘上火车到底特律去。他激动地站了起来。

“我想，您很忙吧，”德福林赶忙致歉，“刚才我没有意识到——”

“不，我不忙，”德克斯特的声音缓和下来，“我一点都不忙，一点都不忙。刚才您说，她——二十七岁了，是吗？不，是我说的，她二十七岁了。”

“对，是你说的。”德福林干巴巴地表示赞同。

“哦，你接着说，接着说。”

“你是什么意思？”

“接着说朱迪·琼斯。”

德福林不知如何是好地看着他。

“呃，就那么多了——我能告诉你的也就那么多了。他像魔鬼一样威胁她。嗯，他们倒不至于离婚，不会发生那种事的。他大发脾气的时候，她总是能够原谅他。实际上，我觉得，她爱他。她刚到底特律的时候，是个十分漂亮的姑娘。”

漂亮的姑娘！这个说法让德克斯特觉得很好笑。

“难道她——不再是个漂亮的姑娘了吗？”

“哦，她现在还过得去。”

“你瞧，”德克斯特突然坐下来说，“我不明白，你说她过去是个

‘漂亮的姑娘’，而现在你又说她‘还过得去’。我不明白你的意思——朱迪·琼斯根本不能说是个漂亮的姑娘，根本不能。她可是个大美女，哦，我认识她，我认识她。她过去——”

德福林愉快地笑起来。

“我可不想吵架，”他说，“我觉得朱迪是个好姑娘，我挺喜欢她的。我不明白一个像拉得·西蒙斯这样的男人怎么会疯狂地爱上她，可是，他那时的确如此。”接着他补充说：“大多数女人都和她一样。”

德克斯特仔细地看着德福林，拼命地想，他这么说肯定是事出有因，这个人是愚钝呢，还是有什么私人恩怨。

“许许多多的女人都是那样人老色衰的，”德福林打了个响指，“这种事情，你一定见过。也许，我已经忘记她结婚那天有多漂亮了。自打她结婚后，我见她的次数太多了，你知道的。她的眼睛非常漂亮。”

德克斯特的意识突然模糊了起来，他平生第一次觉得自己似乎是酩酊大醉了。他知道，德福林刚才说了句什么话逗得他哈哈大笑，可是他记不清那句话是什么了，也不记得那句话有什么可笑的。过了一会儿，德福林走了，他就躺在长椅上，望着窗外。太阳已经落下地平线，向纽约的天空投射出粉红色和金色的霞光，使傍晚的天空虽不明艳却很动人。

他曾经想，他再也没有什么可失去的了，他终于刀枪不入，能承受住任何打击了——可是，他知道，他刚刚已经又失去了一些东西。这种东西如此真切，仿佛是他和朱迪·琼斯结了婚，眼睁睁地看着她渐渐地年老色衰，花容不再。

梦消失了，好像有什么东西从他身上剥离出去。他的心头一阵恐慌，赶忙用手掌捂住眼睛，努力回想那曾经的一幅幅画面：雪莉岛的层层水波，露台上的月光，海滨高尔夫球场上的方格纹棉布裙，明媚的太阳，她脖子上那金黄色的小绒毛，等着他亲吻的湿润的嘴唇，忧伤的眼神，她那如崭新的高档亚麻布在早晨散发的清新气息。哦，这些东西都不复存在了！它们曾经存在过，如今却再也回不来了。

多少年来，他第一次泪流满面。然而，此时此刻，他是在为自己流泪。模糊的眼睛，啜泣的嘴巴，在脸上震颤的双手，他全都不管了，他管不了这么多了。他的心已经死了，再也不能死而复生了。大门已经关闭，太阳已经西沉，除了钢铁那灰蒙蒙的美，没有哪种美可以经受得住时间的考验。即便他现在还能够感到悲伤，那也是在为他那片梦想之乡，他那曾经的青春年少，他当初那天马行空地做着冬日梦的旺盛的生命在悲叹了。

“很久以前，”他说，“很久以前，我心中还有些憧憬和梦想，然而，现在，一切都不在了。一切都不在了，不在了。哭泣也没有用了，想也没有用了。我心中的憧憬和梦想一去不复返了。”

明智之举

一

在美国庄严神圣的午饭时刻，年轻的乔治·欧凯利故作镇静地整理着桌子，一副兴趣盎然的样子。办公室里没有人知道其实他心里急得要命，因为成功无非是凑个人气，至于他的心思不在工作上而在七百英里之外的地方，这一点是不能逢人便说的。

可是一走出办公楼，他就咬紧牙关，开始跑起来，一边跑还一边到处观望。早春时节明媚的正午，时代广场上洋溢着欢乐的气氛，欢声笑语在人们头顶不到二十英尺的地方飘荡。大家都微微仰着头，深深地呼吸着三月里清新的空气，阳光照得人眼花缭乱，因此，大家几乎都不看别人，只盯着自己在空中的影像。

乔治·欧凯利的心早已飞到七百英里之外了。他觉得户外活动都是极其可怕的。他冲进地铁，穿过九十五个街区，猫着身子激动地盯着车厢里的一幅宣传广告，这幅广告生动地向他展示了十年中他只有五分之一的机会保住他的牙齿。在第一百三十七大街上，他止住对商业广告艺术的探究，下了地铁，又开始跑起来。此时此刻，他甩开不知疲倦的脚步，心急如焚地朝家中狂奔——他的家只有一间屋子，在一个不起眼的地方的一套楼层又高条件又差的公寓里。

桌子上放着那封信——信是用神圣的墨汁和神圣的纸张写成的——城里的人们要是仔细倾听，就都能听到乔治·欧凯利的心跳。他看着信上的每一个标点符号、每一个墨迹、空白处的拇指印——然后，便无望地一头扎到床上了。

他的处境十分不妙，这种极其困顿的情形在穷人的生活中司空见惯。困顿和穷人如影随形，犹如鸟儿天生就要成为猎物。任凭穷人怎样上下求索、左右出击或听天由命，都无法摆脱贫穷的命运——然而乔治·欧凯利非常不适应贫穷的生活，因此，要是有人否认他的情况是个特例，他一定会感到十分震惊。

一年多以前，他以优异的成绩从麻省理工学院毕业，并且在南方的田纳西州的一家建筑公司找到一份工程师的工作。他从小就一门心思地想着隧道、摩天大厦、巨大的水坝、有三座桥头堡的高桥，桥上的桥头堡就像拉着手排成一排的舞者，她们的头颅像城市一样高，桥上的吊索就像她们的裙子。改变河流山川的走向和地貌就能让世界上古老贫瘠的不毛之地焕发出一派生机，在乔治·欧凯利看来是十分浪漫的事。他喜欢钢铁，常常梦见自己的周围都是钢铁，钢水、钢条、钢块、钢梁以及可塑的软钢在等着他一展宏图，就像他手中的颜料和帆布画布一样。取之不竭、用之不尽的钢材被他那熊熊燃烧的想象之火锻造得既质朴又漂亮……

目前，他在一家保险公司当职员，每个礼拜只能挣四十美元。他与梦想的距离迅速拉大，梦想已经遥不可及了。那个皮肤黝黑的小姑娘造成了这种不幸的局面，这种可怕的、无法忍受的局面，而她正在田纳西的一个小镇上等着他去见她。

十五分钟后，那个女人，他的二房东，无比好心地来敲他的门，问他既然回来了，要不要吃午饭。他摇摇头，但是房东已经把他吵醒了，他就起床写了封电报。

“来信令我伤心你是没信心还是太傻太失望才要分手为什么不马上嫁给我我们一定能幸福——”

他心乱如麻，犹豫了一会儿，又随手补充了一句连他自己都不敢相信的话：“明早六点不见不散。”

写完，他便跑出公寓，奔向地铁站附近的电报局。他在这个世界上连一百块钱的财产都没有，然而，她在信中流露出“不安”的情绪，所以他别无选择。他知道“不安”意味着什么——意味着她情绪低落，意味着她将要嫁给一个穷光蛋而过上一贫如洗的生活，这样的婚姻前景再加上她内心的纠结和挣扎，为她的爱情带来了不堪承受的重压。

乔治·欧凯利一如既往地跑到保险公司，奔跑几乎已经变成他的第二个天性，似乎也最大限度地表现出他正生活在巨大的压力之下。他径直朝经理办公室走去。

“我有事找您，查姆博斯先生。”他上气不接下气地大声说。

“什么事？”经理的两只眼睛瞪得像冬天里的窗户一样，冷冷地、不耐烦地看着他。

“我想请四天假。”

“怎么回事，两个礼拜前你才刚刚请过假！”查姆博斯先生吃惊地说。

“的确如此，”这位忧心如焚的年轻人坦率地承认道，“可是，我还得请个假。”

“上次你去哪里啦？回老家了吗？”

“没有回老家，我去了——田纳西的一个地方。”

“那么，这一次你要去哪里？”

“呃，这次我想去——田纳西的一个地方。”

“不管怎么说，你还挺执着的，”经理干巴巴地说，“不过，我原来并不知道，公司是让你来做旅游销售的。”

“我不是做旅游销售的，”乔治绝望地叫道，“可我必须去。”

“好吧，”查姆博斯先生同意了，“不过，你不必回来了。所以，就别回来了！”

“我不会回来了。”这句话让他自己和查姆博斯先生都大吃一惊。乔治兴奋得满面红光，他觉得很开心，简直欢欣雀跃——半年来，他第一次拥有了彻底的自由。他的眼中蓄满了感激的泪花，激动地一把握住了查姆博斯先生的手。

“我想感谢您，”他一阵冲动，动容地说，“我不想回来了。如果你说我还可以回来，那我才会发疯呢。您知道，让我自己提出辞职，我做不到，因此我想谢谢您——谢谢您辞退了我。”

他颇有气度地挥了挥手，用洪亮的声音说道：“你还欠我三天工资呢，不过，你留下好了！”说话间便冲出了办公室。查姆博斯先生按铃叫来了速记员，问他欧凯利最近是不是看起来很古怪。在他的职业生涯中，他解雇过很多人，尽管他们的态度各有不同，但是没有一个人会对他感恩戴德——这真是前所未有的奇事啊！

二

她叫琼奎尔·凯利。对乔治·欧凯利而言，没有什么能够比得上她一看到他便不顾一切地沿着站台朝他飞奔而来时的那张清新娇柔的脸庞。她的两只胳膊举得高高的要扑进他的怀抱，嘴唇半张着，等待他的亲吻。突然，她又轻轻地挣脱他的怀抱，有点难为情地向四周看了看。两个比乔治稍微年轻点的男孩就站在旁边。

"这是克拉道客先生和赫尔特先生，"她愉快地说，"以前你在这里的时候见过他们的。"

亲吻一下子变成了见面介绍，乔治怀疑这其中蕴含着某种用意，内心有些不悦，当他发现载着他们去琼奎尔家的汽车是其中一个年轻人的，就更加摸不着头脑了。这种情况似乎对他很不利。琼奎尔与前后座的几个人聊了一路，当他想趁着夜色悄悄用一只胳膊拥她入怀的时候，她赶紧递给他一只手，让他握着。

"这是去你家的路吗？"他小声问道，"我都认不出来了。"

"这是新修的一条林荫大道。杰瑞今天刚买了这辆新车，他想在送我们回家前让我先睹为快。"

二十分钟后，他们在琼奎尔家下了车。乔治发现，他们在车站初相见时的幸福以及她眼中分明流露出的欢乐已经被这突如其来的汽车之旅给消解掉了。他的期盼就这么不经意地消失了，他一边语气生硬地向两个年轻人道晚安，一边陷入了沉思。然后，在前厅昏暗的灯光下，琼奎尔将他拉入他所熟悉的怀抱，用十几种方式——对乔治来说，最好的方式便是她默默无语的样子——对他进行百般抚慰，说她多么想他，才渐渐消除了他心头的不快。她的抚慰给他吃了颗定心丸，让他那颗悬着的心踏实下来，让他觉得一切都会安然无恙。

他们一起坐在沙发上，完全陶醉于彼此的存在，除了偶尔喃喃地叫着彼此的昵称，他们将一切都置之度外了。晚饭的时候，琼奎尔的父母亲来了，他们见到乔治都很高兴。他们喜欢他。一年多以前，他刚刚来到田纳西的时候，他们很满意他的工程师职业。当他放弃这个职业去纽约寻求发财捷径的时候，他们感到很惋惜。尽管他们责怪他半途而废，却也很理解他，并愿意接受他们订婚。吃晚饭的时候，他们询问了他在纽约的发展情况。

“一帆风顺，”他满腔热情地告诉他们，“我升职了——工资也涨了。”

说这些违心话，他心里很难受——不过，他们都非常开心。

“他们一定很赏识你，”凯利太太说，“这一点毫无疑问——否则，他们不会允许你在三个礼拜里请两次假到这儿来的。”

“我告诉他们，他们必须这么做，”乔治赶忙解释，“我告诉他们，如果他们不同意我请假，我就再也不为他们工作了。”

“可是你也应该省着点花钱啊，”凯利太太嗔怪道，“不能把钱都扔到路上啊，路费这么贵。”

吃完晚饭——就剩下他和琼奎尔了，她又回到他的怀抱里。

“有你在这儿，我真是太高兴了，”她叹了口气，“希望你再也不要离开了，亲爱的。”

“想我吗？”

“哦，想死了，想死了。”

“你——其他男人常来看你吗？比如说今天那两个小屁孩。”

这个问题令她大吃一惊，她用两只黑天鹅绒似的眼睛注视着他。

“哦，当然有，他们经常来看我。一直都是这样。哦——我在信里都告诉过你的，亲爱的。”

这话不假——他当初来到这座城市的时候，她的身边已经围了十多个男孩子了。他们带着青春期的热情，对她那弱柳扶风般的婀娜身姿崇拜得五体投地，有几个小伙子还发现她那双漂亮的眼睛既理智又温柔。

“你希望我永远哪儿都不去——”琼奎尔靠在沙发垫上看着他，仿佛与他有千里之遥，“就这样抱着胳膊，静静地坐在这里——一直坐到地老天荒吗？”

“你这是什么话？”他心里一急，脱口而出地问道，“你的意思是不是说，我永远都没有钱娶你为妻？”

“哦，不要断章取义，乔治。”

“我没有断章取义。你刚刚就是这么说的。”

乔治突然意识到自己身处险境。他本来打定主意，不让任何事情破坏这良辰美景的。他想再次拥她入怀，她却出乎意料地拒绝了，她说：

“天太热了，我去把电扇打开。”

她把电扇调到合适的风速，他们重新坐下来，然而他变得极度敏感起来,不知不觉地陷入了他原本要极力避免的那个特殊的话题当中。

“你打算什么时候嫁给我？”

“我嫁给你，你准备好了吗？”

他心中突然蹿起一股无名之火，站起身来。

“关掉这该死的电扇吧，”他叫道，“我快被它逼疯了。它像一只破钟似的‘咔嗒’个没完，要葬送我和你在一起的所有时间。我来这儿是想寻找幸福，忘掉纽约的一切烦心事，忘掉时间——”

他又一屁股坐到沙发上，就像他刚才站起来时一样突然。琼奎尔关掉电扇，将他的头揽进她的怀里，抚摸着他的头发。

“我们就这样坐着吧，”她温柔地说，“就这样静静地坐着，我会把你带到梦中。你太累了，太紧张了，让你的心上人照顾你吧。”

“可是，我不想就这样坐着，”他突然坐起来，悻悻地说，“我一点都不想这样坐着，我想让你吻我。只有你的吻才能让我安静下来。还有，我一点都不紧张——是你在紧张。我才不紧张呢。”

为了证明他不紧张，他离开沙发，走到房间的另一边，一下子陷进一把摇椅里。

“我正在为娶你做准备的时候，却收到你的这些紧张兮兮的来信，弄得像是要悔婚似的，我迫不得已，只得匆匆忙忙地赶来见你——”

“你如果不想来，就不必来嘛。”

“可是我确确实实想来！”乔治坚持说。

他似乎觉得自己很冷静，很理智，而她则是别有用心，故意激怒他，将他置于错误百出的境地。他们每说一句话都只会将彼此的距离拉得更远——可他管不住自己的嘴巴，也无法掩饰言语之间的担忧和痛苦。

然而，琼奎尔突然伤心地号啕大哭起来。他回到沙发边，抱住她，现在他变成安慰者了。他将她的头拉到他的肩头，轻轻地对她重复着往日的情话，她渐渐地平静下来，只是还会在他怀里一阵一阵地微微颤抖。他们在那里坐了一个多小时。这时，那抑扬顿挫的钢琴曲突然接近尾声，变得激越昂扬起来，连外面的大街上都清晰可闻。乔治的身体一动不动，大脑也停止了思想，也不再希冀什么，只是麻木地感受这山雨欲来的暂时平静。时钟还会嘀嘀嗒嗒地敲下去，十一点，十二点，然后凯利太太和蔼可亲的叫声就会从楼梯扶手处传到楼下——除此之外，他看到的只是明天和绝望。

三

导火索在第二天的炎热天气中引爆。他们已经猜到了对方的真实意图，然而两个人中她更易于面对现实。

"没必要继续下去了，"她痛苦地说，"你自己知道你讨厌保险，所以你永远也别想做好。"

"不是这样的，"他拒不承认，"我只是不喜欢一个人跑业务，如果你愿意嫁给我，和我同甘共苦，和我一起去碰运气，我什么都能干好。但是，如果你待在这里不肯跟我走，我就会整天担心你，就没有心思干工作了。"

她沉默良久，然后不假思索地做出回答——因为她已经看到他们的关系走到了尽头——只不过是在等待一个合适的时机说破而已，因为她知道，她每说出一个字都只会比上一个字更加残忍。她终于说话了：

"乔治，我是全心全意爱你的，而且我不知道，除了你，我还能不能爱上别人。如果两个月前，你准备好娶我的话，那么现在我已经是你的妻子了——可现在我不能嫁给你了，因为这似乎不是明智之举。"

他强烈地谴责了她——她一定是有别人了——她对他隐瞒了实情！

“不，没有别人。”

这是事实，然而由于他们的爱恋给她带来了很大的压力，为了释放这种压力，她和像杰瑞·赫尔特这样的小毛孩交往，这些小毛孩有个好处，即他们绝对不会对她的生活产生任何影响。

乔治没有处理好这种情况，绝对没有处理好。他紧紧地抱住她，一心想亲吻她，他想用亲吻逼她立刻答应嫁给他。这一招失灵后，他又开始了漫长的独白，自说自话地将自己可怜了一番。当他发现她以鄙视的眼神看着他的时候方才作罢。他无意离开，却扬言要走；而当她认为他最好离开时，他却偏偏不走。

有那么一会儿，她觉得对不住他；又有那么一会儿，她的心彻底软了下来。

“你最好现在就走吧。”她终于咆哮起来，她的声音非常大，以至于凯利太太惊慌失措地跑下楼来。

“出什么事了吗？”

“我要走了，凯利太太。”乔治语不成声地说。琼奎尔已经离开了房间。

“不要太过悲伤，乔治。”凯利太太朝他挤挤眼，一脸无奈和同情——她很遗憾，但同时，她也感到宽慰，因为这小小的悲剧就要演完了。“如果我是你，我就回家，回到妈妈身边待上一个礼拜。也许，这才是明智之举——”

“请不要再说了，”他大吼一声，“现在，一句话都不要和我讲了！”

琼奎尔再次走进房间，脂粉、口红和帽子掩去了她的悲伤和怒气。

“我已经叫了一辆出租车，”她冷淡地说，“我们可以出去兜兜风，顺便送你去坐火车。”

她走出屋子，来到房前的廊下。乔治穿上外套，戴上帽子，有气无力地在客厅里站了一会儿——自从离开纽约，他几乎没吃一口东西。凯利太太走过来，扳着他的头在他的脸上亲了一下。他觉得很可笑，很软弱。他早就知道，这种场面结果一定是可笑的，一定是让人感到软弱的。如果他昨天晚上就离开的话——带着体面的尊严最后一次离开她，该有多好。

出租车来了，这对曾经的恋人在陌生的大街上兜了一个小时的风。他握着她的手，在阳光下变得冷静多了，他终于后知后觉地明白，他们已经无事可做、无话可说了。

“我还会回来的。”他对她说。

“我知道你还会回来的，”她答道，她尽量说得令人振奋，显得颇有信心，“而且我们还要给彼此写信——有时间就写。”

“不，”他说，“我们不要写信。我受不了。反正我会回来的。”

“我永远都忘不了你，乔治。”

他们到了火车站，她陪他一块去买票……

“喂，乔治·欧凯利，琼奎尔·凯利！”

打招呼的是一对男女，乔治在这里工作时认识了他们。有他们在，琼奎尔似乎如释重负。在那漫长的五分钟里，他们都站在那里聊天。火车终于呼啸着进站了，乔治笨拙地掩饰着一脸苦相，向琼奎尔张开双臂。她犹豫不决地向前迈了一步，身子摇晃了一下，然后，匆匆地在他的一只手上按了一下，仿佛是在和一个点头之交握手道别。

“再见，乔治，”她说，“祝你旅途愉快。”

“再见，乔治，记得回来看看我们大家啊。”

木然的乔治痛苦得几乎什么都看不见了，他提起箱子，跌跌撞撞地上了火车。

火车“哐当哐当”地穿过一个个十字路口，开始加速前进，在郊区广阔的田野上朝着落日的方向一路狂奔。也许她也愿意欣赏一下夕阳美景，愿意在那里稍作停留，还会回头张望，还会时时怀念，而他终将从她的梦中渐渐消失，成为过眼云烟。这天晚上的夜幕终将永远遮蔽他那年轻时代的阳光、树木、花草和欢声笑语。

四

第二年九月的一个潮湿的下午，一个脸膛被晒成棕榈黑的年轻人从田纳西的一列火车上走下来。他不安地朝四周张望了一番，当他发觉没有人来车站接他的时候，似乎松了一口气。他打车来到城里最好的一家宾馆，满意地在入住登记簿上写下：秘鲁，库斯科，乔治·欧凯利。

他走进楼上的客房，在窗户边坐了一会儿，看着下面那条熟悉的街道。然后，他用一只微微颤抖的手拿起话筒拨了一个号码。

“琼奎尔小姐在家吗？”

“我就是。”

“哦——”他稳了稳有点颤抖的声音，才用亲近却拘谨的口气继续说道：

“我是乔治·欧凯利，收到我的信了吗？”

“收到了。我以为你今天会到家里来呢。”

她的声音冷静又淡然，这让他很不快，而且与他的期望大相径庭。这个声音很陌生，丝毫没有兴奋之情，她说她非常高兴和他见面——仅此而已。他想放下话筒透透气。

“很久——不见了。”他成功地让自己说得漫不经心，“一年多了。”

他清清楚楚地记得那是多久——一天都不会错。

“再次听到你的声音真是太高兴了。”

“我大约一个小时后到你那儿。”

他挂断电话。在四个漫长的季节里，只要一有空，他的脑海里无时无刻不在期盼这一刻的到来，如今这一刻真的到来了。他曾经想过，她是不是已经嫁人了，是不是已经订婚了，是不是已经爱上别人了——而他唯一没有想过的是，她会对他的归来无动于衷。

他觉得，在他的一生中，他刚刚度过的那漫长的十个月再也不会重来了。作为一名年轻的工程师，他已经展露出令人交口称赞的卓越才华——他接连撞了两次大运，一次是在秘鲁，另一次是在纽约。他这次从秘鲁回来后，很快就要去纽约发展。在这短短的时间内，一贫如洗的他摇身一变，拥有了一个前途无可限量的职位。

他从梳妆台的镜子里打量着自己。他晒得像炭一样黑，然而这种黑却有一种浪漫情调。上个礼拜，当他有空想到这一点的时候，心中不由得喜滋滋的。他如痴如醉地欣赏着他那壮硕的身材。他的眉毛脱落了一些，膝盖上戴着弹力护膝。不过，他毕竟太年轻，不会没注意到汽艇上有许多女人纷纷向他投来热辣辣的目光。

他穿的衣服当然很吓人，那是利马的一个希腊裁缝在两天内为他赶制出来的。他还是太年轻了，在那封简短的便笺里，他向琼奎尔解释了这身衣服的缺陷。信中还有一个细节，他要求她不要到车站来接他。

来自秘鲁库斯科的乔治·欧凯利在宾馆等了一个半小时，确切地说，直等到烈日当头。然后，他刮好脸，扑了些滑石粉使肤色更接近白种人，在最后的那一刻，虚荣心战胜了浪漫情怀。他叫了辆出租车，朝着那幢他再熟悉不过的房子出发了。

他感到呼吸困难——他意识到了这一点。不过，他告诉自己，这是因为兴奋，和感情无关。他回来了；她没有嫁人——这就够了。他甚至不知道该对她说些什么。然而他觉得这一刻是他人生当中最不能轻易抹去的一笔。毕竟，如果没有一个姑娘来分享，他的胜利就毫无意义，况且就算他不能把战利品呈到她的脚下，至少也能捧到她的面前，哪怕是稍纵即逝的一瞬间呢。

这幢房子突然出现在他的身旁，他的第一反应便是：它似乎有一种奇怪的虚幻感。什么也没有变——又什么都变了。它似乎比以前小了，破了——往日那一团团充满魔力的云彩再也不会在房顶上盘桓了，再也不会从楼上那扇窗户里飘出来了。他按响门铃，一个陌生的黑人女仆为他开了门，并告诉他琼奎尔小姐马上就下来。他紧张地舔了舔嘴唇，走进客厅——虚幻感更强了。他明白，这毕竟只是一个普通的房间，而不是那个曾经让他撕心裂肺、备受煎熬的魔法屋。他在一把椅子上坐下来，当他发现自己坐着的竟然是一把椅子时，不由大吃一惊。他方才意识到，他以前的想象力将这些简陋的、司空见惯的东西都理想化了，将它们的形状和色彩都美化了。

接着，门开了，琼奎尔走了进来——眼前的一切仿佛突然模糊起来。他已记不清她那美丽的容颜了，只觉得自己脸色煞白，他的声音到了喉咙里却变成了一声微弱的叹息。

她一身浅绿色装扮，一条金色发带将她那乌黑柔顺的秀发束到后面，看上去简直像一顶王冠。她进门的一瞬间，她那双久违的、天鹅绒般的眼睛正好与他的目光相遇，看到她那令人痛不欲生的美，他的全身顿时袭来一阵恐惧的震颤。

他说了声“嗨”，两人便都向前走了几步，握了握手。然后各自坐到遥遥相隔的椅子上，从房间的两边对视着。

“你回来了。”她说。他回答得毫无新意：“我想顺道来看看你。”

他的目光游移不定，就是不看她的脸，他想以此来稳住颤抖的声音。他有责任打破僵局，然而，除非他马上开始自吹自擂，否则似乎实在无话可说。以他们之前的关系来看，再也找不到那份让人倍感温馨的随意了——这种情况下，总不见得谈论天气吧。

“真是可笑，”他突然尴尬地说，“我实在有点不知所措。我来这里打扰到你了吗？”

“哪里的话。”这个回答既谨慎含蓄，又透着淡淡的忧伤。他感到很沮丧。

“你订婚了吗？”他问道。

“没有。”

“你有心上人了吗？”

她摇摇头。

“哦。”他靠了靠椅子。似乎找不到别的话题了——这次会面完全不在他设想的轨道上。

“琼奎尔，”他说，他的声音更加柔和了，“毕竟，我们之间发生了不希望发生的事情，我就是想回来看看你。将来无论如何，我都不会像爱你一样去爱别的姑娘了。”

这句话是他事先排练好的。在轮船上时，这么说似乎恰到好处——既传达出他素来对她怀有的柔情，又掺杂着他目前模棱两可的暧昧态度。可是现在，他被过去重重包围，气氛越来越凝重，似乎充满了戏剧性，让人觉得陈腐。

她一言不发，静静地坐着，两眼盯着他，脸上的表情似乎已经说明了一切，又似乎什么也说明不了。

“你不再爱我了，是吗？”他平静地问她。

“是的。”

过了一会儿，凯利太太走了进来，和他聊起他取得的业绩——当地报纸已经用了半个版面报道过他的事迹——他的心里真是五味杂陈。他知道他现在依然爱着这个姑娘，他知道过去有时还会再回来——这样就够了。剩下的事情就是，他一定要坚强谨慎，然后拭目以待。

“现在，”凯利太太说，“你们两个去看看那位种菊花的太太吧。她特别嘱咐我，说想见见你，因为她在报纸上看到你的事了。”

他们去看望那位菊花太太。路上，他发现她的小碎步总是落在他的脚步之间，这让他感到很兴奋。菊花太太很慈祥，她种的菊花花朵硕大，美丽无比。菊花太太的花园里到处都是菊花，白色的、粉红色的、黄色的，真是五彩缤纷。置身于菊花园中，简直就像是回到了盛夏。菊花太太总共有两个花园，中间隔了一道门；他们迈着悠闲的步子去赏第二个花园的花，菊花太太先行一步出了这道门。

这时，发生了一件奇怪的事。乔治走到旁边，让琼奎尔先过去，但是她没有过去，而是静静地站在原地看了他一会儿。她的脸上没什么表情，也没有笑意，她只是沉默了片刻。他们四目相对，每个人的呼吸都急促起来，然后他们便步入第二个花园。仅此而已。

天色渐晚，他们向菊花太太道了谢，然后就心事重重地、慢吞吞地肩并肩朝家中走去。晚饭的时候，他们都很沉默。乔治对凯利先生讲了一些他在南美洲的经历，力图向他们传达出自己的未来会一帆风顺。

吃过晚饭，他和琼奎尔单独待在房间里，这个房间见证了他们的爱情自始至终的全部过程。对他而言，这似乎是一件遥远的、无以名状的伤心事。就在那张沙发上，他曾经感受过一生中最为深切的痛苦和悲伤。今后，他再也不会那样懦弱，那样疲惫，那样痛苦，那样可怜了。然而，他知道，十五个月前的那个热血男儿内心拥有的可贵品质，那种信任和热情，如今都消失殆尽了，再也找不回来了。明智之举——他们做出了明智之举。他已经用他的第一次青春做赌注，换来了力量，取得了成功，摆脱了绝望。然而，命运之手却剥夺了他那清纯的爱情，连同他的青春。

“你不愿意嫁给我了，是吗？”他低声问道。

琼奎尔摇了摇她那一头乌黑的秀发。

“我永远都不想结婚了。”她答道。

他点点头。

“明天一早，我就去华盛顿。”他说。

“哦——”

“我得走了，我得先到纽约，顺便在华盛顿歇歇脚。”

“为了生意！”

“不——不，”他仿佛有点勉为其难的样子，“我必须去那儿看望一个人，在我——穷困潦倒——的时候，他对我恩重如山。”

他在说谎，华盛顿根本没什么人等着他去看望——然而，他用眼角瞄了琼奎尔一眼，他敢断定她轻轻地打了个寒战，将眼睛闭上，又睁大了。

“不过，既然见到你了，我想在我走之前将我的经历讲给你听听。也许我们以后不会再见面了，不知你是否——是否愿意像过去那样坐到我的怀里来——就这一次，好吗？要不是你还没有心上人，否则我是不会向你提出这种要求的——不过——也许，你不愿意，那也没关系。”

她点点头，旋即坐在了他的腿上，像那个一去不复返的春天她常做的那样。她那靠在他肩膀上的头以及她那熟悉的身体立刻为他输入了一股电流，传遍他的全身。拥抱着她的两只胳膊想把她抱得再紧些，于是他把身体向后仰，开始心事重重地对着空气讲起来。

他告诉她，他在纽约度过了两个令人绝望的礼拜，结束了泽西市一家建筑公司的差事，这个工作虽然不怎么赚钱，却也很有吸引力。刚开始的时候，秘鲁的事业也看不出有多好。在这次跨国生意中，他是第三位助理工程师，而美国方面派去库斯科的只有十个人，包括八名标尺手和测量员，他们都从未去过库斯科。十天后，领队死于黄热病，他的机会来了。只要不是傻瓜，对任何人来说，这都是一个天赐良机——

“只要不是傻瓜，对任何人来说，这都是一个天赐良机？”她天真地打断了他的话。

“甚至对傻瓜也不例外，”他继续说，“那就是一个天赐良机。然后，我就给纽约发了电报——”

“所以，”她又打断了他的话，“他们就给你回了电报，说你应该抓住这个机会啰？”

“什么应该呀！”他大声说。他依旧向后仰着身子。“我必须抓住这个机会。机不可失，时不再来——”

“一刻都不能耽搁吗？”

“一刻都不能。”

“甚至没时间——”她打住话头不说了。

“没时间怎么了？”

“看一眼。”

他突然俯首向前，同时，她也将身体靠向他，她的嘴唇像花瓣一样半张着。

“是的，”他悄声说着，吻上了她的唇，“时间总是有的……”

时间总是有的——他的一生，还有她的一生。然而，这一吻让他彻底明白过来，就算他找到地老天荒，也找不回那些遗失了的四月的时光了，找不回那时光里的激情了。此时此刻，他大可紧紧地拥着她，直到胳膊上的肌肉暴突——她是他渴望的，是他珍惜的，是他拼了命都想要得到的——然而，那些飘散在黄昏中，飘散在和风习习的夜空里的喁喁细语再也听不到了……

好吧，让它去吧，他想。四月结束了，结束了。世上的爱情何止千种万种，但从来都没有哪种爱情可以重来。

富家子弟

一

以平凡人物开篇，会意外地塑造一个典型；而以一个典型开篇，塑造的人物最终——什么都不是。那是因为我们都是怪人，我们的音容笑貌下面潜藏着更加奇怪的东西，这些东西我们不希望别人发现,甚至连自己都意识不到。每当我听到有人标榜自己是“正常、诚实、开朗之人”时，我就敢断定他百分之百有一些藏而不露的异常情况，甚至有些可怕的变态——他那正常、诚实、开朗的严正声明只是提醒自己刻意伪装掩饰的一种方式。

这篇小说里既没有典型人物，平凡人物也寥寥无几，只有一个富家子弟，这篇小说就是写他而不是写他的弟弟们的。虽然我和他的弟弟们打了一辈子交道，成为我朋友的就他一人。另外，要是我写的是他的弟弟们，那我就必须戳穿穷人口中关于富人以及富人口中关于他们自己的谎言——这些谎言非常猖獗，以至于当我们随便拿起一本写富人的书，就会不由自主地怀疑它的真实性。即使是别具慧眼、对生活富有探索精神的作家也可能将富人的世界描述得神乎其神。

我来给你们讲讲那些富贾巨商们的事吧，他们和你我有天壤之别。他们从小就腰缠万贯，享尽荣华富贵。这样的生活也对他们产生了影响：在一些事情上，他们软弱，我们执着；他们玩世不恭，我们则充满真诚。从某种程度上来说，除非你生下来就是富人，否则就很难理解。他们在内心深处永远觉得他们好过我们，因为我们不得不靠自己的努力挣口饭来果腹，找个地方来遮风挡雨。即使他们沦落到和我们一样穷的地步，甚至连我们都不如，他们也依然觉得好过我们。他们真是与众不同。我描述年轻的安森·亨特的唯一方法就是去接近他，仿佛他是个外国人，只能由我来代言。如果我一旦接受他的观点，我就会立刻迷失方向——只能束手无策地给你们看一部极其荒谬的电影脚本了。

二

安森兄弟姐妹六人，他是老大，有一天他们会分配价值一千五百万美元的家产。在二十世纪初，当女人们不再羞答答地乘着电动"汽车"在第五大街上招摇过市的时候——安森已经到了懂事的年龄——有七岁了吧？那个时候，他和弟弟有一个英国女家庭教师，她的英语说得非常清晰、利落、优雅，因此，这两个男孩子的说话方式渐渐地变得和她一模一样了——他们的遣词造句都很清晰、利落，不像我们说起话来一气呵成，没个停顿。他们讲话时带有一种纽约市有头有脸的人们所特有的那种腔调，这一点和英国孩子也不完全相同。

夏天，这六个孩子从第七十一大街上的一座房子里搬到康涅狄格州北部的一幢大庄园里。那里不是个时髦的地方——安森的父亲是想尽量延迟孩子们对时尚生活的了解。和构成纽约社交圈的他那些同阶层的人们以及与他所处的那个势利、庸俗观念已经固化了的镀金时代[①]的人们相比，他多少都有些出类拔萃。他希望儿子们养成专一的习惯，身体健康，长大后走上正当的生活道路，成为成功人士。他和妻子尽可能地密切关注着孩子们的成长，直到两个大点的孩子上学为止。然而在这么一个深宅大院里，做到这一点实属不易——要是在我小时候住过的小房子里和不大不小的房子里，就简单多了——我一直都在母亲的眼皮子底下活动，随时都能听到她的声音，感觉到她的存在，听她说行或是不行。

当安森在康涅狄格州的村庄里受到村民们勉强给予他的美国式

① 英文为 the Gilded Age，即繁荣昌盛时代、繁华时代，尤指美国南北战争结束到20世纪初叶这一时期。

的敬重时，他最初的优越感便开始形成了。和他一起玩耍的男孩们的父母总是追着他的父母问东问西，而且当他们的孩子受到邀请到亨特家玩耍时，他们就会流露出隐隐约约的兴奋之情。他把这些都当成是自然而然的事情。他对所有在金钱、地位、权威诸方面不把他当成中心人物的群体都怀恨在心，而且终生不忘。他不屑与其他男孩子争夺领导权——他觉得他们应该将领导权无条件地拱手让给他，如若不然，他就缩到家里去。他家很有钱，因为在东部，金钱依然有一定的封建力量，是一个家族赖以形成的基础。而在势利的西部，金钱反倒使一个家族分崩离析，变成各种“小帮派”。

安森十八岁的时候去了纽黑文，由于学校里的规律生活，他高大魁梧，皮肤明亮润泽，气色健康。他长着一头奇怪的黄头发和鹰钩鼻子——这两样东西没能让他进入相貌堂堂的美男子行列——但是他十分自信，这使他魅力不俗，另有一种霸气的风度。上层社会的人们如果在马路上与他擦肩而过，不用谁说他们就知道他是富家子弟，而且在最好的学校受过教育。不过，也正是他给人的这种高高在上的感觉反而使他的大学生活过得不尽如人意——他的独立个性被误认为是妄自尊大，他拒绝以应有的敬意接受耶鲁大学的标准似乎是对那些毕恭毕敬的遵从者的藐视。因此，远还没有毕业，他就开始将生活的重心转移到了纽约。

在纽约，他倒是过得悠游自在——他有属于自己的房子，家里还有“你再也找不到的那种用人”——还有他自己的家人。由于他脾气好，又有一定的处事能力，所以他很快就成为家人的主心骨。他去参加初涉社交圈的名流派对，加入正规的男人俱乐部里那个血气方刚的男人世界，有时也会和那些连纽黑文的主流社会都进不去的轻浮姑娘们尽情狂欢。他的抱负很平凡——其中包括一个无可指责、在他心中秘而不宣的计划：有一天他会结婚。但是他的抱负和大多数年轻人的抱负又有所不同，因为他的抱负不会给人一种雾里看花的感觉，一点都不具有所谓的“理想主义”或“幻想”的成分。安森毫无保留地接受了那个富豪云集、纸醉金迷、离婚成风、放荡不羁、唯利是图、大搞特权的世界。我们大多数人的生活都以妥协而告终——而他的生活则是以妥协而开始。

我和他初次见面是在一九一七年的夏末，当时，他刚好从耶鲁大学毕业。和我们所有人一样，他很快就被卷入了那场大规模的疯狂战争。他穿着海军航空部队蓝绿相间的军装去了彭萨科拉，旅店里的管弦乐队在演奏《对不起，亲爱的》，我们这些年轻军官和姑娘们随着音乐跳舞。尽管他和酒徒们到处跑去喝酒，并不是个特别称职的飞行员，却偏偏人人都喜欢他，连指导员们都敬他几分。他常常自信满满、逻辑清晰地和他们进行长谈——这么一谈，就让他自己，或者更多的时候是让另一个军官摆脱了即将到来的麻烦。他善于交际、爱讲粗话、贪图享乐，当他爱上一个思想保守、中规中矩的姑娘时，我们都感到非常意外。

她叫宝拉·勒让德，是个皮肤黝黑、态度认真的美人，来自加利福尼亚的某个地方。她家在城外有一幢避寒别墅，尽管她循规蹈矩，却非常受人追捧。有一大帮自以为是的男人受不了女人们的脾气，但是安森不是那种人，而我也理解不了她的"真诚"——用这个词来评价她真是恰如其分——对他那种思维敏捷而又有点玩世不恭的人来说究竟有多大的魅力。

尽管如此，他们还是相爱了——而且是他主动追求的她。他不再参加迪索托酒吧的黄昏派对了，只要有人看到他们在一起，他们都在一本正经、没完没了地谈话，好像要几个礼拜才能谈完似的。很久之后，他告诉我，他们的谈话内容没有任何特殊之处，他们两个人的谈话都很幼稚，甚至毫无意义——他们逐渐产生情愫并不是因为说了什么话，而是因为他们在说话时所表现出的极其严肃认真的态度。那是一种催眠剂。他们的这种一本正经劲儿常常被我们所谓的玩笑所搅扰；当他们单独相处的时候，就会重新恢复常态，认真低调，分寸掌握得刚刚好，使彼此在情感和思想上都产生共鸣。他们开始讨厌任何人的打扰，对那种拿生活当儿戏的行为，甚至对当代人的那种轻微的玩世不恭的态度都不理不睬。只要不停地交谈，他们就会感到快乐，那股子认真劲儿使他们沐浴在琥珀色的篝火般的烈焰中。终于，他们发展到被一种他们并不讨厌的东西所搅扰的程度——他们的谈话开始被彼此的激情所打断。

非常奇怪的是，安森和她一样沉浸于谈话中，并和她一样被深深地打动。然而，他同时也意识到，他这方面存在着很大程度的虚情假意，而她那方面很大程度上只是由于太单纯。起初，他也看不上她在感情方面的天真无知，但是有了他的爱，她的性格也变得深刻并充满魅力了，令他再也不敢小觑了。他觉得，如果他能走进宝拉温暖而安稳的生活，他会很幸福的。有了两人漫长的谈话做铺垫，他们之间不再拘谨——他向她传授了一些从更大胆的女人那里学来的东西，她则以一种如痴如醉的圣洁的强烈感情回应他。一天晚上跳完舞后，他们都同意结婚，他写了一封长信把她的情况向母亲做了介绍。第二天，宝拉告诉他，她很有钱，拥有将近一百万美元的个人财产。

三

这种情况的确好像是他们都说“我们俩都一无所有，就在一起受穷吧”——而结果反而令人惊喜，他们都非常富有。这同样给了他们冒险的情感体验。四月份，安森离开的时候，宝拉和她母亲陪他去北方，他家在纽约的地位以及他们的房产规模都给她留下了深刻的印象。第一次单独和安森待在他从小在里面玩耍的房间里，她有一种宾至如归的舒适感，好像特别安全，并感到备受呵护。安森刚上学时的那张戴着骷髅帽的照片，在那个神秘的、已经想不起是哪年夏天照的和小情人骑在马背上的照片，在婚礼上和一群快乐的迎宾员以及女傧相的合照，都使她对未能参与他过去的生活而心生妒意。似乎他背后有一个人，完全有权把他过去的生活进行总结，再把这几个场景作为典型摆在她的面前，促使她恨不得马上嫁给他，让她以妻子的名义回到彭萨科拉去。

但是他们并没有谈及马上结婚的事——就连订婚也要悄悄地进行，战争结束后才能公开。当她意识到再有两天他就要离开的时候，她再也掩饰不住她的不满，她希望他和她一样，迫不及待地想要结婚。

他们正驱车去乡下吃晚饭，她决定当晚就想办法逼他亮明态度。

这时候，宝拉的一个表姐和他们一起住在丽兹酒店。她是个刻薄、爱记仇的女孩，她爱宝拉，但又有点嫉妒她那令人艳羡的婚约。宝拉因为要梳妆打扮，所以会迟来一会儿，这位表姐不去参加派对，于是就由她在套房的客厅里接待安森。

五点钟，安森去见了几个朋友，和他们随心所欲地喝了半个小时的酒。他准时离开耶鲁俱乐部，他母亲的司机开车把他送到丽兹酒店。然而他平常那股子神气活现的精神劲儿消失了，再加上客厅里的暖气立刻让他头晕目眩。这一点他能感觉得到，他觉得又好玩又抱歉。

宝拉的表姐二十五岁了，却特别幼稚。一开始，她没看出来是怎么回事。她以前从来没有见过安森，她非常吃惊地听着他咕咕哝哝地说着胡话,看着他几乎从椅子上摔下去。但是直到宝拉出来的时候，她才明白，她原以为是他的军装干洗后残留的气味实际上却是威士忌的味道。不过，宝拉一出来就明白是怎么回事了，她只想趁母亲还没有看见，赶快把他弄走，表姐从她的眼神里也看出了这一点。

宝拉和安森下了楼，来到那辆豪华轿车旁，却发现里面坐着两个人，都睡着了。他们刚才和安森一起在耶鲁俱乐部里喝酒，也要去参加派对。他把他们俩还在车上这件事忘得干干净净。在去汉普斯泰德的路上，他们俩醒了，开始唱起歌来。有几首歌很粗俗，好在安森没说什么丢脸的话，宝拉才勉力克制住自己，尽管如此，她还是由于难堪和厌恶而紧紧地闭着嘴巴。

表姐回到酒店，又困惑又生气，把这件事又想了一遍，然后走进勒让德太太的卧室，说道：“他是不是很可笑？”

“谁很可笑啊？”

“哦——是亨特先生。他看起来很可笑。”

勒让德太太目光凌厉地看着她。

“他怎么可笑了啊？”

“呃，他说他是法国人。我以前可没听说过他是法国人。”

“胡说，你一定是听错了。”她笑着说，“那是句玩笑话吧。”

表姐固执地摇摇头。

“不是玩笑话。他说他在法国长大，连一句英语也不会说，所以他不能和我谈话。而且他的确不能！”

勒让德太太生气地将脸扭到一边，偏偏在这个时候，表姐若有所思地加了句：“也许是因为他醉得不成样子了吧。”说罢便走出了房间。

这通莫名其妙的话说得倒是事实。安森意识到自己声音含混不清，又控制不住自己，就找了个莫名其妙的借口，声称自己不会说英语。几年后，他还常常讲起这件事，而且只要想起这件事，他就忍不住放声大笑。

在接下来的一个小时内，勒让德太太打了五次电话，汉普斯泰德那边都没有人接听。最后终于打通了，可是等了十分钟，她才在电话里听到宝拉的声音。

“你乔表姐对我说，安森喝醉了。”

“哦，他没……”

“嗯，他是醉了。你乔表姐说他醉了。他对她说他是法国人，还从椅子上摔倒了，看样子他还醉得不轻呢。我不希望你和他一起回来。”

“妈妈，他没事的！请不要担心——”

“可是我的确很担心啊。而且我觉得糟糕透了。希望你答应我，别和他一起回来。”

“我会小心的，妈妈……”

“我不许你把他带回来。”

“好吧，妈妈。再见。”

“听着，宝拉，你务必答应我，找个人送你回来。”

宝拉故意把话筒从耳边拿开，挂断了电话。她因为无计可施而急得满脸通红。安森直挺挺地躺在楼上的卧室里，而楼下的晚宴派对在别别扭扭的气氛中接近了尾声。

一个小时的车程让他清醒了许多——他的到来只不过是一场闹剧——宝拉原本只是希望不要破坏了晚上的气氛，然而晚饭前他又不知轻重地喝了两杯鸡尾酒，最终酿成了这不可收拾的局面。他唐突无理地当着众人大声嚷嚷了一刻钟的时间，然后一声不吭地瘫倒到桌子下面去了。他像是一幅老版画中的一个人物 —— 可是又不像是一幅老版画，因为他的样子很糟糕，没有一点斯文古雅的感觉。来参加晚宴的姑娘们没有人对此事评头论足 —— 只有沉默以对。他叔叔和另外两个男人把他抬到楼上，他刚被弄到楼上，宝拉就被电话叫走了。

一个小时后，安森感到浑身难受，迷迷糊糊地醒来了，过了一会儿，他模模糊糊地看见罗伯特叔叔的身影站在门口。

"——我说，你好点了吗？"

"什么？"

"您老觉得好点了吗？"

"糟透了。"安森说道。

"我准备再给你弄一杯苏打水，里面放些镇静剂。你喝下去试试看，这有助于睡眠。"

安森费力地将腿从床上挪了下来，站起身。

"我没事。"他醉醺醺地说道。

"放松点。"

"我说，你能不能给我拿杯白兰地，我想到楼下去。"

"哦，这可不行 ——"

"没事，只能喝点白兰地解解闷了，我现在没事了……我想，楼下的人肯定都不想见我了。"

"他们知道你有点不舒服，"他叔叔言不由衷地说，"不过别担心，斯凯勒甚至都没来，他在高尔夫球场的衣帽间里消磨时间呢。"

他只在乎宝拉的想法，其他人怎么想他都无所谓。尽管他下定决心挽回晚上的残局，但是当他冲了个凉水澡露面的时候，参加派对的人大部分都已经走了。宝拉立刻起身回家。

在豪华轿车里，他们又开始像以前那样一本正经地聊起来。她承认她知道他喝多了，但是她怎么也想不到事情会弄成这样 —— 她觉得他们也许根本就不合适。他们的人生观差别太大，诸如此类，不一而足。她说完了，轮到安森说话了，他已经很清醒了。然后，宝拉接着说，她得好好考虑考虑；今天晚上她不能做出决定；她不是生气，她只是特别遗憾。她也不让他和她一起进酒店，但是在下车之前，她把身子靠过来，一脸不高兴地在他的面颊上吻了一下。

第二天下午，安森和勒让德太太进行了一次长谈，宝拉坐在旁边默默地倾听着。她的意见是，让宝拉对这件事再仔细考虑一段时间，然后，如果母女俩都觉得这是最好的选择，她们就会跟随安森去彭萨科拉。安森这方面，他真诚而不失尊严地表达了歉意——仅此而已；勒让德太太打出了手中的每一张牌，也没能在气势上占据上风。他不做承诺，不卑不亢，最后只是郑重其事地发表了几句对人生的看法，最终以压倒性的精神优势大功告成。三个礼拜后，当她们来到南方时，对于他们的重归于好，安森感到心满意足，宝拉感到如释重负，然而他们谁也没有意识到，他们在心灵上的契合与共鸣已经一去不复返了。

四

他主导着她，吸引着她，同时给予她满腹疑虑。他是多重性格的混合体：既稳健，又放纵；既多愁善感，又玩世不恭，把她搞得晕头转向。她温顺的大脑理解不了他性格当中的多重矛盾——宝拉渐渐地意识到，他具有双重人格，而且在这双重人格之间变幻不定。他独处时，参加正式的社交派对时，或者在下属面前时，她都能看到他坚强迷人的表现以及他父亲般的宽厚和敏锐的理解力，为此她感到莫大的骄傲；而在其他场合，他又完全不顾斯文，表现出他的另一面，这又让她觉得很不安。他的另一面粗俗、风趣，对什么都满不在乎，只知道贪图享乐。这让她吃惊不已，使她决定暂时将注意力从他身上移开，甚至悄悄地和过去的一个老情人尝试着交往了一阵子，但是依然无济于事——在被安森的活力包围了四个月后，其他所有男人都变得像患上了贫血症似的面无血色，苍白无力。

七月份，他奉命前往国外，他们愈发缠绵悱恻。宝拉考虑在他出发前的最后一刻结婚——但是最后又决定不结婚了，就因为现在他的呼吸里总是散发着鸡尾酒的味道，然而分别本身又使她悲伤成疾。他走后，她给他写了一封封长信，为他们因为等待而错失了这么多天的恩爱而惋惜。八月份，安森乘坐的飞机坠入北海。在水里浸泡了一夜后，他被拖上一艘驱逐舰上，因为患了肺炎而被送往医院。停战协议签署后，他终于被送回国内。

然后，他们拥有了失而复得的机会，也不需要克服什么障碍，然而，他们的性格又开始悄悄地在他们之间起作用。渐渐地，他们不再亲吻，也不再流泪，对彼此说话时，声音的分量也渐渐变弱变轻了，也不再倾心交谈了，最后只能靠遥寄书信这一种方式来维持往日的情分了。一天下午，为了证实他们已经订婚了，一名社会报记者在亨特家等了两个小时要亲自采访安森。尽管此前有报纸将此事作为头版头条进行了报道——人们"总是看到他们一起出现在南汉普顿、温泉城和塔克西多"，但是安森还是否认了这件事。严肃认真的交流变成长期不断的争吵，他们的恋情差不多已经结束了。后来，安森不可原谅地喝醉了酒而错过了和她的约会，宝拉因此对他提出了一些行为方面的要求。由于自尊心太强和一向的自以为是，他彻底绝望了，他们的婚约也就彻底破裂了。

"最最亲爱的，"如今他们在信上说，"最最亲爱的，最最亲爱的，当我夜间醒来，意识到事情无可挽回，我简直不想活了。我活不下去了。也许今年夏天，我们见面的时候，还可以再好好谈谈，可能会做出不同的决定——那天我们太激动、太伤心了，我觉得我这辈子不能没有你。你说我心里有别人了，可是难道你还不知道，我心里除了你，根本没有别人……"

但是当宝拉在东部随意闲逛的时候，她偶尔会提到她的各种赏心乐事，以便引起他的遐想。安森太聪明，根本不会胡思乱想。当他看到她的信中有一个男人名字的时候，他就更加吃定她了，还产生了些许鄙视之意——在这种事情上他总是高高在上的。不过他还是希望有一天他们会结婚。

与此同时，他兴致勃勃地投身于战后纽约的各种活动和充满诱惑的生活之中。他进入一家证券公司，加入了六个俱乐部，跳舞到深更半夜，还活跃在三个社交圈里——他自己的那个，年轻的耶鲁大学毕业生和那一头靠着百老汇的半个圈子。但是，他每天还总是老老实实、兢兢业业地在华尔街工作八个小时。在华尔街，由于他那富有影响力的家庭关系，他那出类拔萃的个人才华以及旺盛的精力，几乎是一夜之间他就干得风生水起，事业如日中天了。他拥有无比宝贵的条分缕析的思维；有时候睡眠不足一个小时，他依然可以神清气爽地出现在办公室里，不过这种情况非常少。因此，早在一九二〇年，他的月薪和佣金就达到了一万两千多美元。

随着耶鲁大学的传统渐渐过时，在纽约的同学中，他越来越受人追捧，比他上大学的时候风光多了。他住在一幢大房子里，并且有办法将年轻人介绍到其他人的大房子里去。此外，他的生活似乎已经很安稳，而那些年轻人中，大部分人的生活则又重新回到了岌岌可危的境地。于是，他们纷纷投靠他，或为了消遣，或为了逃避，安森总是有求必应。他乐于助人,并乐于为他们的感情问题出谋划策。

如今宝拉的信中不出现男人的名字了，取而代之的是，信文里贯穿着一种前所未有的柔情蜜意。他听几个人说，她有“一个非常痴情的情郎”，洛厄尔・塞耶，一个有钱有势的波士顿人，虽然他能肯定她依然爱他，但是这件事还是让他感到不安，他想他可能要失去她了。除了那令人扫兴的一天外，她差不多有五个月都不到纽约来了。传言铺天盖地，他越来越急于见她。二月份，他趁着休假，去了佛罗里达。

像蓝宝石一样闪闪发光的沃斯湖上随处点缀着一艘艘豪华游艇，在沃斯湖和巨大的、天蓝色的飘带似的大西洋之间，延伸着丰腴肥美的棕榈滩[①]。气势雄伟的布里克斯酒店和皇家普林斯顿酒店就像两个大腹便便的双胞胎傲立在明亮的沙滩地平线上，周围簇拥着葛雷德舞厅、布雷德利赌场和十多家女时装店和女帽店，里面货物的价格是纽约的三倍。在布里克斯酒店的空中走廊上，有两百个女人在那里跳舞。她们右踏步，左踏步，旋转，滑步，那是当时著名的健美操，叫作“双曳步”。与此同时，两百只胳膊随着音乐上下舞动，

① 棕榈滩位于美国南佛罗里达州迈阿密市以北六十五公里处的一个岛上，是美国当时的富贵阶层冬季的旅游度假胜地，也是现代美国总统的冬季寓所。

胳膊上的两千只镯子丁丁零零一片脆响。

黄昏后，在大湿地公园俱乐部，宝拉、洛厄尔·塞耶和安森又随便找了个人，凑成四个人，用当时非常流行的一种牌打桥牌。安森似乎觉得她那善良、严肃的脸庞憔悴而倦怠——到目前为止，她在这里已经晃荡了四五年了，而他认识她也有三年了。

“一对黑桃。”

“香烟？……哦，不好意思，我过。”

“过。”

“我出三个黑桃对子。”

房间里有十几桌人在打桥牌，里面搞得乌烟瘴气。安森迎着宝拉的目光直直地看去，尽管塞耶定定地看着他们俩，他们依然旁若无人地对视着……

“叫的什么牌？”他神情恍惚地问道。

华盛顿广场上的玫瑰花

坐在角落里的那个年轻人唱道：

我正在凋零啊，
在那地窖的空气里——

屋子里的烟越来越多，像化不开的浓雾。开门的时候，烟雾被风吹得像漩涡一样打着转。一双亮晶晶的小眼睛，电光似的从一张张桌子上面嗖嗖飞过，从大厅里那些端着英国人架子的英国人中寻找柯南·道尔[1]先生。

“你应该用刀砍。”

“……用刀砍。”

---

① 柯南·道尔（Arthur Conan Doyle，1859—1930），英国侦探悬疑小说家，在他的代表作《福尔摩斯探案集》中成功地塑造了夏洛克·福尔摩斯这个侦探人物的形象。

“……用刀。”

在这场决定胜负的牌局结束的时候，宝拉猛然起身，用低沉激动的声音对安森说了句什么。他们几乎连看都没看洛厄尔·塞耶一眼，便走出门，下了长长的石阶——不失时机地牵起对方的手，在洒满月光的沙滩上散起步来。

“亲爱的，亲爱的……”他们不管不顾、热情似火地在一处阴影里拥抱在一起……然后，宝拉把脸挣脱开来，好让他的嘴唇说出她期待已久的那句话——他们又开始亲吻起来，她感到那句话已经到他的嘴边了……她再次挣脱开来，等待着。然而，当他再次将她拥入怀中的时候，她发现他一个字也没说——他只是用深情、忧伤得让她想哭的声音喃喃说着：“亲爱的！亲爱的！”她卑微顺从地将自己的情感交付于他，泪水顺着面颊倾泻而下，然而她的心还在呐喊：“求婚啊——安森，最最亲爱的，向我求婚啊！”

“宝拉……宝拉！”

这些字眼就像是用手在撕扯她的心，安森感觉到她在颤抖，他知道，感情到这种程度就已经足够了。他无须再说什么，无须把他们的命运托付给没有实际意义的虚妄之语。既然他可以这样拥有她，那么他为什么还要再等一年呢——为什么要永远等下去呢？他在为他们两人着想，而更多的是在为她着想。但是，她突然说她得回酒店去了，他犹豫了片刻，脑海里闪出的第一个念头是：“现在正是时候，”转而又想，“不，再等等吧，她早晚都是我的……”

他忘了，在这三年中，宝拉的内心备受煎熬，她已经疲惫不堪了。那个夜晚，宝拉对他的感情永远成为过去式了。

第二天上午，他回纽约去，内心充满了难以名状的烦躁和愁绪。他认识的一名初涉社交圈的漂亮女孩，她搭他的车一同去纽约，两天来，他们都在一起进餐。刚开始，他给她讲了一点宝拉的事，还瞎说什么他们因为合不来才弄得分了手，还说这可是不能让别人知道的秘密。这个女孩性格冲动，放荡不羁，她因为安森向她袒露心迹而受宠若惊。像吉卜林的士兵似的，在到达纽约前，他就可以占有她，但是幸好他很清醒，他控制住了自己。四月末，他在毫无预兆的情况下收到一封宝拉从巴港发来的电报，电报上说，她和洛厄尔·塞耶订婚了，而且马上准备在波士顿完婚。他从来都不相信真的会发生的事情终于发生了。

那天上午，安森灌了一肚子威士忌，到办公室后，一刻不停地埋头干活——唯恐一停下来就会发生什么事似的。晚上，他一如既往地出门，对发生的事只字不提；他热情、幽默、神情专注。但是有一件事他控制不了——三天来，无论在什么地方，无论和谁在一起，他都会突然双手抱头，像个孩子似的痛哭流涕。

五

一九二二年，安森和一个助手一起去伦敦调查几笔贷款，这次出差意味着他将被这家公司录用。他现在已经二十七岁了,有点发福，但还称不上肥胖，比他的实际年龄显得老成。不管是老年人还是年轻人都喜欢他、信任他，母亲们把女儿托付给他也很放心。因为他有一套办法，当他走进一间屋子的时候，总是和最年长、最保守的人待在一起。“我和你们，”他好像在说，“我们都很可靠，我们心照不宣。”

他对男人和女人的弱点怀有一种天生的悲悯的态度，这使他像牧师一样更加注意维护自己的外在形象。比如，每个礼拜天上午，他都在一所紧跟潮流的圣公会主日学校授课——哪怕他只是在一夜疯狂之后匆匆冲个冷水澡，换上一套燕尾服，让自己迅速改头换面而已，但这就是他的行事风格。有一次，出于双方的一时冲动，几个孩子从前面几排的座位上挪到最后一排，他常常讲起这件事，往往都会引起人们的哄堂大笑。

他父亲去世后，他实际上成了一家之主，实际上也成了弟弟妹妹们人生的引路人。由于某些复杂的原因，他未能接管父亲创下的家业，而是由他叔叔罗伯特来接管了。罗伯特叔叔是这个家族的赛马运动员，脾气好，爱喝酒，以惠特利山区为活动中心。

罗伯特叔叔和他的妻子艾德娜曾经是安森年轻时的好朋友。叔叔对侄子因为优越感而不肯成为赛马运动员感到失望。他支持他加入了一个美国最难加入的城市俱乐部——只有曾经“帮助缔造纽约”的家族成员才能加入（或者，换句话说，只有在一八八〇年前就富起来的家族成员才可加入）——可安森在入选之后，却为了耶鲁俱乐部而忽略了这个俱乐部，罗伯特叔叔因为此事还和他谈了一次话。除此之外，安森还拒绝到罗伯特自己开的那家保守并在一定程度上没有得到好好管理的证券公司工作，他变得越来越淡漠。就这样，罗伯特叔叔就像一个倾其所能的小学老师一样，渐渐淡出了安森的生活。

安森的一生朋友简直太多了——几乎没有一个朋友没有得到过他非同寻常的帮助，也几乎没有一个朋友不因为他那突然爆出的粗口或不分时间、场合，随心所欲地喝醉酒的习惯而难堪过。然而，当别人在这些方面出错时，他却感到非常生气——而对于自己的过失，他总表现得富有幽默感。他要是碰到了什么莫名其妙的怪事，他就用富有感染力的声音笑着讲给他们听。

那年春天，我在纽约工作，常常和他一起在耶鲁俱乐部吃午餐。当时，我的大学和他们的大学共享一个俱乐部，直到我们的大学也建立了自己的俱乐部。我看到过宝拉结婚的消息。一天下午，我向他问起宝拉的情况，有些东西触动了他，他才给我讲起他们的故事。从此以后，他就常常邀我去他家吃饭，弄得我们之间好像有什么特殊关系一样，似乎他把心事告诉了我，我就拥有了一点他那刻骨铭心的回忆似的。

我发现，尽管母亲们很信任他，他对姑娘们的态度并不是一味地加以保护。这取决于姑娘自身——如果她表现出随便的倾向，那么即使是和他在一起，她也必须自己多加小心。

“生活，”他有时会解释说，“把我变成了一个玩世不恭的人。”

他所说的生活指的是宝拉。有时候，特别是当他喝酒的时候，他的想法就会变得有点扭曲。他认为她是个铁石心肠的人，她把他抛弃了。

这种“玩世不恭”的态度，或者更确切地说，他潜意识里觉得天生轻浮的女孩不值得珍惜，才促成了他和多丽·卡尔格的那段情感经历。这段情感经历在那些年间并不是唯一的，但给他的触动最为深刻，而且对他的生活态度也产生了深远的影响。

多丽的父亲是一位靠政治联姻上位的、臭名昭著的“政论家”。她本人长大后加入了一个女青年会[①]，在广场酒店出入，并且成为州议会议员。只有像亨特家这样的几个古老家族才有资格质疑她的“家世背景”，因为她的照片经常刊登在报纸上，比起那些毫无疑问引人注目的女孩，她得到的关注更令人羡慕。她黑发，红唇，肤色红润，妩媚可爱。她步入社会的第一年，脸上总是涂着一层灰蒙蒙的红粉，把她本来的红润脸色盖住，因为当年流行的肤色是维多利亚式的苍白——她的肤色不流行。她穿着庄重的黑色套装，双手插在衣袋里站立着，身体微微前倾，表情风趣而矜持。她的舞姿优美——她喜欢跳舞胜过一切——当然，谈恋爱除外。她从十岁就开始一直不断地谈恋爱，通常都是和某个对她不感兴趣的男孩谈。那些对她感兴趣的男孩——而且这样的男孩居多——经过短暂的相处后，她就腻烦了，她要是不遭遇挫折，内心就激发不出爱情的火焰。当她见到他们的时候，她总是愿意再尝试一次——有时候她能成功，但更多的时候，她都失败了。

这个可望而不可即的吉卜赛姑娘从未想到过，那些拒绝爱她的男孩和她有某种程度的相似——他们也有敏锐的直觉，能够看穿她的弱点，不是感情方面的弱点，而是喜欢受制于人的弱点。宝拉婚后还不到一个月的时间，安森第一次见到多丽时就看破了这一点。他喝得酩酊大醉，有一个礼拜，他假装爱上她了。然后他突然把她甩掉，把她忘得干干净净——他立刻就在她心中占据了支配地位。

和那个时代的很多女孩一样，多丽行为随便轻率，放荡不羁。年龄稍大的那代人与传统格格不入的思想只是战后反对陈规陋习的运动所体现出的一个方面而已——多丽与传统格格不入的想法则更老套，更愚蠢。她看到了安森身上的两个极端：既可以不顾一切地享乐，又有呵护人的能力。这正是这个在感情上得过且过的女人所梦

① 成员多为有钱女子，是开展慈善活动等的组织。

寐以求的，他的贪图安逸和坚如磐石正好满足了她天性中的每一个需要。

她觉得事情很难办，但是她搞错了原因——她以为安森和他的家族希望缔结一个更加风光的婚姻。然而，她立刻意识到他对酒的嗜好便是她的可乘之机。

他们是在一场为初涉社交界的名媛们举办的盛大舞会上遇见的，但是她对他越来越痴迷，他们就想办法尽可能地待在一起。和大多数母亲一样，卡尔格太太也认为安森很可靠，因此她允许多丽和他一起去遥远的乡村俱乐部，也允许他带她去郊区的别墅里，也不详细盘问他们的活动。如果他们回来得很晚，她对多丽的解释也没有产生什么怀疑。一开始，她可能还实事求是地向母亲汇报，但是多丽想要俘获安森的庸俗想法不久就被越来越强烈的激情淹没了。在出租车和汽车后座上亲吻已经无法满足他们的欲望，他们便干了一件不可思议的事情。

他们暂时退出了他们所属的那个引人注目的上层社会的社交圈，而融入了一个仅次于上流社会的社交圈子。在这个圈子里，安森可以喝得东歪西倒，多丽也不必按时回家，因为没有什么人关注他们，也没有什么人对他们评头论足。这个圈子里什么人都有——安森的几个耶鲁校友以及他们的妻子，两三个年轻的证券经纪人和证券销售人员，几个刚毕业、有钱也会花钱的未婚男人。这个圈子在广度和规模上存在不足，却给了他们几乎超出圈子本身所容许的自由，从而弥补了这个不足。另外，他们是这个圈子里的中心人物，这多少让多丽产生了一些高高在上的快乐——而安森的整个人生，从孩提时代开始，就一直处于这种高高在上的状态中，所以他已经无法从中体会到这种快乐了。

他并不爱她，在那个漫长的激情四射的冬季里，他常常这样告诉她。到了春天，他已经厌倦了——他想换一种方式，呼吸些新鲜空气——而且他也意识到，他要么马上和她分手，要么就承担起他那绝对属于引诱他人的行为所引发的责任。她家人的纵容态度促使他提前下定了决心——一天晚上，卡尔格先生小心地敲开书房的门，声称他把一瓶白兰地忘在餐厅里了，安森觉得他已经被生活捆绑了。那天晚上，他给她写了一封短笺，通知她，他要去度假，而且鉴于各种原因，他们最好不要再见面了。

那是六月份发生的事。他全家锁了大门到乡下去了，因此他暂时住在耶鲁俱乐部。我了解他和多丽的感情发展——他的叙述里夹杂着幽默的成分，因为他看不上水性杨花的女人，绝不会让她们在他所信奉的社交大厦中有立锥之地。那天晚上，当他对我说，他要彻底和她分手的时候，我感到很高兴。我常常碰见多丽，对于她那种无望的挣扎，我总是感到很同情，对于了解她这么多我根本无权知道的隐私，我也总是感到羞耻。她是人们心目中的“小可爱”，她身上的那种不管不顾的劲头还挺令我着迷。但她要是不那么不管不顾的话，她对浪费女神的奉献还不至于那么多——她是注定要将自己奉献出去的。但是当我听说她的献祭不会在我的眼皮底下完成的时候，我高兴极了。

安森准备第二天早上把那封分手信放到她家里。在第五大街这个片区内，仅有几户人家是不关闭门户的，她家就是其中之一。他知道卡尔格夫妇基于从多丽那里得到的错误信息而做出了安排，为了给女儿创造机会，他们已经提前出国旅行了。当他跨出耶鲁俱乐部的大门，走到麦迪逊大街的时候，一个邮差从他身边走过，于是他就跟着邮差折了回来，他一眼就瞥见那第一封信是多丽的笔迹。

他知道信里写的是什么——孤独悲戚的独白，充满了他了然于胸的责备，能想起来的各种回忆以及那些“我不知道是否”之类的话语——所有的那些几乎无法追忆的私密情话好像是他在另一个世纪里同宝拉·勒让德说过的。他翻看了几张票据，然后重新把那封信放到最上面，并把它打开。令他吃惊的是，这是一张简短并且多少有点正式的便条，上面说，这个周末多丽不能和他一起去乡下了，因为派瑞·哈尔突然从芝加哥来城里造访。上面还说，是安森自己造成了这种局面：“——如果我能感受到你像我爱你一样爱我的话，我会随时随地跟你走，但是派瑞太好了，而且他非常非常希望我嫁给他——”

安森轻蔑地笑了——这种套路他太熟悉了。而且，他还知道多丽是如何挖空心思想出这一招的。很可能，她派人去通知对她痴心不改的派瑞，并算好了他到达的时间——她不惜炮制出这样一封短笺来激发他的嫉妒，而又能留住他，不至于把他赶走。和大多数退而求其次的花招一样，她这一招既没有分量，也不会产生什么效力，只是暴露了她那怯懦的绝望。

他突然生气了。他坐在大厅里又将这封短笺看了一遍，然后，他走到电话机旁，拨通了多丽的电话，用他那清晰霸道的声音告诉她，他已经收到她的信，他会按照之前做好的安排在五点钟去拜访她。几乎不等她装出一副犹豫的样子说出“也许我可以抽出一个小时和你见面”这句话，他就撂下话筒，去办公室了。路上，他将自己写的那封信撕得粉碎，扔到了大街上。

他不是嫉妒——对他而言，她无足轻重——但是她那愚蠢又可怜的小把戏，将他内心深处那冥顽不化、自我陶醉的一面都勾了出来。那是在精神上处于劣势的人的一种痴心妄想，他要给她点颜色看看。要是她真想知道她到底属于谁，那么就让她拭目以待吧。

五点一刻，他来到多丽家门口。多丽正在梳妆打扮，准备去逛街。他不动声色地听她说完曾经在电话里开了个头的那句话：“我只有一个小时的时间和你见面。”

“戴上帽子，多丽，”他说，“我们去散散步。”

他们沿着麦迪逊大街走到第五大街，这时，安森由于发福而燥热难耐，身上的衬衫已经潮湿了。他几乎不说话，他是在责怪她，他在表示他不爱她。但是还没走过六个街区，她就又是他的人了。她为那封信道歉，她答应再也不见派瑞了，为了赎罪，她什么都答应。她以为既然他来了，就说明他开始爱她了。

“我很热，”当他们走到第七十一大街时，他说道，“我穿的是冬天的衣服。我回去换下衣服，你不介意在楼下等我一会儿吧？很快就好。”

她很开心；他身体发热，他身体的任何反应，这样私密的信息都让她感到兴奋。他们来到铁栅栏大门前，安森掏出钥匙，她又体验到一种快乐。

楼下很暗，当他乘着电梯上楼的时候，多丽撩起一道帘子，透过半透明的薄纱帘，她能看见走廊对面的一个个房间。她听见电梯停了，怀着逗逗他的想法，她按下了电梯的下行按钮。然后，她凭着不仅仅是冲动的一股子劲头，钻进电梯，上了估计是他所在的那层楼。

“安森。”她小声地笑着叫了一声。

“请稍等。”他从卧室里答道。然后，过了一小会儿，他又说:“现在，你可以进来了。”

他已经换好衣服，正在扣马甲的扣子。“这是我的房间，”他轻松地说，“感觉怎么样？”

她看见墙上挂着宝拉的照片，出神地盯着这张照片看，就像五年前宝拉盯着安森的那些儿时的小情人一样。她了解宝拉的一些事情——有时候，她会用关于宝拉的一些片段来折磨自己。

突然，她靠近安森，举起双臂。他们拥抱在一起。尽管太阳依然灿烂地悬在马路对面的房顶后面，但是透过窗户，外面的天色已经变得很柔和，造成了夜幕降临的假象。半个小时后，房间就会完全黑暗下来，一个出乎意料的机会把他们两个都征服了，使他们喘不过气来，他们抱得更紧了。这种情况谁都明白，是不可避免的。他们依然紧紧拥抱着抬起头——两人的目光同时落在宝拉的照片上，她在墙上俯视着他们。

安森猛然垂下双臂，坐到桌子旁，用一串钥匙一把一把地试着打开一个抽屉。

“想喝一杯吗？”他声音沙哑地问。

“不，安森。”

他给自己倒了半杯威士忌，一饮而尽，然后打开门，走进客厅。

“快点。”他说。

多丽迟疑着。

“安森——今晚我还是打算跟你去乡下的，你明白的，是吗？”

“当然明白。”他唐突地答道。

乘坐多丽的车，他们一路直奔长岛。他们在感情上达到了从未有过的亲近。他们知道即将会发生什么——只要没有宝拉的面容来提醒他们之间缺少了什么，只要他们能够静静地待在一起，哪怕长岛的夜再炎热，他们也不会在乎的。

他们打算到华盛顿港的那幢别墅度周末。这处房产属于安森的一个表姐，她嫁给了一个蒙大拿的铜商。通往这幢别墅的车程很远，再七拐八弯地穿过一片进口的杨树苗圃，便来到那幢巨大的、粉红色的、西班牙风格的别墅。安森以前常到这里来玩。

晚饭后，他们到林克斯俱乐部跳舞。大约到午夜，安森肯定表姐和她的丈夫两点前不会离开——就解释说多丽累了；他想先把她送回去，然后再回到舞厅。他们兴奋得微微颤抖，借了一辆车，一起钻进去，朝华盛顿港开去。他们开到别墅前，停下车子问值夜的守门人：

"你什么时候去巡夜，卡尔？"

"马上就去。"

"那么，你会一直守在这里等着每个人都回来啰？"

"是的，先生。"

"很好，听着，如果有汽车，不管是谁的，开进大门，我希望你立刻给屋里通个电话。"他往卡尔的手里塞了一张五美元的钞票，"明白我的意思吗？"

"明白，安森先生。"由于来自欧洲，守门人既没有朝他们挤眼睛，也没有露出调皮的笑容。然而，多丽坐在那儿还是把脸扭到一边去了。

安森有房门的钥匙，进屋后，他给他们各自倒了一杯酒——多丽没碰那杯酒——然后他又确定了一下电话的位置，他发现电话离他们住的两个房间都不远，很容易听到。他们都住在一楼。

五分钟后，他敲响了多丽的房门。

"安森吗？"他走进去，关上房门。她躺在床上，用胳膊肘支着身子，紧张地靠在枕头上。他坐在她身边，将她拥入怀中。

"安森，亲爱的。"

他没有应声。

"安森……安森！我爱你……你说你爱我。现在就说吧——难道现在你还说不出口吗？哪怕敷衍一下也不行吗？"

他没有听她说话。他的目光越过她的头顶，看见了墙上宝拉的照片。

他站起来，走到照片旁，相框在明亮的月光映照下泛着微光，里面有一张影影绰绰的脸，这张脸他不认识。他几乎是泣不成声地转过身，厌恶地看着床上那个渺小的身体。

"简直愚蠢透了，"他喘着粗气说，"我不知道我在想什么。我不爱你，你最好等一个爱你的人。我一点都不爱你，难道你不明白吗？"

他的声音嘶哑了，他匆匆地走出房间，回到客厅，用颤抖的手给自己倒了一杯酒。这时，大门突然打开了，表姐走了进来。

"嗨，安森，听说多丽病了，"她关切地说，"我听说她病了……"

"没什么事，"他提高嗓门打断了表姐的话，以便让多丽听到，"她只是有点累，已经睡下了。"

这件事过去很久之后，安森依然相信，保护神有时候会干涉人们的感情。但是多丽·卡尔格睁着眼睛躺在床上，盯着天花板，再也不相信任何事情了。

六

第二年秋天，多丽结婚的时候，安森在伦敦出差。像宝拉一样，她也是闪婚。不过她的闪婚对他的影响可不能同宝拉相提并论。一开始，他觉得很滑稽，一想起这事就想笑。后来，他又感到很沮丧——他觉得自己老了。

这像是某种循环——因为，宝拉和多丽属于不同的两代人。他有一种四十岁的男人听说老情人的女儿结婚了的感觉。他打电话表示祝贺。和宝拉的情况不同，他对多丽的祝福是真心诚意的——而对宝拉的幸福，他从来都没有真正地心存希望。

他回到纽约之后成了公司的合伙人，而且随着他所承担的责任越来越大，他个人的时间越来越少。人寿保险公司拒绝给他签发保单，使他受到很大震动，他戒了一年酒，声称他感觉他的身体好多了。可是我还是觉得，在他二十岁刚出头时对他产生重大影响的那种纵情欢乐、奇遇不断的生活，他还是念念不忘的。不过，他永远也不放弃耶鲁俱乐部。他是那里的一个重要人物，一个名人，代表着他那个班级的潮流。他们已经毕业七年了，不想再过那种声色犬马的生活了，他们经常光顾一些避免饮酒的地方，他们的行为因为他的存在而得到限制。

他的日程从来都不会排得太满，精神也不会太疲惫，所以他总是有求必应。一开始，他这样做是出于骄傲和优越感，久而久之，则变成了一种习惯和一种激情。而且总是有各种问题需要他去解决——一个小兄弟在纽黑文遇到了麻烦啦，一个朋友突然和妻子吵架啦，要帮助这个人找一份合适的差事啦，要为那个人做一笔投资啦，等等。但是，他的主要精力是为已婚的年轻人解决问题。已婚的年轻人很令他着迷——他们的公寓对他来说几乎是神圣之地——他了解他们的爱情故事，建议他们在哪里生活，怎样生活，记得他们的孩子叫什么名字。他对年轻的妻子们的态度非常谨慎：他从不辜负她们的丈夫始终如一地给予他的信任——由于他之前那尽人皆知的不当行为，他这样做非常令人奇怪。

他渐渐地能从幸福婚姻中间接地体验到快乐，而那些感情不和的夫妻则会让他产生简直是等同于快乐的愁绪。几乎每个季节他都要目睹一场失败的恋爱，他对恋爱中的两个人也许曾经给予过父亲般的关怀。宝拉离婚后几乎马上又嫁给了另一个波士顿人的时候，他向我讲起她，讲了整整一个下午。他再也不会像爱宝拉一样去爱任何人了，但是他坚持认为他已经不在乎了。

“我永远都不会结婚了，”他说，“我见得太多了，我知道幸福的婚姻是少之又少的。另外，我也这么大年纪了。”

然而，他的确相信婚姻。像所有拥有美满婚姻的男人一样，他热情地信仰婚姻——他的所见所闻丝毫改变不了他的信仰，他的玩世不恭像空气一样消散殆尽。但是，他又的确觉得自己太老了。二十八岁的时候，他开始平静地接受没有浪漫爱情的婚姻观；他毅然决然地选择了一位和他同一阶层的纽约姑娘。她漂亮机智，与他意气相投，无可挑剔——他开始去爱她。他曾经情真意切地对宝拉说过的话，在对其他女孩说时，则是怀着慈悲心肠，笑容可掬，令人深信不疑。

“等我四十岁的时候，”他对朋友们说，“我就成熟了，我会像爱其他姑娘一样去爱一个合唱团的姑娘。”

尽管如此，他仍然坚持去尝试。他母亲希望看到他结婚，而他现在的经济能力养家糊口是绰绰有余的——他在股票交易所拥有一个席位，每年的工资收入达到两万五千美元。结婚的想法令人愉快：因为当他的朋友们——他的大部分时间都花在他和多丽共同结交的那些朋友身上——夜晚关起门休息了的时候，他不再因为获得了自由而感到高兴。他甚至不知道他当时是否应该和多丽结婚。即使是宝拉也不比多丽更爱他，他开始渐渐地明白，一个人在单身的时候，遇到一份真爱是多么的珍贵。

他开始沉浸在这种心情之中的时候，一个令人震惊的消息传到了他的耳朵里。他的婶婶艾德娜，一个将近四十岁的女人，公然与一个名叫凯瑞·斯隆的年轻人鬼混，而这个人行为放荡，酗酒成性。这件事，除了安森的叔叔罗伯特，人人都知道。罗伯特十五年来长期泡在各种俱乐部里夸夸其谈，不把妻子放在心上。

安森反反复复地听人讲起这件事，因此他也越来越恼火。他回想起以前和叔叔的感情，那是一种超越了私人关系的感情，是一种让他感到骄傲的家族团结的归属感。他不用动脑筋就找到了事情的关键所在，那就是，他的叔叔不该受到伤害。这是他第一次尝试主动干涉别人的事情，不过，就他对艾德娜性格的了解，他觉得这件事他会比一位区法官和他叔叔处理得都好。

他叔叔在温泉城。为了万无一失，安森对这桩丑事进行了跟踪调查，然后他给艾德娜打了个电话，约她第二天在广场饭店共进午餐。一定是他的语气里透出的某种东西把她吓坏了，因为她不想去，可是他坚持让她去，他一再把见面的时间向后推，直到她找不到拒绝的借口。

她如约来到广场饭店的大厅里和他见面。她是个灰色眼睛的金发美人，穿着俄国紫貂大衣，很可爱，但终究有点年老色衰。五枚大戒指的钻石和绿宝石在她那纤细的手指上闪着寒光。安森认为，这些将她那正在凋零的美丽容颜装饰得雍容华贵的皮草和钻石，是他的父亲用智慧挣来的，这些东西和他的叔叔沾不上边。

尽管艾德娜已经嗅出了他的敌意，但是她还是没有料到他会如此直言不讳。

“艾德娜，我对你的所作所为感到震惊，”他开门见山、态度强硬地说，“一开始，我简直无法相信。”

“相信什么？”她厉声质问。

“你不必在我面前装蒜，艾德娜。我想谈谈凯利·斯隆的事。就算把别的事情都抛开不讲，我也觉得你不能如此对待罗伯特叔叔——”

“你听好了，安森——”她气鼓鼓地说，不过他那不容置疑的声音盖过了她的声音：

“——和你的孩子们。你已经结婚十八年了。你也是这么大年纪的人了，应该更清楚。”

“你不能这样和我讲话！你——”

“我能，我当然能。罗伯特叔叔一直都是我最好的朋友。”他被自己的话深深地感动了。他打心眼里为叔叔感到悲哀，为他的三个孩子感到悲哀。

艾德娜站起来，尝都没尝她那杯沙果鸡尾酒。

“这真是蠢透了——”

“好吧，如果你不同意我的劝告，我就去找罗伯特叔叔，把事情和盘托出——反正他早晚都会知道的。然后，我再去找老摩西·斯隆。”

艾德娜颤颤巍巍地坐回到椅子上。

“别那么大声。”她乞求他，眼里泪水涟涟，“你不知道你的声音有多少人都能听得到。你要对我横加指责，也该找个没人的地方。”

他没有回答。

“哼，我知道，你从来都不喜欢我。”她继续说，“你正好利用这些荒唐的流言蜚语，来破坏我有生以来唯一让我感兴趣的友谊。我做了什么让你这么恨我？”

安森依然等待着。她会求他表现出骑士风度，乞求他的怜悯，最后还要求助于他那优越的教养——等这些步骤走完之后，接下来就该她坦白了，他就可以把她攥在手心里了。他就这样一言不发，无动于衷，又连续不断地使出他的撒手锏：动之以真情。等午饭时间结束的时候，他已经把她逼到失去理智的绝望之中了。两点钟的时候，她掏出一面镜子和一条手帕，擦干泪痕，在眼泪流过、微微下陷的凹痕上补了些脂粉。她同意五点钟的时候在她自己家里和他见面。

他来的时候，她浑身软塌塌地躺在一张铺有夏季用的印花棉布的榻椅上，午饭时被他招惹出来的眼泪似乎依然在她的眼睛里打转。接着，他发现凯利·斯隆脸色阴沉，焦灼地站在冷冰冰的壁炉旁。

“你想怎么样？”斯隆突然大发雷霆，“我知道你请艾德娜吃午饭了，然后还用那些卑劣的诽谤来威胁她。”

安森坐下来。

“我没有理由认为那只是诽谤。”

“我听说你准备把这件事告诉罗伯特·亨特和我父亲。”

安森点点头。

“除非你们断绝关系——否则我就这么干。”他说。

“这事他妈的跟你有什么关系，亨特？”

“别发脾气，凯瑞，”艾德娜紧张地说，“你只要告诉他这事有多么荒唐——”

“一方面，我的姓氏被人们当作笑柄到处议论，”安森打断他的话，“这都是拜你所赐，凯瑞。”

“艾德娜不是你们家的人。”

“她当然是！”他的火气直往上蹿，“哼——她的这幢房子和手指上的这些戒指都是我父亲辛苦挣来的。罗伯特叔叔娶她的时候，她连一分钱都没有。”

他们都看着戒指，仿佛它们对这件事有着至关重要的意义。艾德娜佯装要把戒指从手指上取下来。

“我觉得世界上不只有这几个戒指吧。”斯隆说。

“哦，真是荒唐，”艾德娜大声叫道，“安森，你愿意听我说句话吗？我知道这些愚蠢的谣言是怎么传出去的。是那个被我解雇的女仆，她直接去了奇里谢弗斯家——俄国人都喜欢听仆人们说东道西，然后再添油加醋地以讹传讹。”她怒气冲冲地一拳砸到桌子上，“去年冬天，我们在南方的时候，汤姆把他的豪华轿车借给他们用了整整一个月后——”

“听明白了吗？”斯隆急切地问道，“这个女仆颠倒是非，她知道我和艾德娜是朋友，就把这事告诉了奇里谢弗斯家的人了。在俄国，他们认为如果一个男人和一个女人——”

他把这个问题提高到论述高加索地区的社会关系的层面上了。

“果真如此，最好还是向罗伯特叔叔解释一下吧，”安森冷冷地说，“这样的话，等谣言传到他耳朵里的时候，他就知道并非真有其事。”

他依然采用吃午饭时对付艾德娜的办法，任由他们解释。他知道他们有私情，他也知道，他们马上就会跨过解释这道线，为自己辩解。他知道他们说不清楚，他们越是辩解就越是会把自己置于罪恶昭昭的境地，而他只管以逸待劳，不动声色就行了。到了七点钟，他们已经孤注一掷，决定把真相告诉他——由于罗伯特的忽视，艾德娜的生活很空虚，一次不经意的调情使他们擦出了激情的火花——但是和许多真实的故事一样，不幸的是他们的故事太老套了，它那虚弱无力的躯体徒劳地撞击着安森意志的盔甲。安森扬言要找斯隆的父亲，这个威胁让他们无计可施。老斯隆是阿拉巴马一个退休的棉花经纪人，是个臭名昭著的正统派基督徒，通过严格限制给儿子的生活补贴来控制他，并撂下狠话，如果他再做出出格的事情，就永远断了他的生活补贴。

他们在一家法国小餐厅吃饭，继续讨论——斯隆曾试图以武力相威胁，过了片刻，他们又恳求他给他们点时间。可是安森很冷酷，他看到艾德娜马上就要崩溃了，他们哪怕说破嘴皮子，他也一定不会给她恢复精神的机会了。

深夜两点钟，在第五十三大街上的一个小型夜总会里，艾德娜的精神突然崩溃了，她哭喊着要回家。斯隆喝了整整一个晚上的酒，烂醉如泥，他也变得脆弱起来，歪在桌子上，双手捧着脸，低声哭泣着。安森不失时机地开出条件。斯隆必须从这座城市离开半年时间，而且必须在四十八小时之内消失。等他再回来的时候，两个人不许再有私情。不过，到年底的时候，艾德娜如果愿意，可以告诉罗伯特·亨特，她想离婚，然后按正常手续办理离婚即可。

他打住话题，从他们的表情上看，他胜券在握，于是他抛出了最后一句话。

“或者，你们还有一个选择，”他一板一眼地说，“如果艾德娜想离开孩子们的话，我不会阻止你们一起私奔。”

“我想回家！”艾德娜又哭喊起来，“哦，难道这一整天你还没把我们折磨够吗？”

外面很黑，只有从第六大街上照过来的一点模模糊糊的灯光。借着这点灯光，这两个曾经的情人最后一次看了一眼对方那悲伤的脸庞，意识到他们都没有足够的青春和力量来避免这永久的分离了。斯隆突然沿着街道走了，安森拍了拍一个正在打盹的出租车司机的胳膊。

差不多四点钟了，沿着第五大街那诡异的人行道，清澈的河水悠悠地流淌着，两个妓女的影子从黑漆漆的圣托马斯教堂前面掠过。接着是安森小时候经常在那里玩耍的中央公园内荒芜的灌木丛，还有那飞驰而过的一条条街道上那些越来越多、如人名一样重要的门牌号码。这座城市是他的，他想，他的家族有五代人都生活在这里，都是这里的名门望族。没有什么变化可以撼动他们在这里的永恒地位，因为变化本身就是他和他的族人与纽约精神融为一体所依赖的必要基础。足智多谋和坚强的意志——因为在无能者那里，他的这些威胁是毫无作用的——已经将玷污他叔叔、他的家族，甚至是坐在他身边瑟瑟发抖的女人名声的尘垢洗刷干净了。

第二天早上，在皇后区大桥的一个桥柱下面的台子上发现了凯瑞·斯隆的尸体。由于夜色浓重和情绪激动，他以为自己走在黑色的水面上，不过顷刻之间，就可能没什么两样了——他真的掉进河里了——要不是他无力地在水中挣扎的时候，打算最后再想一下艾德娜，再叫一声她的名字——那就真的没什么区别了。

七

安森从来没有因为自己干预过这件事而自责过——事情弄成这样，并不是他的错。但是正义却因为非正义而受到惩罚，他发现他那最能经受住时间考验，从某种程度来说也是最珍贵的友谊结束了。他永远也不知道艾德娜是怎么歪曲事实的，但是他在叔叔家再也不受待见了。

就在圣诞节前，亨特太太在一家精挑细选的圣公会归隐天国了，安森成了什么都要管的一家之主。一个和他们一起生活了多年的未婚姑姑帮他料理家务，几个年轻一点的姑娘也由她照管，她却是力不从心，难以胜任。弟弟妹妹们都没有安森那么自立自强，他们的优缺点都比安森平庸。亨特太太的去世推迟了一个女儿进入社交界的时间，延误了另一个女儿的婚期。而且还从他们所有人的身上带走了某种深层次的东西，因为随着她的逝去，亨特家那种祥和富贵的优越生活也不存在了。

一方面，由于要交付两项遗产税而使家产大大缩水。不久，缩水后的家产还要分成六份，分别由六个孩子继承，因此，他们的财产就再也算不上是一笔可观的财富了。安森看出了一种倾向，他的几个年龄最小的妹妹，以相当敬畏的语气谈及一些二十年前并不“存在”的家族。他自己所拥有的那种优越感在她们身上并没什么体现——有时候，她们会表现出普通人的势利，这就是她们的情况。另一方面，这是他们在康涅狄格州的庄园里度过的最后一个夏天。反对住在这里的呼声太高了：“谁愿意把一年中最好的几个月时间浪费在这个死气沉沉的老镇子上？”他很不情愿地妥协了——到秋天，就卖掉这幢房子，来年夏天他们将在韦斯切斯特县租一个小一点的住所。比起父亲低调的奢华，他们的这种做法是一种倒退。对于他们的反对，他既理解又生气。他母亲活着的时候，他至少每隔一个周末都会去一次——甚至在他最快乐的几个夏天里也是如此。

然而，他自己也是这个变化的一部分，他二十几岁的时候，他那个游手好闲的阶级气数已尽，强烈的生活欲望使他从这个阶级的空架子中脱离出来。不过他没有看清这一点——他依然觉得有一种规范，一个社会标准。然而，规范根本不存在了，连纽约是否存在过真正的规范也值得怀疑。那一小撮人依然不惜代价、不顾一切地要挤进那个特殊的既定阶层中，结果只会发现把它当成一个上流社会几乎已经行不通了——或者更令人意想不到的是，他们原来避之唯恐不及的那些狂放不羁的文人却反倒居高临下地和他们坐在同一张桌子边。

二十九岁的时候，让安森忧心的主要是他那与日俱增的孤独感。现在他已经确定，他不会结婚了。他作为伴郎或迎宾员参加过无数次婚礼——他家里的一个抽屉里塞满了这次或那次婚礼上代表特定职责的领带，这些领带象征着连一年都没能维持的浪漫爱情，象征着从他的生活中完全消失的一对对夫妇。一个时代的新郎送给他的领针、金笔、袖扣等礼物曾经放在他的珠宝盒里，然后就不见了——一次次婚礼让他越来越无法想象自己会当上新郎。在给所有人的婚姻送上诚挚美好的祝愿时，他的内心却潜藏着对自己的婚姻的绝望。

快三十岁的时候，尤其是最近，他感到十分沮丧，因为婚姻损害了他的友谊。一群一群的人要么作鸟兽散，要么消失不见了，这个趋势真是让人心烦。他的那些校友——他在他们身上倾注了大部分的时间和感情——可他们偏偏最是神龙见首不见尾。大多数人都太恋家，有两个已经去世，一个定居国外，一个在好莱坞写分镜头电影剧本，安森总是他最忠实的观众。

然而，他们大多数人都住在郊区，却在市区上班，永远在郊区和市区之间来回穿梭。他们的家庭生活复杂，主要在郊区俱乐部消遣。他感触最深的就是和他们生分起来了。

这些人刚刚结婚的时候都很需要他：关于如何支配他们那点微薄的收入，他给他们提出建议；关于是不是最好把孩子生在两室一卫的房子里的问题，他为他们解除顾虑；特别是他代表的是他们融不进去的那个了不起的上流社会。可是，现在，他们的经济宽裕了，肚子里那个让人牵肠挂肚的孩子已经降生在一个令人陶醉的家庭里。见到老安森，他们依然很开心，但是他们却要刻意打扮一番，力图让他感受到他们目前过得不错，有了问题也都自己解决，他们不再需要他了。

在他三十岁生日前的几个礼拜，他发小中的最后一个单身汉也结婚了。安森一如既往地给他当伴郎，一如既往地送他银茶具，一如既往地跑到“荷马”[①]号邮轮旁和他们道别。那是五月的一个礼拜五下午，天气炎热。离开码头的时候，他意识到礼拜六就开始休息了，直到礼拜一早上他都无事可做。

“去哪儿呢？”他问自己。

当然是去耶鲁俱乐部，打桥牌，一直打到吃晚饭，然后到谁家里去喝上四五杯不掺水的鸡尾酒，晕晕乎乎地度过一个愉快的夜晚。他为今天下午的新郎官不能一同前往而遗憾——以前，像这样的夜晚，他们总能玩出很多花样：他们知道如何吸引女人，如何甩掉她们，知道哪个女孩值得他们这些聪明的享乐主义者给予多少关心。参加派对是需要把握分寸的——你带着姑娘们去到某些地方，为了取悦她们而慷慨解囊。酒嘛，你可以稍微多喝一点，但不要太多，到第二天早晨的某个时候，你站起来说你要回家了。你不要和在校的大学男生打交道，不要喝得酩酊大醉，不要承诺下一次约会，不要打架，不要多愁善感，避免轻率的行为。事情就该这么做，否则就会有失检点。

早晨，你永远不会感到非常歉疚——你也不会痛下决心。但是如果你把事情做得过了头，无法心安理得的话，那么你就什么也不要说，坐着车出去几天，直到心里的烦闷积累到无法忍受的程度，再次把你推向另一个派对上去。

耶鲁俱乐部的大厅里空无一人。酒吧里有三个小校友立刻抬起头，见怪不怪地看了他一眼。

① Homeric 即 RMS Homeric，荷马号邮轮，是美国二十世纪二十年代最负盛名的客轮，上面有世界上最先进的健身房和健身设备，乘客一般都是有身份有地位的人。

“你好，奥斯卡，”他对酒吧侍者说，“凯希尔先生今天下午来这儿了吗？”

“凯希尔先生去纽黑文了。”

“哦……是吗？”

“去参加棒球比赛了。许多人都去了。”

安森又朝大厅里看了一眼，沉思了片刻，然后走出去，来到第五大街。透过他常参加的一个俱乐部的大窗户——这个俱乐部他几乎有五年都没有去了——一个白发苍苍、眼泪汪汪的人低头看着他。安森赶忙躲开他的目光，朝别的地方看去——那个人坐在那里，一副无助的样子，傲慢而孤独，这使他很沮丧。他停下脚步，沿老路返回，来到第四十七大街，朝迪克·沃尔顿的公寓走去。迪克和他的妻子曾经是他最熟悉的朋友——这个家是他和多丽·卡尔格谈情说爱时常去的地方。但是，迪克开始喝酒，他妻子曾经当着众人的面说过安森对他的影响很坏。这句话以非常夸张的形式传到了安森的耳朵里——当最后澄清事实的时候，他们之间微妙的亲近关系还是破裂了，再也无法恢复了。

“沃尔顿先生在家吗？”他问道。

“他们去乡下了。”

这句话出人意料地给了他重重的一击。他们去乡下了，他竟然不知道。如果是两年前，他会知道他们离开的具体日期和时间，并赶在他们离开前的最后一刻到来，喝下最后一杯酒，还计划着去乡下对他们进行首次拜访。然而现在，他们竟然连个招呼都不打说走就走了。

安森看看手表，准备和自己的家人一起过个周末，但是只有一趟慢车，要在炎炎酷暑中颠簸三个小时。明天，还有礼拜天都要在乡下度过——他可没有心情和彬彬有礼的在校大学生们蹲在走廊里一起打桥牌。吃过晚饭后，他也没心情在路边的乡村小旅馆里跳舞，这个小小的乐趣，他父亲当初的估计过于乐观了。

“哦，不，”他自言自语地说，“不。”

他是个高傲的、令人印象深刻的年轻人，现在很胖，但是除此之外，他并没有给人放浪形骸之感。他是某方面的一个栋梁之材——有时候你敢肯定他不会在社会上，有时候你又很肯定他一定会在社会上——在社会法则、教会原则方面，成为一个中流砥柱之类的人物。他在第四十七大街上的一幢公寓前的人行道上一动不动地站了几分钟，这几乎是他有生以来第一次感到无事可做。

然后他沿着第五大街开始健步如飞起来，好像他刚刚想起一个重要的约会。必要的掩饰是人类和狗共有的为数不多的几个特征之一。我觉得那天的安森就是一个教养良好的典范，一扇熟悉的后门让他感到失望后，他打算去看看尼克。尼克是个很抢手的酒吧侍者，所有的私人舞会都争着要他，现在受雇于广场酒店，在迷宫似的酒窖里为不含酒精的香槟做冷处理。

“尼克，”他说，“一切都好吧？”

“无聊死了。”尼克说。

“给我来一杯酸威士忌。”安森朝柜台里面递了个一品托的瓶子。“尼克，姑娘们都变了。我在布鲁克林有个小姑娘，上个礼拜背着我偷偷地结婚了。”

“真的吗？哈——哈——哈，”尼克礼节性地答道，“她把你甩了。”

“一点没错，”安森说，“前一天晚上我还带她出去了呢。”

“哈——哈——哈，”尼克笑道，“哈——哈——哈！”

“尼克，还记得温泉城的那场婚礼吗，我让侍者和乐师们唱《上帝拯救国王》的那次？”

“呃，那是在哪儿呢，亨特先生？”尼克一脸疑惑地努力回想，“我好像记得那是——”

“他们再次回来要钱，越要越多，我都开始糊涂了，不知道已经给了他们多少了。”安森接着说。

“我好像记得那是特伦霍姆先生的婚礼。”

“不认识他。”安森断然地说。一个陌生的名字闯入他的回忆让他不胜烦恼。尼克看出了这一点。

“不是——不是——”他承认道，“我应该记得那场婚礼的。那是你的一个朋友——布拉金斯——贝克尔——”

“比克尔·贝克尔，”安森马上说道，“婚礼结束后，他们把我装进灵车里，上面盖上鲜花，把我运走了。”

“哈——哈——哈，”尼克笑道，“哈——哈——哈。”

尼克模仿老家仆的样子不一会儿就显得挺没劲儿的，于是安森便到楼上的大厅里去了。他看向四周——看到服务台旁有一个陌生的服务员，然后他又将目光落在一个铜痰盂里摇来摇去的一朵花上，那是上午的婚礼结束后被人丢弃的。他走出酒店，又迎着哥伦布转盘广场上空血红的太阳慢腾腾地走去。突然，他转过身，原路返回到广场酒店，把自己关在一个电话亭里。

后来他说，他那天下午给我打了三个电话都没有拨通，他给每个可能在纽约的人都拨了电话——几年没见的男人和姑娘们，一个在他大学时代给艺术家当模特的人，她那褪了色的电话号码还保留在他的电话簿里——接线员告诉他，甚至连那个电话总机都不存在了。最后他将希望寄托在乡下，和语气生硬的管家和女仆们进行了简短而令人失望的谈话：某某出门了，骑马去了，游泳去了，打高尔夫去了，上个礼拜就乘船去欧洲了。敢问您是哪位呀？

独自一人熬过那个夜晚是令人难以忍受的——当你感到孤独的时候，拥有一刻闲暇的个人愿望就完全失去魅力了。那类女人总是有的，但是他认识的那些都暂时消失了，而他从没想过要雇个陌生人来共度一个纽约之夜——过去他会认为这是一种耻辱，一种不能为外人道的秘密，是出差在外的推销员在一个陌生的城市里的一种消遣。

安森付了电话费——那个姑娘想拿这笔可观的电话费和他开个玩笑，却没有成功。那天下午，他第二次离开广场酒店，不知道何去何从。在旋转门旁边，一个女人的身影，显然是怀了身孕，斜对着灯光站在人行道上——薄薄的米黄色披肩在她的肩头飘动，她不耐烦地看着旋转门的每一次转动，似乎已经等累了。第一眼看到她，他就感到一种久违的、强烈的、神经质的战栗，但是直到走近她，离她只有五英尺远的时候，他才认出是宝拉。

“嗨，安森·亨特！”

他的心狂跳不止。

“嗨，宝拉——”

“哇哦，好极了。简直难以置信，安森！”

她牵着他的双手，从她的这种毫无拘束的动作中，他明白了，他带给她的辛酸往事已经烟消云散了。但是，他的记忆还没有消失——他觉得她在他心中燃起的旧情在不知不觉间让他念念不忘，他依然能感觉到以前在面对她的快乐时，他一直持有的那种温柔情怀，那种生怕破坏了欢乐气氛的温柔情怀。

“我们来拉伊避暑。彼得来东部出差——你一定知道，我现在是彼得太太了——因此我们带着孩子们，买了一套房子。你一定得过来看看我们。”

“我可以去吗？”他直截了当地问，“什么时候方便？”

“随你。彼得来了。”旋转门转动了，从里面走出来一个三十岁的男人，他又帅又高，脸膛黝黑，胡子修剪得整整齐齐的。他那毫无挑剔的健美体形和安森日渐发福，显然将燕尾服绷得有点紧的肥硕体形形成鲜明的对比。

“你不该站着。”哈格迪对妻子说，“我们到那儿坐坐。”他指着大厅里的椅子说，但是宝拉有点犹豫不决。

“我得赶紧回家，”她说，“安森，要不你——要不你今晚过来和我们一起吃晚饭吧？我们正好刚刚安顿下来，只是如果你能忍受——”

哈格迪热情地增加了邀请的诚意。

“今晚就过来吧。”

他们的车在酒店前等着，宝拉拖着疲惫的身体坐在角落里的丝绸垫子上。

“我有太多的话想跟你说，”她说，“似乎没什么机会。”

“我洗耳恭听。”

“呃，”她朝哈格迪笑了笑，“真是说来话长。我有三个孩子——都是和我前夫生的。老大五岁，老二四岁，老三三岁。”她又笑了，“我生他们一点都没有浪费时间，是吗？”

“都是男孩吗？”

"一个男孩，两个女孩。然后 —— 哦，发生了太多事情。一年前，我在巴黎离了婚，又和彼得结了婚。情况就是这样 —— 另外我想说的是，我幸福极了。"

到了拉伊，他们把车开到沙滩俱乐部旁边的一座大房子前，里面立刻跑出来三个皮肤黝黑、身材瘦小的孩子，他们从英国女教师身边挣脱出来，用别人无法听懂的声音大叫着向他们跑来。宝拉心不在焉地、吃力地将他们挨个揽进怀里，他们每个人都有所顾忌地受到了母亲的爱抚，因为他们显然受到过提醒，不要撞着妈妈。即使和他们那鲜活的小脸相比，宝拉的肌肤也几乎看不出一点衰老的迹象 —— 虽然她的身体看起来慵懒倦怠，她看起来却比七年前他在棕榈滩最后一次见到她时更年轻。

吃晚饭的时候，她显得心事重重。晚饭后，在听广播的时候，她闭着眼睛躺在沙发上，弄得安森很纳闷，怀疑自己在这个时候出现是不是一种打扰。但是九点的时候，哈格迪站起来愉快地说，他准备让他们单独待一会儿，她才开始慢慢地说起自己，说起过去。

"我的第一个孩子，"她说，"那个我们叫她'宝贝'的孩子，我的大女儿 —— 当我知道我怀上她的时候，我都不想活了，因为洛厄尔对我来说就像一个陌生人。感觉就像是她不可能是我自己的孩子。我给你写了一封信，又把它撕掉了。哦，你对我太糟糕，安森。"

她又恢复了往日那种抑扬顿挫的谈话方式，安森的记忆突然苏醒了。

"你是不是订过一次婚？"她问道，"和一个叫多丽还是什么名字的姑娘？"

"我从来没有订过一次婚。我努力了，但是除了你，我谁也不爱，宝拉。"

她"哦"了一声。然后，过了一会儿，她说："这个孩子是第一个我真正想要的孩子。你知道，我现在 —— 我终于坠入爱河了。"

他没有回答，被她言语间的背叛惊呆了。她一定知道"终于"这个词可以伤害到他，因为她接着说：

"我对你一片痴情，安森 —— 你能让我为你做任何你喜欢的事情，但是我们不会幸福的。对你来说，我不够聪明。我和你不一样，不想把事情复杂化。”她顿了一下。“你的心永远都停不下来。”她说。

这句话仿佛使他挨了一记闷棍似的——怎么怪他都行，可唯独这个指责是他永远都不该领受的。

“要是女人们不像现在这样，我的心就会靠岸。”他说，“如果不是我对她们了解得太深，如果女人们不因为其他女人而让你扫兴，如果她们能有哪怕一丁点自尊，我的心都会安定下来。如果我能好好睡一会儿，一觉醒来，发现自己在真正属于自己的家里，那真是我梦寐以求的——哦，那是我一直为之努力的，宝拉。那也是女人们从我身上看到的东西，也是她们喜欢我的原因。只是我再也不能从头来过了。”

哈格迪在快到十一点的时候回来了；宝拉喝了一杯威士忌，站起来说她要去睡觉了。她走过去站到丈夫身边。

“你去哪儿了，最最亲爱的？”她问道。

“我和艾德·桑德拉喝了一杯。”

“我很担心，我以为你也许逃跑了。”

她把头靠在他的大衣上。

“他很贴心，是吗，安森？”她问道。

“绝对贴心。”安森笑着说。

她抬起头看着丈夫。

“哦，我准备好了。”她说。她转过身对安森说：“你想看看我们家的特技表演吗？”

“想啊。”他饶有兴趣地说。

“好，我们开始吧！”

哈格迪轻松地把她抱在怀里。

“这就是我们的家庭特技表演，”宝拉说，“他抱我上楼。他是不是很贴心？”

“是的。”安森说。

哈格迪微微低下头，将他的脸贴到宝拉的脸上。

“我爱他，”她说，“刚才我一直都在给你讲我爱他，是吧，安森？”

"是的。"他说。

"他是这个世界上最亲爱的宝贝，是吗，亲爱的？……哦，晚安。我们休息去了。他是不是很强壮？"

"是的。"安森说。

"彼得的睡衣给你准备好了，你穿上吧。做个好梦——明天早餐时再见。"

"好的。"安森说。

八

公司里的几个老员工坚持认为，安森应该到国外去避避暑。他们说，七年来他几乎没有休过假。他暮气沉沉的，需要去换换心情。安森却坚决反对。

"如果我走了，"他大声宣布，"就再也不会回来了。"

"这是什么话，老兄。三个月后，你就会一改这失魂落魄的样子，精神抖擞地回来的，而且和以前一样健朗了。"

"不。"他固执地摇摇头，"我一旦停止工作，就再也不想工作了。我一旦停止工作，就意味着我已经放弃了——意味着我彻底完了。"

"我们愿意冒这个风险。度六个月的假也行，随便你——我们不担心你会离开我们的。因为，如果不工作的话，你会感到很难过的。"

他们为他安排了行程。他们喜欢安森——每个人都喜欢安森——他身上所发生的变化让公司蒙上了世界末日来临的阴影。他那股一直把公司经营得风生水起的热情，他对同级及下属们的关切，他那至关重要的鼓舞人心的存在感——在这四个月的时间里，他由于神经高度紧张，已经将这些优良品质消磨殆尽，变成了一个悲观失望、烦躁不安的四十岁老头。他每做一笔生意都只会拖后腿，只会把事情弄僵。

"我一旦走了，就再也不回来了。"他说。

在他乘船出发的前三天，宝拉·勒让德·哈格迪死于难产。那时，我有很多时间都和他在一起，因为我们一起漂洋过海。但是在我们的交往中，他第一次对他的感受守口如瓶，我也丝毫看不出他的情绪变化。他一天到晚都想着自己已经三十岁了——每次谈话，他都会转变话题，提醒你，他已经三十岁了，然后就沉默不语了，似乎他认为这种说法会开启一连串的回忆，这本身就已经足够了。和他的合伙人一样，我对他的变化也感到非常吃惊。当“巴黎号”轮船开到介于两个世界之间的一片海域时，他终于把自己的那个世界抛到脑后了，这让我感到非常高兴。

“喝一杯怎么样？”他提议道。

我们怀着出发当天所特有的那种蔑视一切的心情走进一家酒吧，要了四杯马提尼鸡尾酒。一杯鸡尾酒下肚，他便有了变化——他突然伸出手，朝我的膝盖上拍了一下。几个月以来，我第一次看到他快活起来。

“你看见那个戴着红色宽顶无檐帽的姑娘了吗？”他问，“就是那个脸色红润，有两个警察像忠实的小狗似的赶来和她道别的那个姑娘。”

“她很漂亮。”我附和道。

“我在乘务长的办公室里查看了她的资料，我发现她是独自旅行。我一会儿要去见一下乘务员。我们晚上就和她共进晚餐。”

过了一会儿，他离开了，不到一个小时的时间，他就和她一起在甲板上来来回回地散起步来了，并用他那铿锵有力、清晰浑厚的声音同她交谈着。她那顶红色的帽子在深绿色大海的映衬下变成一个鲜艳的亮点。她时不时地猛然甩一下头，仰起脸，开心地、饶有兴趣地、满怀期待地微笑着。晚饭的时候，我们喝了香槟酒，大家都非常高兴——饭后，安森浑身使劲地冲向游泳池，这个动作非常具有感染力。有几个人看见我和他是一起的，就向我打听他的名字。我去睡觉的时候，他仍然和那个姑娘一起在酒吧里有说有笑。

旅途中，我想见他的时候总是找不到他的人影。他本想凑够四个人一起玩双打，却没找齐，因此我只能在吃饭的时候见到他。尽管有时候他会在酒吧里喝鸡尾酒，并给我讲那个戴红帽子的姑娘，讲他和她的各种奇遇，让人觉得不可思议又忍俊不禁。做这种事，他是很有一套的。我也很高兴，他终于找回了自己，或者至少找回了我所了解的、让人感觉自在的自己。我想，要是有人爱他，像碎铁屑粘在磁石上一样依恋他，帮助他理解自己，给他某些承诺的话，他是不是才会找到幸福。至于那承诺是什么，我不知道。或许，她们向他承诺，世界上总有女人，愿意拿她们最明媚、最清纯、最珍贵的年华来滋养和呵护他珍藏于心的那份优越感。

重回巴比伦[①]

一

“那么，坎贝尔先生呢？”查理问道。

“去瑞士了。坎贝尔先生得了重病，威尔斯先生。”

“听你这么说我很难过。那么，乔治·哈特呢？”查理问道。

“回美国工作去了。”

“那么，那个斯诺·博德呢？”

“他上个礼拜还在这儿呢。不过，他的朋友谢佛尔[②]先生在巴黎。”

斯诺·博德和谢佛尔是一年半以前那一长串名单上的两个熟人。查理在笔记本上潦草地写了个地址，然后把这张纸撕下来。

“你要是见到谢佛尔先生，就把这个给他，”他说，“这是我连襟的地址，我还没有找好酒店。”

巴黎的熟人这么少并没有真的让他感到失望。只是丽兹酒吧冷清得出奇，里面空空如也，这倒叫人吃惊。这里不再是一家美国风格的酒吧了——他在酒吧里表现得谦逊有礼，免得让人觉得他好像是这里的老板似的。这里已经完全法国化了。他从出租车上下来看到门童的那一刻就感觉到这里很冷清了。通常，在这个时辰，门童正忙得团团转，而不是站在服务生进出的门口同一个打杂工聊个没完。

穿过走廊的时候，他只听见从往昔乱哄哄的女洗漱间里传出一个女人倦怠的声音。走进酒吧，他像往常一样目不斜视地从二十英尺的绿毯上走过；然后将一只脚稳稳地踏在吧台边的溅溢轨道上，转动目光，打量整个酒吧。里面只有一个人，正坐在角落里看报纸，

① 小说中的巴比伦指的是巴黎，因为当时的巴黎繁华如古代的巴比伦。

② 后面还会出现一个谢佛尔，那是邓肯·谢佛尔，实为两个人。

那人抬起头，与他的目光不期而遇。查理要见酒吧领班保尔，这个人在股票牛市涨到顶峰时开着自己定制的汽车来上班——不过，他行事低调，把车停在最近的角落里。但是，保尔今天回他的乡村别墅了，于是艾利克斯过来招呼他。

“不，不喝了，”查理说，“这些日子我喝得少了。”

艾利克斯很为他高兴。“几年前，你喝得太多了。”

“我坚持得很好，”查理很有把握地对他说，“到目前为止，我已经坚持一年半都不止了。”

“你觉得美国的形势怎么样？”

“我有几个月没回美国了。我在布拉格有生意，我在那里代理了几家公司。那里的人不了解我的情况。”

艾利克斯笑了。

“记得乔治·哈特在这里举行单身宴会的那个晚上吗？”查理问，“另外，克劳德·费森登现在怎么样？”

艾利克斯压低嗓门，神秘兮兮地说：“他在巴黎，不过他不会再来这儿了。保尔不让他来了。一年多来，他以记账的方式在酒吧喝酒，吃午饭，还常常吃晚饭，总共花掉了三万多法郎。最后保尔通知他务必把账结清时，他却开了一张空头支票。”

艾利克斯悲哀地摇摇头。

“我真是不明白，原来那么精干的一个人，如今却臃肿不堪——”他用双手比画了一个大苹果的形状。

查理看到酒吧里来了一群娘娘腔的男妓，坐在了角落里。

“什么都影响不了他们，”他想，“股票涨涨跌跌，人们或闲或忙，但是他们永远都是这副模样。”这个地方让他感到压抑。他要了副骰子，拿酒当赌注，和艾利克斯一起摇起骰子来。

“要在这里待多久，威尔斯先生？”

“我来看女儿，要待四五天时间。”

“哟——呵，你有女儿？”

外面静静地下着雨，各种招牌的灯箱在烟雨迷蒙中闪烁着火一样的红光、煤气火焰一样的蓝光和鬼火似的绿光。傍晚时分，街上车水马龙；酒吧里灯光闪烁。在卡普新大街的拐角处，他叫了一辆出租车。协和广场在粉红色的庄严中一掠而过；接着他们不可避免地穿过塞纳河，查理蓦然觉得左岸分明是一派异地风光。

查理吩咐出租车开到歌剧院大道上，这并不是他回去的路，他只是想趁着暮色从正面见识一下歌剧院的雄伟壮观。出租车的喇叭循环播放着《更为缓慢些》[①]的几个前奏曲，查理仿佛觉得这是第二帝国的号角。他们来到布伦塔诺书店前面的铁栅栏附近。在杜瓦尔饭店那修剪整齐、具有中产阶级格调的小树篱后面，人们已经在吃晚饭了。他从来没有在巴黎一家真正的廉价饭馆吃过饭。五道菜的晚饭，四法郎五十生丁，相当于十八美分，还含酒水。出于某种奇怪的原因，他倒宁愿过去在这样的饭馆里进餐。

他们沿着左岸行驶，他突然感受到了这里的冷漠排外，他想："是我自己在这座城市里胡作非为，我以前没有意识到这一点。但是时光不等人，日子照样一天天流逝，两年时间转瞬即逝，一切都无可挽回，我也回不到从前了。"

他三十五岁，相貌堂堂，眉宇间一道深深的皱纹表明他虽然有着爱尔兰人的丰富表情，却头脑清醒。当他按响帕拉丁路上连襟家的门铃时，他的眉头聚成了一座山峰，同时他觉得肚子一阵痉挛。女佣为他打开门，一个九岁的漂亮小姑娘突然从她身后跑出来，大声叫着"爹地"，飞奔过来，像条鱼似的钻进他的怀里。她捏着他的一只耳朵，将他的头往旁边一扭，让自己的小脸蛋贴到他的面颊上。

"我的小话匣子。"他说。

"哦，爹地，爹地，爹地，爹地，爸爸，爸爸，爸爸！"

她拉着他走进客厅，一家人——一个男孩、一个和他女儿同龄的小姑娘、他的小姨子及其丈夫都在里面等着。他小心翼翼地向玛丽恩问好，既不显得虚情假意的热情，又不表露出厌恶之情。然而，她的反应不冷不热，比他直截了当得多，尽管她将注意力放到他女儿的身上，想以此将她对他一成不变的怀疑尽可能地掩饰起来。两

① 《更为缓慢些》(*La Plus Que Lent*) 是法国作曲家德彪西 (Claude Debussy) 所作的曲子。

个男人友好而真诚地握了握手，然后林肯·彼得斯将双手在查理的肩膀上按了一会儿。

房间里洋溢着温暖而舒适的美国式氛围。三个孩子亲密无间，到处走动，在连通其他房间的黄色门框间穿梭玩耍。炉火在噼里啪啦地燃烧，厨房里传出法国式的声响，这一切都诉说着六点钟的欢乐气氛。但是，查理依然很紧张，心里七上八下，只能从女儿那里得到些信心，她时不时地跑到他的身边，抱着他为她买的布娃娃。

"真的好极了，"他大声回答林肯的问话，"那里的生意大部分都不景气，不过我们的生意做得比以往任何时候都好。简直好极了。下个月我打算让我妹妹过去帮我照料家务。去年我的收入比以前我风光的时候还要多。你知道，捷克人——"

他做这番吹嘘是出于一个明确的目的；但是吹了一会儿，他从林肯的眼神里看出了一点不满，就换了个话题：

"你的两个孩子很好，家教好，有礼貌。"

"我们觉得霍诺丽雅也是个很棒的小姑娘。"

玛丽恩·彼得斯从厨房里回来了，她个子高挑，眼神忧郁，以前也是个清纯漂亮的美国姑娘。不过，查理从来都不觉得，当人们说起她过去有多漂亮的时候，他总是感到很吃惊。他们两个从一开始就是天生的冤家。

"呃，你觉得霍诺丽雅怎么样？"她问道。

"好极了，我很吃惊，她在十个月的时间里长高了这么多。孩子们看起来都很健康。"

"我们一年都没有看过医生了。回到巴黎感觉怎么样？"

"周围几乎看不到一个美国人，好像很奇怪。"

"我可是很高兴，"玛丽恩言辞激烈地说，"现在，你走进商店，至少不会让人觉得你是个百万富翁了。我们和其他人一样备受煎熬，但是总体上我们还是挺快乐的。"

"不过，那种日子如果能够维持的话，还是挺不错的，"查理说，"我们有点宫廷皇族的感觉，想不到会有没落的时候，我们有点像是生活在奇妙的世界里。今天下午在酒吧，"他意识到自己说错话了，结巴了一下，“——那里我一个人也不认识。”

她死死地盯着他。“我想你酒吧去得够多了吧。”

“我只待了一会儿。我每天下午喝一杯酒，不多喝。”

“晚饭前不喝一杯鸡尾酒吗？”林肯问道。

“每天下午我只喝一杯酒，今天已经喝过了。”

“希望你能够坚持。”玛丽恩说。

她的厌恶之情溢于言表，说话的腔调冷冰冰的，而查理只是赔着笑脸；他有更大的计划。她咄咄逼人的态度恰恰有利于他，他很清楚，他需要耐心等待。他想让他们先提出那个敏感的话题，他们知道他来巴黎的目的。

吃晚饭的时候，他看着霍诺丽雅，说不清她像他多一点还是像她母亲多一点。他们俩的性格都会给自身招致灾难，如果他们两个都没有把自己的性格遗传给她的话，该有多么幸运。他顿时生出一股强烈的保护欲望，他觉得他知道该为她做些什么。他相信人的天性，他想回到小时候，重新拥有，永远珍惜和保护那种天性。可惜为时已晚了。

晚饭后，他早早地离开了，但是他没有回酒店。他急于用比以前更加清醒、更加审慎的眼光来看看夜晚的巴黎。他买了一张杂剧院的加座票，从头到尾观看了约瑟芬·贝克[①]用她那巧克力色的身体表演的阿拉贝斯克芭蕾舞。

一个小时后，他离开杂剧院，朝蒙马特高地[②]走去。他沿着皮加勒路来到布兰奇广场。雨已经停了。卡巴莱歌舞厅门前，几个人穿着晚礼服从出租车上走下来，妓女们或独自一人或两两结伴地在那里徘徊，还有很多黑人。他经过一家灯火通明的店面，里面放着音乐，他带着一种久违的亲切感驻足倾听；那是布里克托普舞厅，他曾经在那里虚掷了大把的青春和金钱；他又经过几家店面，看到一个以前光顾过的娱乐场，不假思索地伸头去看。里面的乐队像看到救星一样立刻奏起音乐，一对职业舞者赶忙跳起来，一个领班一边朝他奔过来，

---

① 约瑟芬·贝克是美国著名的黑人舞蹈家和歌唱家，长期在法国演出，后来加入法国籍。

② 蒙马特高地是巴黎北部的一个区。

一边大声喊:“人们马上就来了,先生!”他赶忙退了出去。

“进这种地方,除非你又喝醉了。”他想。

泽利咖啡馆已经打烊,周围那些寒碜、丧气的廉价旅店已经在黑暗中沉沉睡去;布兰奇路上灯光明亮,一群当地的法国人还在那里聊天。“诗人之家”咖啡馆已经销声匿迹,而“天堂咖啡屋”和“地狱咖啡屋”仍然张着两个大嘴巴——在他的眼皮底下将一辆公交车上寥寥无几的乘客吞了进去——一个德国人,一个日本人,一对惶恐地看了他一眼的美国夫妇。

蒙马特高地的能耐和智慧仅此而已,所有引人犯罪、使人萎靡的欢乐场都稚气十足,完全不成气候。他蓦然懂得了“挥霍”这个词的含义了——就是变得无影无踪,变得一无所有。在夜里微不足道的几个时辰里,人们从一个地方到另一个地方的每一次移动都是一次巨大的飞跃,也使他们为越来越悠游自在、纸醉金迷的生活付出越来越高昂的代价。

他记得当时只让乐队演奏一支曲子,就付给他们上千法郎的钞票;让门童为他叫辆出租车,就扔给他上百法郎的钞票。

然而,他的这些慷慨之举并不是没给他带来任何回报。

甚至是那些最疯狂地挥霍一空的钱财也都是对命运的一种祭奠,命运让他将最值得铭记的东西抛诸脑后,这就是他得到的回报,尽管这些事情让现在的他耿耿于怀——他被剥夺了孩子的抚养权,他的妻子从他身边逃离,被埋在佛蒙特州的坟墓里。

在一家灯光炫目的小酒馆里,一个女人向他搭讪。他为她买了咖啡和几个鸡蛋,避开她那直勾勾的暧昧目光,给了她一张二十法郎的钞票,乘出租车回到了下榻的酒店。

二

他在宜人的秋日中醒来——这天气很适合踢球。昨日的沮丧烟消云散,看到路上的行人他都会心生欢喜。中午,他和霍诺丽雅面对面坐在瓦泰尔大酒店里,这是唯一一家不会勾起他回忆的饭店,不会让他回忆起香槟晚宴和下午两点钟开始一直到天色朦胧的黄昏才结束的漫长的午餐会。

“嗨，来点蔬菜怎么样？你是不是应该吃点蔬菜？”

“嗯，好的。”

“有菠菜、花椰菜、胡萝卜和扁豆。”

“我喜欢吃花椰菜。”

“要不要点两种蔬菜？”

“我午饭通常只吃一种蔬菜。”

侍者假装非常喜欢孩子。“这个小姑娘好可爱啊！她的法语和法国人说得一模一样。”

“要点心吗？我们吃一会儿再点，行吗？”

侍者走了，霍诺丽雅满怀期待地看着父亲。

“我们接下来做什么？”

“我们先去圣诺雷路上的玩具店，你喜欢什么就买什么。然后我们去帝国剧院看把戏。”

她犹豫了一会儿。“我喜欢看把戏，不想买玩具。”

“为什么不想买玩具？”

“呃，你已经给我买了这个布娃娃了。”她把布娃娃带来了，“我有许多玩具了。我们现在不是有钱人了，是吗？”

“我们从来都不是有钱人。但是今天,你想要什么就可以买什么。”

“好吧。”她乖巧地说。

当初她有母亲疼，有法国保姆爱的时候，他对她很严厉。现在，他尽可能让自己多些宽容，他必须承担起父亲和母亲的双重职责，必须尽可能地多和女儿沟通。

“我想认识你，”他一本正经地说，“我先做个自我介绍吧。我叫查尔斯[①]·J. 威尔斯，来自布拉格。”

“哦，爹地！”她咯咯地笑起来。

“请告诉我你是谁,好吗？”他坚持说。她马上接受了自己的角色：“霍诺丽雅·威尔斯，来自巴黎的帕拉丁路。”

① 查尔斯是查理的正式名字。

"已婚还是单身？"

"不，没有结婚，单身。"

他指了指布娃娃。"可是，我看到你有孩子了，夫人。"

她不愿意说这个布娃娃不是她的孩子，因此她把它抱到怀里，飞快地开动脑筋："是的，我结过婚，但是我现在是单身，我丈夫死了。"

他赶紧接上话题："这孩子叫什么名字？"

"西蒙娜，这是我最要好的同学的名字。"

"你学习那么好，我很高兴。"

"这次月考我是第三名，"她得意地说，"艾尔西"——她的表妹——"大概才考了第十八名，理查德差不多垫底了。"

"你喜欢理查德和艾尔西，是吗？"

"哦，是的。我非常喜欢理查德。艾尔西嘛，还算喜欢吧。"

他谨慎地却又装出无所谓的样子问："玛丽恩姨妈和林肯姨父——你更喜欢谁？"

"呃，我想我更喜欢林肯姨父。"

他越来越对她刮目相看了。他们进来的时候，身后传来"……好可爱啊"的赞叹。而现在，邻桌的人都悄无声息听她讲话，还目不转睛地向她行注目礼，仿佛她是一朵没有感知能力的花似的。

"为什么我和你不住在一起呢？"她突然问，"是因为妈妈去世了吗？"

"你必须留在这里多学点法语。爸爸很难把你照顾得这么好。"

"实际上，我不需要这么多照顾。我自己什么都会干。"

走出饭店，一对男女向他打招呼，他很意外。

"嗨，老威尔斯！"

"嗨，洛琳……邓克[①]。"

昔日的幽灵突然出现：邓肯·谢佛尔[②]，他的大学同学；洛琳·夸

---

① 邓克是邓肯的昵称。

② 小说中出现了两个谢佛尔，实际上是两个不同的人：前面出现的谢佛尔是查理的熟人斯诺·博德的朋友，查理在丽兹酒吧留下地址，希望和他取得联系；这里的谢佛尔是查理直接认识的，是他大学时代的一个朋友，是查理十分不想见的一个人，他没有给其留下任何地址线索。

勒斯，三十岁，面容苍白的金发美女。三年前他一掷千金的时候，曾经帮助过许多人——其中包括他们俩——虚掷年华，度月如日。

“我丈夫今年不能来，”她回答他的问话，“我们穷得要命。他每个月只给我两百块钱，说靠这点钱反正饿不死……这是你女儿？”

“再进去坐会儿，怎么样？”邓肯问。

“不行。”他很高兴找到了一个借口。他感到洛琳看他的眼神一如既往地充满热情，又带着挑逗，但是他自己的节奏现在已经改变了。

“哦，那一起吃晚饭，怎么样？”她问。

“我没空。把你们的地址给我，我给你们打电话。”

“查理，我相信你没喝醉，”她做出了判断，“说实在的，我觉得他很清醒，邓克。拧他一下，看看他是不是没喝醉。”

查理的头朝霍诺丽雅努了努，他们两人都笑起来。

“你住在什么地方？”邓肯怀疑地问。

他犹豫了一下，不想说出酒店的名字。

“我还没有安顿好。你还是等我的电话吧。我们要去帝国剧院看把戏了。”

“太好了！我也正想去呢，”洛琳说，“我想看小丑、特技和杂耍什么的。邓克，我们正打算去呢，对吗？”

“我们得先去办点事，”查理说，“也许我们会在剧院碰见你们。”

“好吧，你这个势利小人……再见，漂亮的小姑娘。”

“再见。”

霍诺丽雅彬彬有礼地行了个屈膝礼。

无论如何，这次偶遇令人不快。他们喜欢他是因为他对他们有利用价值，因为他为人实在；他们想和他见面，是因为他现在比他们强大，他们想从他身上榨取营养。

到了帝国剧院，霍诺丽雅骄傲地拒绝坐在父亲叠起来的外套上。她已然是一个拥有自己处事方式的独立个体，查理越来越一门心思地希望，在她完全长大成人之前给她施加一点小小的影响，让她带点自己的影子。但是，在如此短暂的时间里，想了解她是不可能的。

节目中场休息的时候，他们在大厅里碰见了洛琳和邓肯，那里有乐队在演奏。

“喝一杯去？”

“好吧，不过不去酒吧。我们定个桌位。”

“完美的父亲。”

查理一边心不在焉地听洛琳讲话，一边注意到霍诺丽雅的目光离开了桌子，他如饥似渴地追随着女儿的目光，在屋子里到处乱看，他很想知道她在看什么。他的目光不小心与女儿的目光遇到了一起，她笑起来。

“我想喝那种柠檬汽水。”她说。

她说什么？他希望她说什么？后来乘出租车回家的时候，他把她揽入怀中，让她的头靠在他的胸前。

“宝贝，你想过妈妈吗？”

“想过，有时候会想妈妈。”她迷迷糊糊地回答。

“希望你不要忘记她。你有她的照片吗？”

“有，我想我有。至少，玛丽恩姨妈有。你为什么不希望我忘记妈妈？”

“因为她非常爱你。”

“我也爱她。”

他们沉默了一会儿。

“爹地，我想来和你一起住。”她突然说道。

他的心跳了一下，这本来就是他的愿望啊。

“难道你过得不开心吗？”

“我很开心呀，可是我比任何人都爱你。尽管妈咪去世了，可是你也比任何人都爱我，是吗？”

“那是当然。不过，宝贝，你不会永远都最爱我。你会长大，会遇到一个和你年龄相当的人嫁给他，然后你就会忘记你还有个爹地了。”

“嗯，这倒是真的。”她静静地表示赞同。

他没有进屋，他九点钟还要再来，为了到时候不得不说的那件事，他想让自己精神焕发。

“等你安全进去后，就到那扇窗户边让我看一下。”

“好的。再见，爸爸，爸爸，爸爸，爸爸。”

他在黑漆漆的路上等着，直到她小脸红扑扑地、兴冲冲地出现在楼上的窗户边，亲亲自己的手指，将这个吻送给外面黑夜中的爸爸。

三

他们在等他开口。玛丽恩坐在咖啡器具后面，穿着庄重的黑色晚礼服，隐隐透露出她对死去的姐姐的悼念。林肯来来回回地踱着步子，由于刚才一直在讲话，现在依然很兴奋。他们和他一样急不可待地想切入主题。他几乎是开门见山，直奔主题。

“我想，你们知道我想拜见你们的初衷——我来巴黎的真正原因。”

玛丽恩摆弄着项链上的黑色星星，皱着眉。

“我非常渴望有个家，”他接着说，“而且我非常渴望霍诺丽雅在这个家里。我非常感谢你们因为霍诺丽雅母亲的缘故而收养了她，可是现在情况已经改变了——”他犹豫了一下，然后以更加具有说服力的口吻继续说，“我的情况发生了根本性的变化，我想请你们重新考虑一下这件事。对我来说，否认三年前的荒唐行为是不明智的——”

玛丽恩抬起头，冷冰冰地看着他。

“不过，一切都过去了。正如我告诉过你们的那样，一年多来，我每天最多只喝一杯酒。我故意喝一杯酒，是不想让喝酒的念头在脑海里过于膨胀。你们能理解这种感受吗？”

“无法理解。”玛丽恩显得话不投机半句多。

“那是我自己强加给自己的一种痛苦，它能让我一直都保持清醒。”

“我听懂了，”林肯说，“你是想提醒自己不要再沉迷于酒中了。”

“差不多是这个意思。有时候我忘记了，就没喝。但是，我尽量喝一杯。无论如何，我现在这种情况已经付不起喝酒的代价了。我所代理的公司对我的表现都非常满意，我还打算把我妹妹从伯灵顿带过去帮我管理家务，我也非常想把霍诺丽雅带回家。你们知道，即使在我和她母亲相处不来的时候，我们也从来没有因为任何事情而影响到霍诺丽雅。我知道她喜欢我，我也知道我有能力照顾她，而且——好吧，该说的话我都说了。你们觉得怎么样？”

他知道他现在不得不接受他们对他的各种数落，而且会持续一两个小时，这种局面很难堪。但是，如果他能控制住自己内心势必会产生的抵触情绪，而表现出一个浪子回头后的悔过态度，那么他最终有可能会达成心愿。

不能发脾气，他告诫自己。你要的不是别人的公正评价，你要的是霍诺丽雅。

林肯先开口了："上个月接到你的信后，我们就已经在商量这件事了。我们很高兴让霍诺丽雅待在这里。她是个非常可爱的孩子，我们也很愿意帮助她，不过，问题当然不在这里——"

玛丽恩突然打断他的话。"你的清醒状态能保持多久？"她问道。

"永远，我希望。"

"谁会相信你能做到？"

"你知道我丢掉生意来到这里，整天无所事事，才开始喝醉的。那时候海伦和我游手好闲，和——"

"请不要拉海伦当垫背，我不能容忍你把她说成那样。"

他绷着脸看着她，他一直都没有弄明白，她们姐妹俩这辈子的感情到底有多深。

"我喝酒的历史大约只有一年半时间——从我们来这里直到我——身体垮掉。"

"一年半时间已经够长了。"

"够长了。"他附和道。

"我这么做完全是为了海伦，"她说，"我拼命想，她希望我怎么做。坦率地说，自从那天夜里发生了那件可怕的事，对我而言，你实际上已经不存在了。我是情不由己，她是我姐姐啊！"

"是的。"

"她临终时将霍诺丽雅托付给我。如果你那时不在疗养院，事情兴许还有转机。"

他没有作声。

“我一辈子都忘不了，那个早晨，海伦来敲我的门，她浑身湿透、瑟瑟发抖，她说你把她锁在了门外。”

查理的双手紧紧抓住椅子的扶手。这种情形比他想象的还要难以承受；他想一股脑地将想说的话释放出来，他想好好解释。但是最后他只说出半句话：“我把她锁在外面的那天晚上——”她就把他的话打断了，“再重温一次那样的情景，我可无法承受。”

林肯沉默了一会儿，说：“我们不说这个了。你想让玛丽恩放弃监护权，把霍诺丽雅交给你。我觉得关键在于她对你是否有信心。”

“我不怪玛丽恩，”查理一板一眼地说，“但是我想她完全可以信任我。直到三年前，我都有良好的记录。当然，在人性允许的范围内，我也可能随时犯错。然而如果我们再等下去的话，我就会错过霍诺丽雅的童年，失去拥有一个家的机会了。”他摇摇头，“我就会彻底失去她，难道你们不明白吗？”

“是的，我明白。”林肯说。

“这一切你以前怎么没想过？”玛丽恩问道。

“我觉得我想过的，常常想到过，只是我和海伦的关系很糟糕。我同意将监护权交给你的时候，我正直挺挺地躺在疗养院里，我的股票也被股市套牢。当时我也知道我行为不检点，那时我想，只要海伦能够安心，我什么都愿意。但是，现在情况不同了。现在我的工作、生活以及身体状况一切都正常，我谨言慎行得要命——”

“请不要在我面前下咒语。”玛丽恩说。

他吃惊地看着她。她每说一句话，厌恶之情就明显增加一层。她已经将她人生中的恐惧筑成一堵墙，再将这堵墙横亘在他和她之间。她发这通没来由的脾气可能是因为几个小时前她和厨娘发生了一点争执造成的。让霍诺丽雅生活在这样一个仇恨他的环境里，查理越来越担心了。这种仇恨情绪迟早会流露出来，一句话，一个摇头的动作，怀疑的情绪都会不可逆转地植入霍诺丽雅的心灵里。但是他尽量控制自己的表情，将怒气深埋在心底，不让人看出自己实际上已经怒火中烧。他已经走赢一步棋了，林肯已经意识到玛丽恩的话很荒唐，轻轻地问她什么时候开始认为“要命”这个词是咒语了。

“另外，”查理说，“现在我有能力给她提供优越的生活条件了，我打算带一个法国女家庭教师去布拉格。我已经租了一套新公寓——”

他不说了，他意识到自己差一点就要酿成大错。不能指望他们心平气和地接受他再次比他们自己的收入多一倍的事实。

“我想你能给她提供更奢侈的生活，我们可不能，”玛丽恩说，“你一掷千金的时候，我们却在为十元钱该怎么花而精打细算……我想你又开始过上这种日子了。”

“哦，不，”他说，“我已经学乖了。我辛苦工作了十年，你知道——直到我像很多人一样在股票市场上撞了大运，简直幸运极了。那时觉得似乎没有任何必要再干活了，所以才放弃了所有工作。那种情况不会再发生了。”

大家沉默良久，所有人都感到精神紧张，一年来查理第一次真正想喝一杯。现在他能断定林肯·彼得斯希望他得到自己的孩子。

玛丽恩突然颤抖起来；部分原因是，她看到查理现在已经站稳脚跟，她自己的母性已经认可他的愿望是出于父亲的自然天性；但是，她对他的偏见由来已久——这种偏见的形成是基于她对姐姐的幸福生活怀着有悖常理的怀疑态度，而那个可怕的夜晚给她造成的打击使这种偏见转化为她对他的仇恨。这一切又恰恰发生在她身体羸弱、精神沮丧、时运不济的时刻，更使她确信世界上有恶行和恶棍的存在。

“我那样想也是情不由己！”她突然大叫起来，“我不知道你该对海伦的死负多大责任，这件事情你得扪心自问。”

一阵痛苦的电流袭击了他的全身；有那么一会儿，他几乎就要一跃而起，一个即将脱口而出的声音被他堵在嗓子眼，让它无声地在那里挣扎徘徊。他努力克制自己，让自己镇静下来，让自己坚持一会儿，再坚持一会儿。

“别激动，”林肯尴尬地说，“我从来都不认为那是你的责任。”

“海伦死于心脏病。”查理黯然地说。

“是的，心脏病。”玛丽恩似乎话中有话。

然后，她怒气渐消，平静下来，这才看清楚他。她发现，在一定程度上，他已经控制了局面。她看看丈夫，没有得到他的支持，她突然甘拜下风，态度转变之快，仿佛让人觉得这根本就是小事一桩。

"你想怎么样就怎么样吧！"她从椅子上跳下来，大叫着说，"她是你的孩子，我并不想妨碍你。我想，如果她是我的孩子，我也宁愿看着她——"她努力克制自己，"你们俩决定吧，我受不了了。我不舒服，睡觉去了。"

她匆匆地离开了房间。过了一会儿，林肯说：

"这一天对她来说很难熬。你知道女人一旦形成一种观点——"他几乎是歉疚地说，"是多么不容易改变。"

"当然。"

"会没事的。我想她现在已经看到你——有能力养好这个孩子了，所以，我们不能总是阻碍你和霍诺丽雅。"

"谢谢你，林肯。"

"我还是去看看她怎么样了。"

"我要告辞了。"

走到街上的时候，他还在颤抖，不过沿着波拿巴路步行到塞纳河畔后他终于平静下来。穿过塞纳河，在河畔的灯光下，他显得精神抖擞，欣喜若狂，像换了个人似的。但是回到客房里，他却难以入眠。海伦的身影萦绕在他的脑海。他曾经那么爱海伦，后来他们开始不知不觉地伤害彼此的感情，直到把他们之间的爱撕成碎片。那个让玛丽恩念念不忘的二月的可怕夜晚，他们吵了好几个小时。在佛罗里达饭店他们又吵了一架，之后他试图带她回家，然后她和坐在一张桌子边的小韦伯接了吻；再然后，她就疯疯癫癫地说了那些伤人的话。他独自一人回到家，怒气冲冲地锁上了门。他怎么知道她会在一个小时后独自一个人回来？他怎么会知道会有一场暴风雪？他又怎么会知道，她穿着拖鞋在暴风雪中徘徊，由于脑子太乱，竟然不知道叫辆出租车？结果是，她奇迹般地从肺炎中躲过了一劫，随后又经历了各种恐惧，他们"和好"了。可谁承想那竟然成了那场结局的开端。玛丽恩目睹了这一切，又想象出她姐姐蒙受虐待的各种情景，想当然地认为那只不过是那许多场景中的一幕而已，便对他永远记恨在心了。

重温昔日情景，海伦和他亲近多了。黎明在他半梦半醒中悄然而至，他发现自己在柔和的微光中和海伦谈心。她说他对霍诺丽雅的态度是完全正确的，她希望霍诺丽雅和他一起生活。她说她很高兴看到他现在状态不错，而且做得越来越好。她还说了很多话——非常亲密的话——然而她穿着白色的裙子坐在秋千上，秋千越荡越快，她越飞越远，最后她说了什么，他都听不清了。

四

他一觉醒来，觉得很开心。世界又向他敞开了大门。他为霍诺丽雅和他自己绘制了蓝图，制订了长远规划，憧憬着美好的未来。但是，他突然伤心起来，想起了他和海伦制订过的所有计划，可她并没有把死亡计划在内，她不想死啊。现在，当务之急是——干好工作，好好爱女儿。但也不能溺爱，因为他知道如果一个父亲对女儿或一个母亲对儿子爱得过多，将会给他们带来伤害；将来孩子会到外面的世界寻找婚姻伴侣，也会付出同样盲目的柔情，甚至他们这样根本就找不到婚姻伴侣，这岂不是和爱以及生活背道而驰了么。

又是明朗清爽的一天。他打电话到林肯工作的银行，问他能否在离开巴黎去布拉格的时候将霍诺丽雅带走。林肯同意了，他说没有理由再拖延下去了。只有一件事——监护权的问题。玛丽恩想再保留一年监护权。她对整件事很不放心，她觉得如果这件事再由她掌控一年时间，将会有利于事情的进展。查理同意了。只要自己的孩子能够围绕在身边，能够看得见、摸得着就行了。

接下来该找女家庭教师了。查理坐在一家光线昏暗的中介机构里，和一个脾气暴躁的贝亚内斯人以及一个彪悍的布里多尼农妇谈了话，这两个人都让他无法忍受。明天他还要再见几个人。

他和林肯·彼得斯在格里芬饭店吃了午饭，努力克制着自己的兴奋之情。

“什么都比不上自己的女儿吧，”林肯说，“但是你也得体谅玛丽恩是怎样的心情。”

“她忘了我是多么拼命地在那里工作了七年，”查理说，“她只记住了那一个夜晚。”

“还有一个原因。”林肯迟疑了一下说，“你和海伦满欧洲吃喝玩乐、挥金如土的时候，我们却过着平平淡淡的日子。我没有沾到繁荣时期的一点光，因为我没有足够的闯劲儿，除了买了点保险，别的我什么都没有做过。我想，玛丽恩的内心有点不平衡——因为你后来什么都不干，反而越来越有钱。”

“我的钱来得快去得也快。”查理说。

“没错，你在打杂工、萨克斯手和餐厅领班身上浪费了不少钱——还好，那种奢侈的派对现在已经没有了。我只是想让你明白玛丽恩对你那些荒唐行为的感受。今晚六点钟左右，趁玛丽恩还不是太累，你如果能到我家的话，我们就可以当面具体谈谈。”

回到酒店，查理看见一封信，是从丽兹酒吧转寄过来的，他为了找一个人，曾经在那里留了个地址。

亲爱的查理：

几天前我们看到你的时候，你是那么奇怪，不知道是不是我做了什么冒犯你的事情。果真如此，那我也是无意为之。事实上，一年来，我非常想念你，我一直在想，如果我重新来到这里，就有可能见到你。在那个疯狂的春天，我们的确玩得很开心。比如那天晚上，我们俩一起偷了卖肉的三轮车。还有那个时候，我们想去拜访总统，你戴着一顶破礼帽，拄着一根金属手杖。近来，大家似乎都那么老气横秋，可是我一点都不觉得老。看在过去的情分上，我们今天能不能找个时间见个面？现在，我还宿醉未醒，不过今天下午会清醒的。五点左右，在那个把血汗钱都得花光的丽兹酒吧见吧。

永远忠诚的

洛琳

他的第一感觉是恐惧，他这个大男人的确偷过一辆三轮车，并蹬着它带着洛琳转遍了以凯旋门为中心的星形广场，从午夜一直闹到黎明。回首往事，犹如梦魇。将海伦锁在门外，与他人生当中做过的其他事情都格格不入，倒是与偷三轮车之类的荒唐行径挺相配的——这样的事情，他干得还真不少。要经过多少个礼拜、多少个月的堕落才会变成完全没有责任感的浪荡公子？

他竭力回想洛琳当年的模样——很迷人；尽管海伦对此事不置一词，但是她很不高兴。昨天在饭店里，洛琳看上去俗不可耐，邋里邋遢，精神萎靡。他一点都不想见她，他很庆幸艾利克斯没有把他住的酒店地址泄露给她。而他一想到霍诺丽雅，一想到和她一起度过的礼拜天，一想到一早醒来就能向她问早安，一想到每到夜晚她就会睡到他家的床上，听到她在黑夜里的呼吸，他就感到一种安慰。

五点钟，他乘着出租车，去给彼得斯家的每个人买礼物——一个可爱的布娃娃，一个罗马士兵礼盒，给玛丽恩的鲜花，给林肯的亚麻围巾。

走进林肯家的公寓时，他看到玛丽恩已经接受了这件必然之事。现在她向他问好，仿佛他是这个家庭中的一个顽固分子，而不是一个不怀好意的外人了。霍诺丽雅已经知道她要走了；查理高兴地看到她机灵地掩饰着压抑不住的开心。她坐在他的膝头时，才悄悄地表达了她的兴奋心情，在和其他孩子一起跑开之前，她悄悄地问道："什么时候？"

他和玛丽恩在房间里单独待了几分钟，凭着一阵冲动，他大胆说道：

"家人之间的争吵是很痛苦的事情，分不出个青红皂白。不像是疼痛，也不像伤疤，倒更像是皮开肉绽，而且永远无法愈合，因为没有缝合的工具。希望我们俩能够冰释前嫌。"

"有些事情不是说忘就能忘的，"她答道，"这是信任的问题。"他没有应声，而她也没打算听他说什么，随即她问道："你打算什么时候带她走？"

"女家庭教师一找到，我就带她走，希望是后天。"

“这不行。我得帮她好好准备准备。礼拜六之前都不行。”

他做出了让步。林肯回到房间里，给他倒了杯酒。

“我每天都只喝一杯威士忌。”他说。

这里很温暖，这里是一个家，家人们一起坐在火炉旁。孩子们觉得很安全，像过节似的；母亲和父亲都不苟言笑，小心谨慎。为了孩子们，他们还有事要做，这些事情比招待他、陪他说话更重要。毕竟让孩子喝下一汤匙药水比处理玛丽恩和他自己之间的紧张关系更重要。他们不是无趣的人，只是被生活和环境紧紧地束缚住了手脚。他想他是否能够为林肯做点什么，帮他摆脱银行里那一成不变的差事。

门铃响起来，声音刺耳，响个不停。能干的女佣穿过客厅，顺着走廊向门口走去。门在又一阵铃声大作中打开了。说话的声音紧接着传了进来。客厅里的三个人都抬起头，想看看来人是谁。林肯往旁边挪了挪，将走廊尽收眼底，玛丽恩索性站了起来。接着，女佣回到走廊里，说话声紧随其后，邓肯·谢佛尔和洛琳·夸勒斯出现在灯光下。

他们欢天喜地，他们嘻嘻哈哈，他们放声大笑。一时之间，查理惊呆了，他不知道他们是怎样把彼得斯家的地址刺探出来的。

“啊——哈——哈！”邓肯笑逐颜开地朝查理摇着一根手指。“啊——哈——哈！”

他们俩又爆发出一阵瀑布轰鸣般的笑声。查理又着急又不知所措，他仓促地和他们握了握手，然后把他们介绍给林肯和玛丽恩。玛丽恩点点头，几乎没说话。她朝火炉边退了一步，她的小女儿站在她身边，玛丽恩用一只胳膊搂着她的肩膀。

查理对这两个不速之客越来越感到不耐烦，他等着他们说明来由。邓肯定了定神说道：

“我们是来请你出去吃饭的。我和洛琳都坚持认为，到处打听你的地址这种无聊的事该到此为止了。”

查理进一步靠近他们，好像要逼着他们从走廊里退出去。

“不好意思，我去不了。告诉我你们准备去哪儿，半个小时后，我打电话给你们。”

他的话根本没有用。洛琳一屁股坐到一张椅子边上，眼睛盯着理查德，大声嚷道："哇，多漂亮的小男孩啊！到我这儿来，小孩。"理查德看看母亲，一动也没有动。洛琳夸张地耸耸肩，回过头来对查理说："来吃饭吧，相信你小姨子和你连襟不会介意的。难得见你一次，或者说难得见你这么假正经啊。"

"我去不了，"查理断然拒绝，"你们俩吃去吧，我会给你们打电话。"

她立刻翻脸不认人了。"好吧，我们走。但是，我记得，有一次你在凌晨四点钟就来砸我的房门，我对你可是够客气的，还请你喝了一杯呢。邓克，快走吧。"

他们依旧磨磨蹭蹭，踉踉跄跄，但终于怒容满面、不情不愿地从走廊里出去了。

"晚安。"查理说。

"晚安！"洛琳没好气地答道。

他回到客厅里时，玛丽恩还坐在原来的位子没动，只不过现在她的儿子站在了她的另一只臂弯里。林肯依然像钟摆一样将霍诺丽雅荡来荡去。

"岂有此理！"查理突然发起火来，"简直是岂有此理！"

他们两人都没吱声。查理一下子坐到扶手椅上，将林肯之前递给他的那杯酒端起来，又放下，说：

"这两个人真是神经病，我已经两年没有见过他们了——"

他闭上嘴巴不说了。玛丽恩怒不可遏，狠狠地"哼"了一声，猛然转身，拂袖而去。

林肯小心翼翼地将霍诺丽雅放下来。

"你们小孩子们进屋去喝汤吧。"他说。孩子们听话地离开了。他对查理说：

"玛丽恩身体不好，她受不了打击。那种人真的会让她犯病的。"

"不是我让他们来的，他们不知道从什么人那里套出了你的名字，他们故意——"

"好了，情况很糟糕。你这样说无济于事。对不起，失陪一下。"

查理被孤零零地撂在客厅里，他紧张地坐在椅子上。他听见孩子们在隔壁房间里一边吃东西，一边用单音节词简单地说着话，他们已经把发生在大人们之间的事情抛在脑后了。他听见较远的那个房间里传来低声的谈话，接着听见电话听筒被人拿起来时发出的嘀嘀嘀的铃声。他感到一阵心慌，走到房间的另一侧，以免自己无意间偷听到他们的谈话。

不一会儿，林肯回到客厅。“听着，查理，我想我们还是取消今天的晚饭吧，玛丽恩的情况不好。”

“她是在生我的气吗？”

“有点，”他几乎不客气地说，“她意志不够坚定，而——”

“你的意思是说，关于霍诺丽雅的事，她改变主意了吗？”

“她现在非常难受，我不知道她怎么想。明天你打我银行的电话。”

“我希望你替我解释一下，我压根没有想到这两个人会来这儿，我和你们一样难受。”

“我现在什么都不能向她解释。”

查理站起来，拿起外套和帽子，开始向走廊走去。然后他打开餐厅的门，声音怪怪地说：“孩子们，晚安。”

霍诺丽雅站起来，绕过桌子，跑过来拥抱他。

“晚安，小甜心。”他怅然若失地说。然后，他尽量让自己的声音显得柔和一点，像是要安抚什么似的说：“晚安，亲爱的孩子们。”

五

查理径直去了丽兹酒吧，他余怒未消，决心找洛琳和邓肯算账。但是他们不在那儿，他意识到，无论如何，他都挽回不了局面了。他没有喝彼得斯家的那杯酒，而现在，他要了一杯威士忌苏打。保尔过来和他打招呼。

“变化很大，”他伤心地说，“我们的生意大概只有以前的一半。我听说很多人回到美国后赔得精光，可能在第一次大跌中还没赔干净，但是在第二次大跌中就变得一无所有了。我听说你的朋友乔治·哈特赔得一个子儿都不剩了。你要回美国吗？”

“不回，我在布拉格有生意。”

“我听说你在那次大跌中赔了不少。”

“是的，”他气恼地接着说，“但是暴涨的时候，我反而赔光了。”

“你清仓了。”

“算是吧。”

他又想起了那段噩梦似的往事——他想起了他们在旅途中遇到的人；接着想起了那些连简单的加法都不会或者连一句话都说不完整的人。还有轮船派对上的那个矬子，海伦答应和他跳舞，他却在离他们的桌位十英尺的地方侮辱她；还有那些因为耍酒疯、犯毒瘾、大呼小叫而被轰出公共场所的女人和姑娘们——

那些将妻子锁在门外让她们遭受风雪的男人们，因为一九二九年的风雪不是真正的风雪，如果你不想让外面飘雪，有钱就行了。

他走到电话机旁，拨通了彼得斯家的电话，林肯接了电话。

“我打电话是因为我一直放不下这件事。玛丽恩有没有明确表态？”

“玛丽恩病了，”林肯长话短说，“我知道这件事不全是你的错，可是我不能让她因为这件事而崩溃。这件事恐怕得往后拖个一年半载；我不能冒这样的风险了，免得再把她弄成这个样子。”

“我理解。”

“对不起，查理。”

他回到桌子旁，杯子里的威士忌已经空了，但是当艾利克斯用询问的眼神看着酒杯时，他摇摇头。现在除了送给霍诺丽雅一些礼物，他也做不了什么了。明天，他要多送她些东西。他非常懊恼，心想这都是钱惹的祸——他的钱给过多少人啊……

“不，不喝了，”他对另一个侍者说，“我该付多少钱？”

他总有一天会回来的，他们不能让他付出一辈子的代价。他只是想要自己的孩子，除此之外，一切都毫无意义。他不再年轻，不再做梦，不再想入非非。他绝对相信海伦是不愿看到他如此孤独的。

疯狂的礼拜天

一

礼拜天并不是一个日子，而是夹在另外两天中的一道缝隙。对他们来说，除了礼拜天以外的日子是这样的：布置背景和摄像镜头，在吊着麦克风的起重机下面漫长的等待，开着汽车每天在县镇来回颠簸上百英里，在会议室里和足智多谋的竞争对手明争暗斗，没完没了的妥协，以及为了生存而进行着的各种人格的冲突和较量。现在是礼拜天，又开启了私人生活模式，前一天下午还目光呆滞的眼睛，此刻却激情洋溢。时间一小时一小时地慢慢消逝，人们仿佛玩具店里的“小精灵”一样恍然醒悟，他们在角落里激昂陈词，情侣们则躲到大厅里拥抱接吻。大家都怀着这样的心情：“快点，还不算太晚，可是，看在上帝的分上，趁这四十个无忧无虑的休闲时辰尚未结束，莫失良机啊。”

乔尔·科尔斯正在创作分镜头电影剧本。他二十八岁，还没有被好莱坞压垮。自从他六个月前来到这里，已经接到了被认为不错的创作任务。他怀着满腔热情递交了自己创作的场景剧本和分镜头剧本。他谦虚地自称为粗制滥造的职业文人，而实际上心里可不是这样想的。他母亲曾经是一位成功的演员；乔尔的童年时代就是在伦敦和纽约度过的，他努力想把现实和虚构的世界区分开来，或者说至少可以让他为未来做些打算。他模样俊朗，有一双快乐的棕色眼睛，这双眼睛就像他母亲一九一三年注视着百老汇的观众们时的那双眼睛。

接到请帖的时候，他确信自己已经小有成就了。平常，他礼拜天的时候并不出门，而是保持头脑清醒，把工作带回家里做。最近，他接了一个尤金・奥尼尔的剧本，这是特地给一个非常重要的女士量身打造的。到目前为止，他所做的一切都让迈尔斯・凯尔曼非常满意，而迈尔斯・凯尔曼是片场唯一一个工作不受人监管，只对投资人负责的导演。在乔尔的职业生涯中，一切都称心如意。（"我是凯尔曼先生的秘书。礼拜天下午四点到六点，您能来参加茶会吗——他家住在比弗利山庄，街牌号是……"）

乔尔觉得受宠若惊。那是个上流社会的派对。他能受到邀请是对他的一种认可，说明他是个前途无可限量的年轻人。像马里恩・戴维斯夫妇那帮人，时尚圈里的那些人，那些腰缠万贯的大佬们，也许甚至连迪特里希、嘉宝以及侯爵夫人——那些在普通场合难得一见的人物，大概都会来参加凯尔曼家的派对的。

"我一滴酒都不沾。"他向自己保证。凯尔曼非常讨厌酒鬼，他觉得这个行业离不开酒鬼是件令人遗憾的事。

从事写作的人都纵酒无度，乔尔也同意这个观点——他本人就是如此。然而，今天下午他不会喝酒。他希望当他干脆利落、毫不含糊地说"不，谢谢！"来拒绝别人递给他的鸡尾酒时，迈尔斯就站在旁边，可以听到。

迈尔斯・凯尔曼的宅邸是为了激动人心的伟大时刻而建造的——那里有一种倾听的氛围，景色开阔，寂静幽深，仿佛观众就隐藏在里面。然而今天下午，这里却人头攒动，仿佛人们都是急不可耐地竞相投奔而来，而不是应主人的邀请而来的。乔尔骄傲地发现，人群中除了他之外，只有另外两个电影公司的作家，一个是被封为贵族的英国佬，另一个是纳特・吉奥。纳特・吉奥的到来多少让他感到有点吃惊，因为纳特・吉奥曾经激起凯尔曼对酒鬼的指责。

斯特拉・凯尔曼（当然她的原名叫斯特拉・沃克）与乔尔交谈之后没有马上去招呼其他客人。她逗留在他身边——以动人心魄的眼神看着他，似乎想得到某种赞美，而乔尔从他母亲那里继承的戏剧天分立刻就派上了用场："哇哦，您看起来大约只有十六岁，您的玩具车呢？"

她的喜悦之情溢于言表，依然待在他身边。他觉得应该再说点什么，说点自信轻松的话题——他第一次遇见她是在纽约，当时她正在为生计而挣扎。这时，有人端过来一个托盘，斯特拉将一杯鸡尾酒递到他的手里。

“大家都很谨慎，是吗？”他心不在焉地看着酒杯说，“每个人都在观察，看别人会不会出错，或者每个人都想确保能和给自己增光添彩的人在一起。当然，在贵府，情况并非如此。”他赶忙为自己掩饰，“我只是想说，在好莱坞，情况一般都是这样。”

斯特拉表示赞同。她为乔尔引荐了几个人，仿佛他是非常重要的客人。他确定迈尔斯在房间的另一边，才喝了这杯鸡尾酒。

“这么说您有孩子了？”他说，“那你可要当心了。一位漂亮的太太生完第一个孩子后，身体会变得非常虚弱。她要想对自己的魅力抱有信心，就得让一个新的男人对她毫无保留地献殷勤，来证明她依然妖娆迷人。”

“我可从来没有得到任何男人毫无保留的殷勤。”斯特拉愤懑地说。

“他们是怕您的丈夫。”

“你真是这么想的吗？”这种想法让她皱起了眉头。接着，他们的谈话被打断了，而这正是乔尔所希望的。

她的关注使他信心倍增。他可不是那种只会待在安全的人群中，溜到房间里四处寻找熟人，躲在他们的羽翼下寻求庇护的人。他走到窗户边，望着窗外慵懒的夕阳下苍茫的太平洋。这里很好——美国的海滨度假胜地以及所有的一切，要是有时间好好欣赏就好了。房间里有英俊帅气、穿着考究的人们，可爱的姑娘们，以及——哦，可爱的姑娘们。你不可能应有尽有。

他看见斯特拉清新的、孩童般的脸庞，眼皮疲惫地微微下垂，她在客人中间周旋。他想和她坐下来促膝长谈，就像她是个普通的姑娘一样，而不是现在的名人身份。他的目光追随着她，想看看她给予别人的关注是否和他得到的一样多。他又喝了一杯鸡尾酒——不是因为他需要信心，而是因为她给予了他那么多的信心。然后，他在导演的母亲身边坐了下来。

“您的儿子一定会成为一个传奇人物的，凯尔曼夫人——他是一位哲人，是一位应运而生或类似这样的人。就我个人而言，我并不支持他，但我属于少数派。您觉得您的儿子怎么样？您觉得他很了不起吗？他那么成功，您感到意外吗？”

“不,我不感到意外,”她平静地说,“我们一直对迈尔斯寄予厚望。”

“哦，真是不同寻常，”乔尔说，“我一直以为所有母亲都和拿破仑的母亲一样。我母亲就不希望我和娱乐业有任何瓜葛。她希望我去上西点军校，还要保证平安无恙。”

“我们一直对迈尔斯充满信心。”……

他和好脾气、酒量大、报酬高的纳特·吉奥站在餐厅内的吧台旁。

“——我今年挣了十万，赌输了四万，因此，现在我聘请了一位财产经理人。”

“你是说代理人吧。”乔尔说。

“不，我也聘请了代理人。我说的是财产经理人。我把所有财产都转交给我太太了，让他和我太太一起打理我的财产。我每年付给他五千块钱让他帮我管理我的钱。”

“你说的是你的代理人吧。”

“不，我说的是财产经理人。我不是唯一这么干的人——许多不善理财的人也都聘请了财产经理人。”

“呃，如果你不善理财，那为什么还那么精明地聘请了一个财产经理人呢？”

“我只是赌博的时候管不住自己而已。你听——”

一名歌手在演唱；乔尔和纳特随着人群走上前去。

二

歌声隐隐约约地传到乔尔的耳朵里，他觉得很开心，对参加派对的所有人都很友好。他们是有勇气、肯拼搏的人，比中产阶级优秀多了，而中产阶级在无知和随遇而安方面则游刃有余。这里的人只用十年时间就跻身于这个国家最显赫的上流社会，他们就该被邀请来热情款待一番。他喜欢他们，爱他们。美好的感情如浪潮一般在他的内心深处激荡着。

歌手演唱完毕，众人涌到女主人身边向她辞行，乔尔萌发出一个想法。他愿意为他们表演自己的作品《树立信心》。他就只有这么一个小把戏，曾经在几个派对上逗人开怀，这次说不定也能博取斯特拉·沃克开怀一笑呢。他就这样心血来潮，激情澎湃地急于表现一番，他找到她。

"好极了，"她大声说，"请开始吧！需要帮忙吗？"

"得有个秘书，我要口述。"

"我来当秘书。"

消息传开了，大厅里已经穿上外套准备离开的客人们又折了回来，乔尔面前有许多双陌生的眼睛。他有一种隐隐的不祥的预感，他意识到刚才表演节目的那个人是著名的广播娱乐节目主持人。然后有人发出"嘘"的声音，示意大家保持安静。他单独和斯特拉待在一起，处在一个印第安人的那种不祥的半圆中心。斯特拉满怀期待地朝他微笑着——他开始表演了。

他的表演是对独立制片人戴夫·希尔弗斯坦先生缺乏文化修养的嘲弄。剧中的希尔弗斯坦正在口述一封信，简要讲述他如何处理买来的一个故事：

"一个关于离婚、年轻的开创者和外籍军团的故事，"他听见自己的声音在用希尔弗斯坦先生的口吻说话，"但是我们必须树立信心，明白吗？"

他心里涌起一阵强烈的质疑。围着他的一张张面孔在温和的灯光下既急切又好奇，然而却没有一丝笑意。在他的正前方，那位伟大的"银幕情人"的眼珠子鼓得像土豆芽眼似的怒视着他。只有斯特拉·沃克光彩照人，毫不怀疑地微笑着，抬头看着他。

"如果我们把他塑造成门吉欧那样的形象，那么我们就只能看到一个带有火奴鲁鲁风情的迈克尔·阿兰。"

前面的人依然毫无反应，后面的人则骚动起来，有一拨人明显在朝左边大门的方向移动。

"——然后，她说她觉得自己对他具有性魅力，他却筋疲力尽了，说道:‘见鬼，你自己堕落去吧’——”

他听见纳特·吉奥在某个地方窃笑，偶尔也有几张令人感到鼓舞的面容。然而，故事讲完的时候，他意识到自己当着电影圈内这些炙手可热的重要人物的面做了一次傻事，而他的前途和事业偏偏就攥在他们的手心里。

有那么一刻，人们沉寂得令他心慌意乱，然而很快人群就朝门口涌去，打破了这种沉寂。他感觉到在人们的飞短流长中涌动着一股嘲笑的暗流；接着——一切都发生在十秒钟之内——那位伟大的“银幕情人”的眼神像针眼一样凌厉而空洞，他“呸、呸”地叫着，大声喝着倒彩，他的感受代表了整个人群的情绪。这是专业人员对业余人士的憎恨，是一个固有的团体对一个陌生的闯入者的憎恨，是一个庞大的帮派集体释放出的贬损和轻蔑。

只有斯特拉·沃克依然站在他的身边，对他表示感谢，似乎他取得了无与伦比的成功，似乎她压根都没有想过会有人不喜欢他的表演。纳特·吉奥帮他披上外套，一阵自我厌弃的巨浪席卷而来，他绝望地坚持住自己的一贯性原则:永远都不要将这种自卑的情绪流露出来，直到把它消灭为止。

“我彻底完了，”他故作轻松地对斯特拉说，“不过不要紧，喜欢的人还是挺多的。谢谢您的配合。”

她始终面带微笑——他像醉汉似的鞠了一躬，纳特拽着他向门口走去……

送早餐的人将他唤醒，也将他置于崩溃和毁灭的境地。昨天他还依然故我，还是对抗这个行业的一团火焰；今天，他却感到自己大势已去，那些面孔，那些轻蔑的表情，所有人的嘲笑将他压垮了。更糟糕的是，在迈尔斯·凯尔曼的眼中，他变成了一个醉鬼，他丢尽了颜面,凯尔曼会因为不得不聘用他而感到后悔。而对于斯特拉·沃克而言，他迫使她为了保住家庭的体面而不得不成为一个殉道者，一个牺牲品——他不敢去揣测她会做何感想。他没有胃口了，将他要的水煮蛋放回电话桌上，开始写信:

亲爱的迈尔斯：

您可以想象我内心深处的自责。我承认我有点表现主义，但是，在下午六点钟，在光天化日之下！上帝啊！请允许我向您的太太致歉！

您永远的

乔尔·科尔斯

乔尔从片场的办公室里出来，像罪犯一样偷偷溜进烟草店里。他的行为非常可疑，因此电影制片厂的一个保安要求检查他的出入证。他决定在外面吃午餐。这时，纳特自信满满、欢呼雀跃地追上他。

“你说你永远歇菜了，你这是什么意思？即使那个‘三件套’真的给你喝了倒彩，那又怎么样？”

“嗨，听着，”他把乔尔拽进电影制片厂的饭馆里，接着说，“一天晚上，他在格劳曼剧场首次亮相。在他向观众鞠躬的时候，乔·斯夸尔斯踢了他一脚。这个拙劣的演员说他随后会给乔打电话。然而，第二天八点的时候，乔给他打电话说‘我原以为会接到你的电话’，他却把电话挂了。”

这个荒唐可笑的故事使乔尔振作起来，他看着邻桌那群在一部反映马戏团的电影中扮演角色的人——一对忧伤可爱的连体双胞胎，几个卑贱的侏儒，一个狂傲自大的巨人症患者，他感到一丝隐隐的安慰。然而，当他的目光越过这群人，看到一群脸上长着黄色雀斑的漂亮女人，她们涂着睫毛膏，眼神忧郁，一惊一乍，整日穿着艳俗的宫廷礼袍，他认出里面有他在凯尔曼家见过的人，又畏缩起来了。

“以后再也不参加那种派对了，”他大声说，“那绝对是我最后一次参加好莱坞的社交活动！”

第二天一早，他发现办公室里有封电报：

您是我们派对上最令人愉快的人之一。下个礼拜天，希望您能参加我妹妹琼的自助晚餐。

斯特拉·沃克·凯尔曼

在这令人激动的时刻，他感到热血沸腾。他将信将疑地又看了一遍电报。

“哦，这是我这辈子听到的最称心如意的消息！”

三

又到了疯狂的礼拜天。乔尔睡到十一点才起床。他看了一份报纸，了解一周以来的消息。他在家吃了午饭：鲑鳟鱼、鳄梨沙拉、一品托加利福尼亚酒。他开始为参加茶会精心打扮。他挑了一件细格子纹西服，一件蓝色衬衫，一条鲜艳的橙色领带。他的两只眼睛下面有两个因疲劳形成的黑眼圈。他开着二手车朝里维埃拉公寓驶去。他向斯特拉的妹妹做自我介绍的时候，迈尔斯和斯特拉穿着骑马装进来了——他们在回比弗利山庄的那条尘土飞扬的路上吵得不可开交，差不多吵了整整一个下午。

迈尔斯·凯尔曼，个子很高，精神紧张，脾气坏得令人绝望，有着乔尔以前从未见过的忧郁眼神。他是一位艺术家，从他那形状奇特的头顶到他那黑人似的脚指头都透着艺术气息。他稳稳地用自己那黑人似的脚站着——他从来不拍小成本电影，即使有时候他会因为拍摄豪华大片所导致的尝试性失败付出沉重的代价。尽管有他在场让人觉得蓬荜生辉，然而人们很快就能发现，他不是一个正常的健康人。

从他们进来的那一刻起，乔尔的时光就自然而然、不可避免地和他们密不可分了。他加入围着他们的一群人当中，斯特拉却抽身离去，还不耐烦地咋着舌头——而迈尔斯·凯尔曼在和碰巧站在他身边的那个人说话：

“别再谈伊娃·戈贝尔了吧，回家后我少不了为她的事烦心呢。”迈尔斯转身对乔尔说：“不好意思，昨天在办公室没有见到你。我在精神病医生的诊所里度过了一个下午。”

“你在接受精神治疗吗？”

“已经治疗几个月了。起先，我得了幽闭恐惧症，现在我想进行全面的治疗。他们说这需要一年多时间。”

“你的生活没有任何问题呀。”乔尔安慰他说。

“哦，没有问题吗？呃，斯特拉似乎觉得有问题。不过，问别的任何人——他们都会说没问题。”他苦涩地说。

一个姑娘坐在了迈尔斯的椅子扶手上；乔尔向斯特拉走过去，她愁眉苦脸地站在火炉旁。

“谢谢您给我发电报，”他说，“您真是太好了。我无法想象像您这样的大美人竟然会如此宽容仁慈。”

她比他以前见到她的时候更可爱，也许是因为他的眼神流露出排山倒海的崇拜促使她向他吐露心声——他们交往的时间并不长，也许是因为她显然正处于感情的爆发点上。

“两年以来，迈尔斯一直都带着这个贱人，我从来都不知情。哦，她是我最好的朋友之一，常常待在我家。最后，人们把真相告诉了我，迈尔斯才不得不承认。”

她意气用事地坐在乔尔的椅子扶手上。她的马裤的颜色和椅子的颜色相同，乔尔发现，她头发浓密，像金色的波浪，还一缕深一缕浅的，肯定不是染出来的。她素面朝天，不施粉黛，真是出水芙蓉，天生丽质啊——

斯特拉因为她的意外发现而气得发抖，她觉得无法忍受一个新人围着迈尔斯的场面。于是她把乔尔领进卧室，他们俩分别坐在一张大床的两头继续谈话。去洗手间的人朝里面窥探着，说着风凉话，然而，斯特拉全然不予理睬，一门心思地倾诉着自己的苦衷。过了一会儿，迈尔斯把头伸进来说：“想和乔尔说清楚是怎么回事，半个小时是不够的，连我自己都弄不懂，精神医生说需要整整一年才能弄清楚呢。”

她继续诉苦，仿佛迈尔斯不存在一样。她爱迈尔斯，她说——她克服重重困难，一直对他忠贞不贰。

“精神医生告诉迈尔斯，他有恋母情结。在他的第一次婚姻里，他将恋母情结转移到妻子身上，你知道——然后他将性爱给了我。

然而，我们结婚后，同样的事情重演了——他将恋母情结转移到我身上，而将他的力比多都给了另外一个女人。”

乔尔知道斯特拉的话不可能是胡言乱语——然而听起来却很像是胡言乱语。他认识伊娃·戈贝尔，她是一个慈母般的女人，比斯特拉年龄大,可能也比她聪明。而斯特拉与她相比简直就是个金娃娃。

这时，迈尔斯不耐烦地提议，让乔尔跟他们一起回家，因为斯特拉要说的话太多了。于是，他们驱车回到比弗利山庄的宅邸。在高高的天花板下面，情况似乎变得更加严峻，更加具有悲剧意味。这是个十分怪异的明亮的夜晚，所有的窗子将黑暗严严实实地挡在了外面。斯特拉在房子里面大发雷霆，又哭又叫。乔尔并不十分相信女电影演员们的悲伤。她们具有志得意满的另一面——她们都是金玫瑰般的大美人，被作家和导演吹捧得活力四射，她们可以一连几个小时围坐在一起，说着悄悄话，别有用意地咯咯发笑，讲着发生在她们身上的各种奇遇。

有时候他假装在听，实际上却在想她打扮得多么精致——和她的两条腿十分相称的漂亮英气的马裤，意大利米色高领开衫，褐色的羚羊皮夹克。他无法断定是她在模仿英国的富贵女子，还是英国的富贵女子在模仿她。她在介于最真实的现实与最露骨的表演之间的某个中间地带游走徘徊。

“迈尔斯非常嫉妒我，无论我做什么，他都疑神疑鬼。”她轻蔑地大声说，“我在纽约的时候给他写信，说我和艾迪·贝克一起去看了一场电影，迈尔斯非常嫉妒，竟然在一天内给我打了十次电话。”

“我当时简直要发疯了，”迈尔斯使劲抽了一下鼻子说，他一紧张就会这样，“害得精神医生用了一个礼拜的时间都没弄明白是怎么回事。”

斯特拉绝望地摇摇头。“你希望我一连三个礼拜都坐在宾馆里吗？”

“我什么都不希望。我承认我很嫉妒。我尽力克制了。我和布里奇贝恩博士一起努力了，都没有效果。今天下午你坐到乔尔的椅子扶手上时，我很嫉妒他。”

“是吗？”她吃惊地说，“你也会嫉妒！难道没有人坐到你的椅子扶手上吗？整整两个小时，你和我说过一句话吗？”

“你在卧室里向乔尔诉苦呢。”

“我一想到那个女人——”她似乎以为不说出伊娃·戈贝尔的名字就能减轻她实际上的痛苦，“——以前常常来我们家——”

“好了——好了，”迈尔斯厌恶地说，“我已经全都承认了，我和你一样，感觉糟透了。”他转身和乔尔谈论电影，斯特拉则两手插在裤袋里，沿着墙，远远地踱着步子。

“他们对迈尔斯非常不好。”她说。她突然插入他们的谈话当中，仿佛他们从来都没有谈过她的私人问题似的。“亲爱的，把老贝尔策要改动你的电影的事告诉他。”

她以保护神的姿态为迈尔斯挺身而出的时候，她的眼睛为了迈尔斯而闪射出怒不可遏的火焰，乔尔意识到自己爱上她了。他兴奋得不能自持，立即起身告辞。

一个礼拜从礼拜一开始进入工作状态，这与礼拜天的夸夸其谈、流言蜚语和绯闻丑事形成了鲜明的对比。电影脚本的细节修改没完没了——“我们可以把她的声音保留到声道上，从贝尔的角度取一个出租车的中景，或者干脆把镜头拉回来，将车站也拍进去，让画面定格一会儿，再取一排出租车的长景，以避免蹩脚的溶景。”——到了礼拜一下午，乔尔竟忘了，从事娱乐行业的人也永远享有娱乐的特权。晚上，他拨通了迈尔斯家的电话。他找迈尔斯，斯特拉却跑过来接电话。

“感觉好点了吗？”

“不怎么好。下个礼拜六你有什么安排吗？”

“没什么安排。”

“佩里夫妇要举行晚宴和戏剧表演派对。迈尔斯不去——他要飞往南本德去看圣母队和加州队的比赛。我想也许你可以替他陪我去。”

过了好一会儿，乔尔才说：“呃——当然没问题。如果要开讨论会的话，我就不能去赴宴了，不过我可以去参加戏剧表演派对。”

“那么，我们就可以一去啰。”

乔尔在办公室里踱着步子，由于凯尔曼夫妇的关系比较紧张，迈尔斯会高兴吗？或者她压根就打算让迈尔斯蒙在鼓里？这绝对办不到——如果迈尔斯不提此事，乔尔也会告诉他的。当他静下心来重新投入工作时，一个多小时已经过去了。

礼拜三有一场四个小时的讨论会，会议室里群星荟萃，烟雾缭绕。三个男人和一个女人轮番走上地毯，有人提出建议，有人进行指责，有人厉声呵斥，有人谆谆诱导，有人自信满满，有人绝望失意。最后，乔尔留下来和迈尔斯谈心。

这个男人很疲惫——不是那种兴奋后的精疲力竭，而是对生活本身的厌倦，他眼皮松弛，满脸胡须，把整个嘴部埋进蓝色的阴影里。

"听说你准备乘飞机去看圣母队的比赛。"

迈尔斯的眼光越过他的头顶，摇摇头。

"我已经改变主意了。"

"为什么？"

"因为你。"他依然不看乔尔。

"你在说什么，到底怎么了，迈尔斯？"

"这就是我改变主意的原因。"他突然故作开心地爆发出一阵自嘲式的笑声，"我不明白斯特拉这么做是不是出于对我的鄙视——她邀请你陪她去佩里家，是吗？我可没有心思去欣赏那场比赛了。"

迈尔斯具有良好的导演天资，他拍摄电影时既机敏又充满自信，然而这种禀赋在应付他的私人生活方面却显得轻弱而又无可奈何。

"听着，迈尔斯，"乔尔皱着眉头说，"我从来没有挑逗过斯特拉。如果你因为我的缘故要取消行程，我不会陪她去佩里家，也不会去见她。你大可以放心。"

迈尔斯仔细地看着他。

"也许吧，"他耸耸肩，"无论如何，总会有别人的。我已经开心不起来了。"

"你对斯特拉似乎缺乏信心。她告诉我她一直对你忠贞不贰。"

"也许是这样。"在这最后几分钟里，迈尔斯的嘴部肌肉终于松弛下来了，"但是，发生了那种事情以后，我还怎么有资格向她要求什么呢？我怎么能指望她——"他不说了，接下来说话的时候，他的脸绷得紧紧的，“不妨告诉你，对也好，错也罢，也不管我做了什么，如果我还要对她做什么的话，那就是和她离婚。我不允许我的自尊受到伤害——离婚是最后一步棋。”

他的腔调激怒了乔尔，不过他说道：

“难道她还没有从伊娃·戈贝尔的事情中冷静下来吗？”

“没有。”迈尔斯抽了一下鼻子，悲观地说，“我也无法冷静下来。”

“我以为事情都过去了。”

“我尽量不再和伊娃见面，但是你知道，这种事情要放下有多难——她不是昨天夜里我在出租车里随便亲吻的女孩子！精神医生说——”

“我已经知道了，”乔尔打断他的话，“斯特拉告诉我了。”这真是令人沮丧。“哦，如果你去看比赛，我想我也不会去见斯特拉。而且我相信斯特拉没有辜负任何人。”

“也许是这样。”迈尔斯无精打采地重复着说。“不管怎样，我会留下来，陪她去参加聚会。嗨，”他突然说，“希望你也来。我得有个理解我的人聊聊天。麻烦就在这里——我在各个方面都对斯特拉施加了影响，特别是，她受到我的影响，凡是我喜欢的男人，她也都喜欢——这事很难办。”

“一定是这样的。”乔尔表示赞同。

四

乔尔没能出席晚宴。他戴着丝质礼帽看着那些失业的人，觉得很不自在。他在好莱坞大剧院前面一边等人，一边观察晚上大街上的行人：拙劣地模仿那些光鲜靓丽、特别能吸人眼球的电影明星的人们，穿着马球服的跛脚男人，留着胡子、拿着权杖、步履有力的托钵僧人，两个大学生打扮的时髦的菲律宾人。此情此景让人觉得共和国的这个角落是对全世界开放的，这里似乎在举行一场声势宏大、队伍浩荡的嘉年华，而实际上是在举行一个校友会的宣誓仪式。两辆气派的豪华轿车从队伍中穿过，停在了人行道边。

是她！她穿着一条冰水似的裙子，上面有千千万万个浅蓝色的图案，领口处是滴着水滴的冰柱图案。他走上前去。

“这么说，你喜欢我的裙子啰？”

“迈尔斯呢？”

“他还是飞去看比赛了。昨天一早就走了——至少我认为——”她不说了，“我刚收到一封从南本德发来的电报，说他准备回来。我忘了——这些人你都认识吧？”

一行八个人走进了大剧院。

迈尔斯还是走了，乔尔不知道他自己该不该来。然而在表演的过程中，看着斯特拉亮闪闪的浅色头发下面优美的身体轮廓，他再也不去想迈尔斯了。有一次，他转身看着她，她也回头看着他，微笑着，与他的目光相接，让他想看多久就看多久。在表演的间隙，他们到休息室去抽烟，她小声说：

“他们都要去参加杰克·约翰逊的夜总会开幕式——我不想去，你呢？”

“我们必须去吗？”

“我想并非如此。”她迟疑地说，“我喜欢和你聊天。我想我们可以去我家——如果我能确定——”

她又迟疑了，乔尔问：

“确定什么？”

“确定——呃，我知道我的脑子很乱，可是我怎么能确定迈尔斯去看比赛了呢？”

“你的意思是说，你以为迈尔斯和伊娃·戈贝尔在一起吗？”

“不，不全是这个意思——不过，要是他在这里监视我的一举一动呢？你知道迈尔斯有时候不按常理出牌。有一次，他想让一个长胡子的人陪他喝茶，他就去选角公司找了一个，然后和他喝了整整一个下午的茶。”

“这是两码事。他从南本德给你发来了电报——这证明他在那里看比赛嘛。”

表演派对结束后，他们在人行道上向大伙告别，人们纷纷投来意味深长的目光。他们悄悄地从围绕着斯特拉的人群中抽出身，并沿着那条金色的星光大道走去。

“你知道他会派人去发电报的，”斯特拉说，“这非常容易。”

这话不假。鉴于这一点，她的担心也不无道理。乔尔很生气：如果迈尔斯已经把目标对准他们，那么他也没有必要对迈尔斯尽什么义务了。他大声说：

“真蠢。”

商店的橱窗里已经装饰了圣诞树，林荫大道上空的满月像一个布景，美得像闺房角落里亮起的一盏巨大的灯笼。步入比弗利山庄幽暗的大树下，里面像白天的桉树一样光影闪烁，乔尔就只能看到在他自己的脸庞下面，闪现着她那雪白的脸以及她的肩膀的弧线。她突然从他身边走开，抬头看着他。

“你的眼睛和你母亲的很像，”她说，“我以前有一本剪贴本，里面贴满了她的照片。”

“你的眼睛独一无二，谁的也不像。”他答道。

他们进屋的时候，有什么东西引起了乔尔的警觉，他小心翼翼地在地上查看了一遍，仿佛迈尔斯正潜伏在灌木林里似的。大厅的桌子上躺着一封电报。她大声念起来：

芝加哥

明晚回来。想你。爱你。

迈尔斯

“你看，”她将电报扔到桌子上说，“他不费吹灰之力就能伪造一封电报。”她吩咐管家准备酒和三明治，然后跑到楼上。乔尔则走进空荡荡的客厅，在里面踱着步子，不经意间走到那架钢琴旁。两个礼拜以前，他也曾站在这里，丢尽了颜面。

“那么我们的滑稽剧就可以大功告成了，”他大声说，“一个关于离婚、年轻的开创者和外籍军团的故事。”

他忽然想到了另一封电报。

“您是我们派对上最令人愉快的人之一——”

他有了一个想法。如果斯特拉的电报纯粹只是出于礼节的话，那么迈尔斯很可能是促使她发电报的人，因为迈尔斯曾经邀请过他。迈尔斯大概会说：

“给他发一封电报吧——他很苦恼——他觉得自己自毁前程了。”

这也正好印证了迈尔斯的话：“我在各个方面都对斯特拉施加了影响，特别是，她受到我的影响，凡是我喜欢的男人，她也都喜欢。”一个女人愿意这么做，是出于同情心——而只有男人这么做才是出于责任心。

当斯特拉回到房间里时，他牵起她的两只手。

“我有一种奇怪的感觉，你在和迈尔斯玩游戏，你想让他吃醋，而我则是受人利用的那只火中取栗的猫爪子。”他说。

“你自己随便喝一杯吧。”

“可是，奇怪的是，我竟然爱上你了。”

电话铃响了，她正好趁机抽出身来去接电话。

“迈尔斯又发来一封电报，”她大声说，“他从堪萨斯机场发来的，或者说据说是他从那里发来的。”

“我想他是想要我记住他。”

“不，他只说他爱我。我相信他爱我。他非常脆弱。”

“快坐到我身边来。”乔尔催促她说。

时间尚早。半个小时后，还有几分钟就到午夜了。乔尔走到冰冷的壁炉边，简单地说：

“你的意思是你对我不感兴趣？”

“根本不是。你很有魅力，你知道的。问题是，我觉得我真的很爱迈尔斯。”

“显而易见。”

“今天晚上，一切都让我感到不安。”

他没有生气——他甚至感到庆幸，一桩可能发生的感情纠葛得以避免了。他依然看着她，她身体的温度和柔和的线条中和了她那条蓝色裙子给人造成的冰冷感，他知道她将永远成为他的缺憾。

“我得走了，”他说，“我要叫辆出租车。”

“说什么呢——有值班司机。”

他对她随时准备让他离开而感到一阵寒心，她看出了他的心思，轻轻地吻了他一下，说：“你真是个甜心，乔尔。”接着，同时发生了三件事：

他将那杯酒一口喝下去，电话铃响彻了整栋房子，大厅里的钟表敲得像大喇叭一样响：

九——十——十一——十二——

五

又是一个礼拜天。乔尔很清楚，他今晚来到剧院时，这个礼拜的工作还多得像寿衣一样挂在他的脖子上。他已经向斯特拉表达了爱意，那种情形就像是在一天结束之前，一定要突击完成一件事一样。然而现在是礼拜天——接下来的二十四个小时在他眼前展现出一幅舒心悠闲的景象——每一分钟都意味着要不动声色地、委婉地靠近某个目标，每一刻都孕育着无限的可能性。没有什么是不可能的——一切都刚刚开始。他又喝了一杯。

随着一声痛苦的尖叫，斯特拉滑了一跤，无力地栽倒在电话机旁。乔尔将她扶起来，让她躺在沙发上，用苏打水喷了喷手帕，再用手帕轻轻拍打她的脸。电话仍然在响，他拿起话筒，放在耳边。

“——飞机在堪萨斯坠毁，迈尔斯的尸体已经得到确认，而——”

他挂断电话。

“躺着别动。”看到斯特拉睁开了眼睛，他不说话了。

“哦，发生什么事了？”她小声问，“给他们打回去。哦，发生什么事了？”

“我马上给他们打回去，你的医生叫什么名字？”

“他们说迈尔斯死了吗？”

“乖乖地躺着——楼上有仆人吗？”

“抱住我——我害怕。”

他伸出胳膊抱住她。

"我需要知道你的医生的名字，"他脸色凝重地说，"这可能是个错误，但是我希望这儿有个人陪你。"

"医生——哦，天哪，迈尔斯死了吗？"

乔尔跑到楼上，在陌生的药箱里翻找阿莫尼亚安神片。他从楼上下来的时候，斯特拉大叫起来：

"他没死——我知道他没死。这是他的阴谋，他在折磨我。我知道他活着，我能感觉到他活着。"

"我想给你的好朋友打电话，斯特拉。你今晚不能一个人待在这里。"

"哦，不，"她哭喊道，"我不见任何人。你留下来陪我，我一个朋友都没有。"她站起来，泪如雨下。"哦，迈尔斯是我唯一的朋友。他没死——他不可能死。我马上去看他，坐火车去，你得陪我去。"

"你不能去，今晚什么也做不了。我想让你告诉我一个女人的名字，我好给她打个电话：罗伊斯？琼？卡梅尔？你难道就没有一个女性朋友吗？"

斯特拉茫然地看着他。

"伊娃·戈贝尔是我最好的朋友。"她说。

乔尔想到迈尔斯，想到两天前在办公室的时候他那张悲伤绝望的脸。在他的死亡所带来的可怕的沉寂中，关于他的一切逐渐了然于心。他是唯一一位既有幽默的性格又有艺术家的良知的土生土长的美国导演。由于埋头事业而导致了精神崩溃，却没有灵活应对的能力，不会通过自我解嘲来释放压力，也找不到避身之地——所以他只能选择这种令人扼腕、非常危险的方式进行逃避。

大门响了一声——突然打开了，大厅里响起脚步声。

"迈尔斯！"斯特拉尖叫道，"是你吗？迈尔斯？哦，是迈尔斯。"

一个送电报的男孩出现在门口。

"我找不到门铃，听见你们在里面说话。"

这封电报的内容电话里已经讲过了。斯特拉看了一遍又一遍，仿佛这是一个别有用心的谎言，乔尔开始打电话。时间还早，他很难联系到人。最后他好不容易联系上了几个朋友，他给斯特拉喝了一杯烈性酒。

“你留下来，乔尔。”她小声说，好像差不多游离到梦中了。“你别走，迈尔斯喜欢你——他说你——”她的身体抖得厉害。“哦，天哪，你不知道我有多么孤独。”她闭上眼睛，“抱着我，迈尔斯有一套和你一样的西装。”她突然直挺挺地坐起来，“想想看，他当时是什么感受。他几乎什么都害怕。”

她昏昏沉沉地摇摇头，突然捧住乔尔的脸，让它靠近她的脸。

“你不要走，你喜欢我——你爱我，是吗？不要给任何人打电话。明天有的是时间。你今晚就留在这里陪我。”

他看着她，起初他觉得难以置信，然后，他突然明白了什么。斯特拉试图通过营造一种迈尔斯生前曾经猜测的情景而使他活着——仿佛只要有什么事情让他担心害怕，他的思维就不会停止似的。她为了抗拒他已经死亡的事实，几乎已经心力交瘁，神经错乱了。

乔尔向电话机走去，决心给医生打电话。

“不要，哦，不要给任何人打电话！”斯特拉叫道，“回到这里来，抱着我。”

“贝尔医生在吗？”

“乔尔，”斯特拉叫道，“我以为我可以指靠你。迈尔斯喜欢你。他很嫉妒你——乔尔，到这儿来。”

哎，怎么办——如果他背叛了迈尔斯，她就会觉得迈尔斯还活着——因为如果他真的死了，别人还怎么背叛他呢？

“——受到严重的打击。你能马上过来吗？能带个护士一起来吗？”

“乔尔！”

这个时候，门铃和电话开始接二连三地响起来，一辆辆轿车停到了门前。

“可是你不会离开的，”斯特拉央求道，“你会留下来，是吗？”

“我得走了，”他答道，“但是如果你需要我，我会再回来。”

此刻，这里充满了低沉肃穆的声音，还有匆匆移动的身影，像为人遮风挡雨的树叶一样在死神周围瑟瑟抖动。他站在房前的台阶上，喉咙里响起轻轻的哽咽声。

“他触碰到什么，什么就会出现奇迹，”他想，“他甚至让那个娇小可爱的姑娘活了下来，而且将她打造成了一件杰作。”

然后：

“他在这个该死的蛮荒之地留下了怎样的空洞啊——而且已成定局了！”

然后，他略带酸楚地想：“哦，是的，我会回来的，我会回来的！”

书号	书名	定价	作者
9787544745048	哈姆雷特	22.00	（英国）威廉·莎士比亚
9787544744560	奥赛罗	20.00	（英国）威廉·莎士比亚
9787544744829	李尔王	22.80	（英国）威廉·莎士比亚
9787544744812	麦克白	19.80	（英国）威廉·莎士比亚
9787544745055	威尼斯商人	19.80	（英国）威廉·莎士比亚
9787544745895	无事生非	20.00	（英国）威廉·莎士比亚
9787544711104	仲夏夜之梦	22.80	（英国）威廉·莎士比亚
9787544731386	第十二夜	21.80	（英国）威廉·莎士比亚
9787544746618	罗密欧与朱丽叶	22.80	（英国）威廉·莎士比亚
9787544726207	鲁滨孙漂流记	38.80	（英国）丹尼尔·笛福
9787544726092	双城记	48.80	（英国）查尔斯·狄更斯
9787544724661	雾都孤儿	49.80	（英国）查尔斯·狄更斯
9787544723473	呼啸山庄	36.80	（英国）艾米莉·勃朗特
9787544727655	简·爱	39.80	（英国）夏洛蒂·勃朗特
9787544723220	傲慢与偏见	39.80	（英国）简·奥斯汀
9787544738668	理智与情感	49.80	（英国）简·奥斯汀
9787544752909	劝导	38.80	（英国）简·奥斯汀
9787544755207	诺桑觉寺	34.80	（英国）简·奥斯汀
9787544736114	夜莺与玫瑰	20.00	（英国）奥斯卡·王尔德
9787544724852	道林·格雷的画像	32.80	（英国）奥斯卡·王尔德
9787544764104	莎乐美	22.00	（英国）奥斯卡·王尔德
9787544720748	动物庄园	18.00	（英国）乔治·奥威尔
9787544720021	一九八四	29.80	（英国）乔治·奥威尔
9787544713115	巴黎伦敦落魄记	29.80	（英国）乔治·奥威尔
9787544750226	上来透口气	34.80	（英国）乔治·奥威尔
9787544744799	恋爱中的女人	56.00	（英国）D. H. 劳伦斯
9787544724081	儿子与情人	49.80	（英国）D. H. 劳伦斯
9787544754682	美丽新世界	32.80	（英国）奥尔德斯·赫胥黎

书号	书名	定价	作者
9787544756983	伍尔夫读书随笔	26.80	（英国）弗吉尼亚·伍尔夫
9787544731812	培根论说文集	28.00	（英国）弗朗西斯·培根
9787544755269	曼殊斐尔小说集	18.80	（英国）曼殊菲尔
9787544726115	格列佛游记	39.00	（英国）乔纳森·斯威夫特
9787544750455	小人物日记	20.00	（英国）乔治·格罗史密斯，威登·格罗史密斯
9787544759250	像爱丽丝的小镇	45.00	（英国）内维尔·舒特
9787544725125	勃朗宁夫人十四行诗	19.80	（英国）伊丽莎白·勃朗宁
9787544720267	泰戈尔诗选	20.00	（印度）泰戈尔
9787544723657	马克·吐温中短篇小说选	38.80	（美国）马克·吐温
9787544750660	汤姆·索亚历险记	34.80	（美国）马克·吐温
9787544751087	哈克贝利·费恩历险记	38.80	（美国）马克·吐温
9787544723213	欧·亨利中短篇小说选	36.80	（美国）欧·亨利
9787544723107	野性的呼唤	18.00	（美国）杰克·伦敦
9787544726122	海狼	39.00	（美国）杰克·伦敦
9787544726436	了不起的盖茨比	26.80	（美国）F. S. 菲茨杰拉德
9787544722568	红字	28.80	（美国）纳撒尼尔·霍桑
9787544738859	老人与海	22.00	（美国）欧内斯特·海明威
9787544733915	太阳照常升起	29.80	（美国）欧内斯特·海明威
9787544733380	永别了，武器	32.80	（美国）欧内斯特·海明威
9787544726627	爱伦·坡短篇小说选	37.80	（美国）爱伦·坡
9787544723206	嘉莉妹妹	42.80	（美国）西奥多·德莱塞
9787544724654	都柏林人	34.80	（爱尔兰）詹姆斯·乔伊斯
9787544759717	一个青年艺术家的画像	36.80	（爱尔兰）詹姆斯·乔伊斯
9787544745857	一个陌生女人的来信	38.00	（奥地利）斯蒂芬·茨威格
9787544758659	少年维特的烦恼	26.80	（德国）歌德
9787544720236	契诃夫中短篇小说选	29.80	（俄罗斯）安东·契诃夫
9787544728409	克雷洛夫寓言选	22.80	（俄罗斯）克雷洛夫
9787544760195	父与子	38.80	（俄罗斯）屠格涅夫
9787544746441	猎人笔记	46.00	（俄罗斯）屠格涅夫

书号	书名	定价	作者
9787544723015	白夜	28.80	（俄罗斯）陀思妥耶夫斯基
9787544727761	红与黑	49.80	（法国）司汤达
9787544723725	茶花女	29.80	（法国）小仲马
9787544725156	莫泊桑中短篇小说选	36.80	（法国）居伊·德·莫泊桑
9787544730129	最后一课——都德短篇小说选	23.80	（法国）阿尔封斯·都德
9787544748254	窄门	21.80	（法国）安德烈·纪德
9787544748223	田园交响曲	20.00	（法国）安德烈·纪德
9787544748230	背德者	21.80	（法国）安德烈·纪德
9787544722360	包法利夫人	36.80	（法国）古斯塔夫·福楼拜
9787544720243	沉思录	26.80	（古罗马）马可·奥勒留
9787544726429	里柯克幽默小品选	38.80	（加拿大）斯蒂芬·里柯克
9787544752916	先知·沙与沫	29.80	（黎巴嫩）纪伯伦
9787544758680	泪与笑	32.80	（黎巴嫩）纪伯伦
9787544738392	走出非洲	38.80	（丹麦）凯伦·布里克森
9787544743075	老残游记	32.80	（清）刘鹗
9787544741439	浮生六记	25.00	（清）沈复
9787544721028	假如给我三天光明	25.00	（美国）海伦·凯勒
9787544720274	爱的教育	29.80	（意大利）亚米契斯
9787544717793	安徒生童话	29.80	（丹麦）安徒生
9787544723589	小王子	19.80	（法国）圣埃克苏佩里
9787544761475	丛林故事	45.00	（英国）吉卜林
9787544722827	原来如此	18.00	（英国）吉卜林
9787544723794	爱丽丝漫游奇境记	28.80	（英国）刘易斯·卡罗尔
9787544752923	彼得·潘	26.80	（英国）J. M. 巴里
9787544757973	鹅妈妈的故事	22.80	（法国）沙尔·贝洛
9787544728164	小妇人	48.80	（美国）L. M. 奥尔科特
9787544752626	绿山墙的安妮	38.00	（加拿大）L. M. 蒙哥马利
9787544754910	小公主	28.80	（美国）弗朗西斯·伯内特
9787544755184	秘密花园	36.80	（美国）弗朗西斯·伯内特
9787544753821	黑骏马	32.80	（英国）安娜·塞维尔

书号	书名	定价	作者
9787544753838	怪医杜立德	22.80	（美国）休·洛夫廷
9787544757720	小熊维尼	34.80	（英国）A. A. 米尔恩
9787544751919	小鹿斑比	26.80	（奥地利）F. 萨尔腾
9787544754217	柳林风声	29.80	（英国）肯尼斯·格雷厄姆
9787544754200	奥兹国历险记	26.80	（美国）莱曼·弗兰克·鲍姆
9787544754859	化身博士	19.80	（英国）罗伯特·史蒂文森
9787544725071	金银岛	28.80	（英国）罗伯特·史蒂文森
9787544727174	八十天环游地球	32.80	（法国）儒勒·凡尔纳
9787544733069	海底两万里	46.80	（法国）儒勒·凡尔纳
9787544734233	神秘岛	46.80	（法国）儒勒·凡尔纳
9787544754187	地心游记	36.80	（法国）儒勒·凡尔纳
9787544733649	时间机器	18.80	（英国）H. G. 威尔斯
9787544757430	失落的世界	35.80	（英国）阿瑟·柯南·道尔
9787544755658	007经典原著系列：金手指	36.80	（英国）伊恩·弗莱明
9787544733922	消失的地平线	25.00	（英国）詹姆斯·希尔顿
9787544723305	社会契约论	18.80	（法国）让－雅克·卢梭
9787544723299	忏悔录	25.80	（法国）让－雅克·卢梭
9787544757751	论人类不平等的起源和基础	22.80	（法国）让－雅克·卢梭
9787544725002	君主论	16.80	（意大利）马基雅弗利
9787544735414	富兰克林自传	32.00	（美国）本杰明·富兰克林
9787544720212	人性的弱点	29.80	（美国）戴尔·卡耐基
9787544721011	人性的优点	32.80	（美国）戴尔·卡耐基
9787544720250	致加西亚的信	16.00	（美国）埃尔伯特·哈伯德
9787544757102	我们时代的神经症人格	29.80	（美国）卡伦·霍妮
9787544754149	我们内心的冲突	28.80	（美国）卡伦·霍妮
9787544731348	菊与刀	26.00	（美国）露丝·本尼迪克特
9787544732239	中国人的气质	26.80	（美国）明恩溥
9787544757393	月亮与六便士	39.80	（英国）萨默塞特·毛姆
9787544754446	木偶奇遇记	26.80	（意大利）卡洛·科洛迪

书号	书名	定价	作者
9787544771238	面纱	49.80	（英国）萨默塞特·毛姆
9787544765367	刀锋	45.00	（英国）萨默塞特·毛姆
9787544769501	生活的真相 ——毛姆短篇小说选	46.80	（英国）萨默塞特·毛姆
9787544765138	黑暗的心	24.80	（英国）约瑟夫·康拉德
9787544767590	墙上的斑点 ——伍尔夫短篇小说选	36.80	（英国）弗吉尼亚·伍尔夫
9787544763943	弗兰肯斯坦	34.80	（英国）玛丽·雪莱
9787544762700	居里夫人的故事	33.00	（英国）埃列娜·多丽
9787544771511	彼得兔的故事	38.00	（英国）毕翠克丝·波特
9787544762441	物种起源	49.80	（英国）达尔文
9787544764735	列那狐	26.80	（英国）威廉·卡克斯顿
9787544766395	狮子、女巫和魔衣柜	24.80	（英国）C. S. 刘易斯
9787544770996	凯斯宾王子	36.80	（英国）C. S. 刘易斯
9787544771412	坎特维尔的幽灵 ——奥斯卡·王尔德短篇小说选	36.80	（英国）奥斯卡·王尔德
9787544770569	莎士比亚十四行诗集	34.80	（英国）威廉·莎士比亚
9787544767286	摩尔·弗兰德斯	42.80	（英国）丹尼尔·笛福
9787544765350	马丁·伊登	49.00	（美国）杰克·伦敦
9787544770774	热爱生命 ——杰克·伦敦短篇小说选	39.80	（美国）杰克·伦敦
9787544766593	睡谷的传说 ——欧文奇幻短篇小说选	25.80	（美国）华盛顿·欧文
9787544764520	牧师的黑面纱 ——霍桑短篇小说集	33.80	（美国）纳撒尼尔·霍桑
9787544763868	乞力马扎罗的雪 ——海明威短篇小说选	49.80	（美国）欧内斯特·海明威
9787544765497	西尔维娅·普拉斯诗集	32.80	（美国）西尔维娅·普拉斯
9787544769402	波兰吹号手	36.80	（美国）埃里克·凯利
9787544768078	波莉安娜	35.80	（美国）埃莉诺·波特

书号	书名	定价	作者
9787544766685	彩虹鸽	26.80	(美国) 达恩·葛帕·默克奇
9787544762755	小勋爵	29.80	(美国) 弗朗西丝·伯内特
9787544765015	如何享受人生，享受工作	29.80	(美国) 戴尔·卡耐基
9787544756655	股票大作手回忆录	38.00	(美国) 埃德温·勒菲弗
9787544772327	伤心咖啡馆之歌	36.80	(美国) 卡森·麦卡勒斯
9787544768054	公主的月亮 ——詹姆斯·瑟伯童话集	29.80	(美国) 詹姆斯·瑟伯
9787544762656	吉檀迦利	24.80	(印度) 泰戈尔
9787544763103	园丁集	28.00	(印度) 泰戈尔
9787544765763	泰戈尔回忆录	32.80	(印度) 泰戈尔
9787544767231	格林童话	35.00	(德国) 雅各布·格林 威廉·格林
9787544763974	阴谋与爱情	26.80	(德国) 弗里德里希·席勒
9787544772662	豪夫童话	59.80	(德国) 威廉·豪夫
9787544765695	涡堤孩	22.00	(德国) 莫特·福凯
9787544769198	高老头	42.80	(法国) 巴尔扎克
9787544763837	昆虫记	35.80	(法国) 让-亨利·法布尔
9787544766807	死魂灵	42.80	(俄国) 尼古莱·果戈里
9787544770750	老屋子	36.80	(丹麦) 卡尔·爱华尔德
9787544763875	小约翰	28.80	(荷兰) F. 望·蔼覃
9787544765701	伊索寓言	29.80	(古希腊) 伊索
9787544772075	青鸟	32.80	(比利时) 梅特林克

图书在版编目（CIP）数据

返老还童：菲茨杰拉德短篇小说选：汉英对照 /（美）F. S. 菲茨杰拉德（F. S. Fitzgerald）著；李新红译．—南京：译林出版社，2019.4

（双语译林．壹力文库）

ISBN 978-7-5447-7670-7

Ⅰ.①返… Ⅱ.①F… ②李… Ⅲ.①英语－汉语－对照读物②短篇小说－小说集－美国－现代 Ⅳ.①H319.4: I

中国版本图书馆 CIP 数据核字（2019）第 014606 号

返老还童——菲茨杰拉德短篇小说选〔美国〕F. S. 菲茨杰拉德 / 著　李新红 / 译

责任编辑　王振华
特约编辑　张艳华
装帧设计　灵动视线
校　　对　刘文硕
责任印制　贺　伟

出版发行　译林出版社
地　　址　南京市湖南路 1 号 A 楼
邮　　箱　yilin@yilin.com
网　　址　www.yilin.com
市场热线　010-85376701
排　　版　灵动视线
印　　刷　三河市中晟雅豪印务有限公司
开　　本　640 毫米 ×960 毫米　1/16
印　　张　42.5
版　　次　2019 年 4 月第 1 版　2019 年 4 月第 1 次印刷
书　　号　ISBN 978-7-5447-7670-7
定　　价　65.80元